URI GORDON, Jahrgang 1976, promovierte in Oxford über anarchistische Politik und lehrt heute am Arava Institute for Environmental Studies in Ketura, Israel. Er hat mit verschiedenen anarchistischen und radikalen Bewegungen zusammengearbeitet, etwa Indymedia, Dissent!-network, Peoples' Global Action oder Anarchists Against the Wall. Als Aktivist vor allem in Israel und Großbritannien tätig, hat er an Straßenprotesten gegen internationale Gipfeltreffen in der ganzen Welt teilgenommen. Er schreibt für diverse anarchistische Medien, aber auch für große israelische Zeitungen wie *Haaretz* oder *Jerusalem Post*.

URI GORDON
HIER UND JETZT
ANARCHISTISCHE PRAXIS UND THEORIE
AUS DEM ENGLISCHEN ÜBERSETZT VON SOPHIA DEEG

EDITION NAUTILUS

Für meine Großväter
Hayim Schneider (1918–2007)
Yosef Gordon (1920–2005)

Die Originalausgabe des vorliegenden Buches erschien 2008 unter dem Titel *Anarchy Alive! Anti-authoritarian Politics from Practice to Theory* bei Pluto Press, London & Ann Arbor | © 2008 Uri Gordon | © 2010 für die deutsche Erstausgabe: EDITION NAUTILUS Verlag Lutz Schulenburg | Schützenstraße 49 a | D-22761 Hamburg | www.edition-nautilus.de | Alle Rechte vorbehalten | Umschlaggestaltung: Maja Bechert, www.majabechert.de | Druck und Bindung: Fuldaer Verlagsanstalt | 1. Auflage | ISBN 978-3-89401-724-8

Vorwort

Stirling, Schottland – 6. Juli 2005, 2 Uhr früh. Ein Exodus der Massen bewegt sich aus dem Öko-Dorf und Protest-Camp »Hori-Zone«, wo während der vergangenen Woche fünftausend Anti-G8-Aktivistinnen und -Aktivisten gezeltet haben. Unablässig fällt der Regen, während sie in kleinen Gruppen durch Felder und über Hügel in Richtung M9 stapfen. Der Plan: Delegationen und deren Mitarbeiterstäbe daran zu hindern, dass sie das erlesene Gleneagles Hotel erreichen, wo die Führer der acht mächtigsten Länder der Welt heute Morgen zusammenkommen.

Es ist noch dunkel, als Polizeifahrzeuge an einem der Camp-Ausgänge eintreffen, doch die meisten Aktivisten sind längst weg. Minuten später hasten die übrigen rund tausend aus dem Tor, viele von ihnen in Schwarz und mit vermummten Gesichtern. Vorne geht eine kleine Gruppe, die mehrere dicke Holzbalken, jeweils gut zwei Meter lang, dabei hat. Andere haben Fahrradhelme auf, Arme und Beine sind mit Schaumgummipolstern umwickelt, oder sie tragen Mülleimer-Deckel als Schilde. Zwei weitere Gruppen haben sich bewegliche Wände aus aufgeblasenen Autoreifenschläuchen gemacht, von denen jeweils vier durch Klebeband miteinander verbunden sind. Die werden benutzt, um die Polizeiketten zurückzudrängen, während der Block ausschwärmt und sich auf der Straße weiterbewegt.

Während man durch ein nahe gelegenes Industriegelände kommt, bauen einige eine Barrikade an der Rückzugslinie, andere sammeln Steine auf Karren, und wieder andere lösen sich kurz aus dem Zug, um eine Bank und einen *Burger King* mit ihren »Kommentaren« zu versehen. Die Marschierer umgehen oder erkämpfen sich den Weg durch vier weitere Polizeiketten und kommen mit Tagesanbruch an der Autobahn M9 an. Hier ist mehr im Einsatz als nur Schläuche von Autoreifen. Unterwegs sprüht jemand ein Graffito an eine Wand: »Anarchisten = 2 : Polizei = 0«.

Weiter hinten auf der M9 sind Hunderte Aktivisten damit beschäftigt, die Straße auf ein paar Kilometer mit Ästen und Zementbrocken oder durch Massen-Sit-Downs unpassierbar zu machen. Die Bullen sind deutlich in der Minderzahl und weitgehend außer Gefecht gesetzt: Während sie eine Gruppe von der Fahrbahn zerren, ist eine andere schon dabei, die Straße ein paar hundert Meter weiter erneut zu blockieren. Dann blockieren Kilometer weiter weg sechs Bezugsgruppen gleichzeitig sorgfältig ausgewählte Straßenkreuzungen und Brücken in einem Ring um Gleneagles und stürzen so die gesamte Region in ein Verkehrschaos. Es gibt kein Herauskommen aus Perth oder Crieff. In Muthill liegen Menschen am Boden, die sich an den Beinen oder Armen durch Metallrohre aneinandergeschlossen haben. In Yetts o'Muckhart benutzen sie starre Fahrradschlösser, um sich am Hals an Fahrzeuge anzuschließen, die den Weg verstellen. An der Brücke von Kinkell findet ein massenhaftes Sit-Down statt. Auch der Zugang mit der Bahn nach Gleneagles ist unmöglich gemacht worden – mit einem Kompressor sind Schienen aus der Verankerung gerissen worden, brennende Reifen dienen als Warnung. Zwei Jahrzehnte gesammelter Erfahrungen in den Methoden der direkten gewaltfreien Aktion – und in nur wenigen Stunden ist Perthshire ein einziger riesiger Verkehrsstau, in dem Hunderte Sekretärinnen, Dolmetscher, Geschäftsleute und PR-Berater zu Beginn eines sehr langen Morgens feststecken.

Zu einem früheren Zeitpunkt in dieser Woche war bei der Demo unter dem Motto »Make Poverty History« ein Flugblatt verteilt worden, auf dem die Blockierer ihr Anliegen klargelegt haben:

Macht Geschichte: schließt G8

Die G8 haben ein ums andere Mal gezeigt, dass sie unfähig sind, irgendetwas anderes zu tun, als die Zerstörung der Welt, die wir alle teilen, voranzutreiben. Können wir etwa glauben, dass die G8 die Armut in die Geschichte verbannen werden, wenn ihnen nichts anderes einfällt, als Afrika durch die Privatisierung für die Plünderung seitens der multinationalen Unternehmen freizugeben? Können wir von ihnen etwa erwarten, dass sie den Klimawandel wirksam angehen, wenn aus ihren eigenen bekannt gewordenen internen Verlautbarungen hervorgeht, dass sie es für nicht geklärt halten, ob er überhaupt ein ernstes Problem ist?

Demonstrationen sind der erste Schritt. Aber es muss mehr passieren, denn Demonstrationen werden allzu oft nicht beachtet: Erinnert euch nur an die Mega-Demos gegen den Irak-Krieg. Die G8 müssen mit einer Botschaft konfrontiert werden, die sie nicht ignorieren können. Sie werden es nicht übersehen, wenn wir die Straße zu ihrem Golfplatz blockieren und wenn wir ihre Zusammenkünfte stören und ihnen mit unseren Körpern mitteilen, woran wir glauben – an eine bessere Welt. Wir können zum Beispiel jetzt gleich loslegen und mit Tausenden Menschen in einem Öko-Dorf abseits der Straße nach Gleneagles zusammenkommen und praktische Lösungen für die Probleme der Erde aufzeigen. Die Grundlagen sind Kooperation und Respekt vor dem Planeten.

Heute bereits können wir für unser Handeln und für die Welt, die wir erben werden, Verantwortung übernehmen.

Falls es irgendwem entgangen sein sollte: Der Anarchismus ist ausgesprochen lebendig und präsent. In den vergangenen zehn Jahren ist erneut eine globale anarchistische Bewegung entstanden, und dies in einem Umfang und mit einer Einigkeit einerseits und einer Vielfalt andererseits, wie es das seit den 1930er Jahren nicht mehr gegeben hat. Von antikapitalistischen Zentren und ökofeministischen Höfen bis zu Basisorganisationen auf Gemeinde-Ebene, Blockaden internationaler Gipfeltreffen, alltäglichen direkten Aktionen und einer enormen Menge an Publikationen und Websites – Anarchie lebt im Herzen der globalen Bewegung, die erklärt: »Eine andere Welt ist möglich.« Das Ende der Geschichte, das 1989 ausgerufen wurde, hat sich keineswegs eingestellt. Vielmehr sind die Verbreitung und Erweiterung anarchistisch inspirierter Kämpfe und Politik – weitgehend in den fortgeschrittenen kapitalistischen Ländern – seither eine bedeutende Antriebskraft hinter dem Widerstand gegen den Neoliberalismus und den permanenten Krieg. Das Wort selber kann Grund zum Stolz sein oder auch eine unnötige Belastung oder ein vernachlässigbares Accessoire. Positive Umschreibungen gibt es ohne Ende: anti-autoritär, autonom, horizontal ... aber wenn du sie siehst, erkennst du sie sofort – Anarchie ist überall.

Im Oktober 2000 kam ich nach Europa, um meine Doktorarbeit über Umweltethik zu schreiben, aber die Proteste gegen den Weltwährungsfonds und die Weltbank in Prag lagen gerade hinter uns, die frische antikapitalistische Brise war überall spürbar, und ich war begierig, dabei zu sein. Ich hatte in Israel an Friedens- und Umwelt-Aktionen teilgenommen und Marx, Marcuse und Kropotkin gelesen. Und nun ging ich zu einem Treffen mit Aktivistinnen und Aktivisten, die aus Prag zurückgekehrt waren. Wenige Wochen später organisierten wir eine Demo vor einem Vorlesungssaal in Oxford, wo der ehemalige Chef des IWF, Michel Camdessus, geehrt wurde. Bald war ich mehr mit Aktivismus als mit Studieren beschäftigt. Ich beteiligte mich immer intensiver an alternativen Globalisierungsnetzwerken und an dem, was Aktivistinnen und Aktivisten verächtlich als »Gipfel-Hopping« bezeichnen. Ich wurde in Nizza mit Tränengas traktiert, in London eingekesselt und entkam in Genua nur knapp einer ziemlich üblen Prügelei. Nach dem 11. September 2001 entstanden die Antikriegsbewegungen, und allmählich grenzten sich die Reformer immer deutlicher von den Revolutionären ab. Zu dieser Zeit etwa wurde mir auch klar, dass ich mein Studium keineswegs vernachlässigte. Ich konnte meinen Aktivismus einfach als Feldstudien deklarieren und meine akademische Arbeit so ausrichten, dass sie für Aktivistinnen und Aktivisten nützlich sein würde. Dabei ist dieses Buch herausgekommen.

Hier und Jetzt ist ein anarchistisches Buch über Anarchismus. Es erforscht die Entwicklung anarchistischer Gruppen, Aktionen und Ideen der letzten Jahre und versucht aufzuzeigen, was eine Theorie, die auf der Praxis aufbaut, für die zentralen Debatten und Problemstellungen leisten kann, die die Bewegungen heute umtreiben. Es geht den Ideen auf den Grund, die heute in Netzwerken, die vor allem auf die direkte Aktion bauen, zentral sind. Die Hauptzielsetzung dieses Buches ist es jedoch, einen Beitrag zur anarchistischen Theorie zu leisten, ohne mich dafür entschuldigen zu müssen.

Das erste Kapitel bietet einen Rahmen, in dem eine Reflexion über den Anarchismus gesehen werden kann, nicht in inhaltlichen Begriffen, sondern hinsichtlich der Frage, was *das eigentlich ist* – Anarchismus. Ich schlage vor, unter Anarchismus mindestens Dreierlei zu verstehen. Erstens ist Anarchismus eine zeitgenössische *soziale Bewegung*, die sich aus dichten Netzwerken vieler Einzelner, von Bezugsgruppen und Kollektiven zusammensetzt. Sie kommunizieren intensiv, teilweise weltweit und stimmen sich bei einer Vielzahl direkter Aktionen und andauernder Projekte miteinander ab. Die durch und durch dezentrale und netzwerkartige Struktur der anarchistischen Bewegung scheint manchmal verwirrend – all die Aktivitäten entfalten sich gewöhnlich ohne formelle Mitgliedschaften oder feste organisatorische Abgrenzungen.

Zweitens ist Anarchismus die Bezeichnung für eine komplexe *politische Kultur*, die diese Netzwerke inspiriert und mit Inhalt füllt – wobei der Begriff hier eine Gruppe gemeinsamer Orientierungen bezeichnet, die das politische Handeln und das Reden darüber sowie auch das tägliche Leben ausrichten. Kennzeichnend für diese Kultur sind:

- ein gemeinsames Repertoire politischer Aktionsformen auf der Grundlage der direkten Aktion, des Aufbaus von Alternativen »von unten«, von Kontakten und Konfrontation auf lokaler Ebene;
- gemeinsame Organisationsformen: dezentralisiert, horizontal und konsensorientiert;
- eine gemeinsame Kultur in so unterschiedlichen Bereichen wie Kunst, Musik, Kleidung und Essgewohnheiten, häufig angelehnt an westliche Subkulturen;
- eine gemeinsame politische Sprache, der es auf Widerstand gegen den Kapitalismus, den Staat, das Patriarchat und allgemein gegen Hierarchien und Dominanz ankommt.

Die anarchistische politische Sprache transportiert selber eine dritte Bedeutung von Anarchismus – Anarchismus als *Sammlung von Ideen*. Anarchistische Ideen sind theoretisch ausgefeilt und befinden sich zugleich im Fluss unablässiger Weiterentwicklung. Der Inhalt zentraler anarchistischer Gedanken ändert sich von einer Generation zur nächsten und ist nur vor dem Hintergrund der Bewegungen und Kulturen zu verstehen, in denen und durch die sie ausgedrückt werden.

Um einen Überblick über die zeitgenössische anarchistische Bewegung zu geben, richtet das zweite Kapitel das Augenmerk auf drei Themen, die in der anarchistischen politischen Sprache heute eine zentrale Rolle zu spielen scheinen. Das erste besteht in der Ablehnung jeglicher Form von Herrschaft, ein Begriff, der vielfältige gesellschaftliche Institutionen und Dynamiken umfasst – im Grunde die meisten Aspekte der modernen Gesellschaft. Herrschaft in all ihren Spielarten gilt es aufzudecken, anzugehen, zu untergraben und letztendlich zu überwinden.

Das zweite zentrale Thema ist das Ethos der direkten Aktion, wobei es darum geht, den Ungerechtigkeiten durch nichtvermittelte Interventionen zu begegnen und Alternativen zum Kapitalismus aufzubauen. Dies geschieht in destruktiven und defensiven Formen, so etwa durch Sabotageakte gegen Produktionsstätten oder durch die Besetzung von Wäldern. Oder die direkte Aktion ist konstruktiver Art und ermöglicht den Aufbau eines Lebenszusammenhangs, etwa in Form von Sozialzentren, Gemeinschaftsgärten und Kooperativen. Die Idee der direkten Aktion hängt auch damit zusammen, dass eine »vorwegnehmende Politik« oder die Umsetzung und der Ausdruck anarchistischer Werte in den Aktivitäten und Strukturen der Bewegung selber für essenziell gehalten werden.

Und schließlich ist Vielfalt heute ein zentraler Wert in der anarchistischen Bewegung. Das bedeutet eine große Offenheit bezüglich ihrer Zielsetzung. Und Vielfalt passt nicht gut zu Vorstellungen von einer abschließenden Revolution oder von bis in die Einzelheiten festgelegten Modellen und Entwürfen einer freien Gesellschaft. Stattdessen pflegt man nichthierarchische und anarchische Verhaltensweisen und Organisationsformen als allzeit präsente Potenziale gesellschaftlicher Interaktion im Hier und Jetzt – einer »Revolution im Alltag«.

Woher kommen diese Kulturen und Ideen? Die Feststellung überrascht vielleicht nicht, dass der heutige Anarchismus nur zu geringen Teilen eine direkte Fortführung anarchistischer Bewegungen des 19. und frühen 20. Jahrhunderts ist, die am Ende des Zweiten Weltkriegs von der politischen Bühne gefegt worden sind. Die Wurzeln der zeitgenössischen anarchistischen Bewegungen sind vielmehr in den Überschneidungs- und Verbindungsprozessen zu finden, die seit den 1960er Jahren zwischen verschiedenen radikalen gesellschaftlichen Bewegungen stattgefunden haben. Deren Vorgehen war eigentlich nie offen und eindeutig anarchistisch. Zu ihnen gehören die radikalen Teile der Umwelt-, Antiatomkraft- und Antikriegsbewegungen, die mit direkten Aktionen arbeiten, sowie radikale Befreiungsbewegungen der Frauen, der Schwarzen, der Indigenen, der LGBT (*lesbian, gay, bi & transgender*) und die Bewegung für die Tierrechte. Die zunehmende Vernetzung und gegenseitige Befruchtung dieser Bewegungen hat zu einer Konvergenz politischer Kulturen und Ideen neben denen der traditionellen (sozialdemokratischen, liberalen oder marxistischen) Linken geführt, wobei sie dieser – um ehrlich zu sein – weit voraus sind. Etwa um die Jahrtausendwende waren die Bedingungen für die Entstehung eines voll entfalteten anarchistischen Revivals reif. Zu der Zeit stellten die Widerstandsbewegungen gegen den neoliberalen Kapitalismus und die von den USA angeführten Invasionen in Afghanistan und im Irak die wichtigsten anarchistischen Aktivitäten dar.

Einerseits beziehen sich die neu entstehenden anarchistischen Bewegungen häufig direkt auf die anarchistische Tradition und lassen sich von ihr inspirieren, andererseits unterscheiden sie sich aber auch in vieler Hinsicht von der linkslibertären Politik von vor hundert oder auch vor sechzig Jahren. Netzwerke von Kollektiven und Bezugsgruppen ersetzen die Syndikate und Föderationen als typische Organisationsformen. Die Themen der Bewegung sind breiter: Ökologie, Feminismus und Tierrechte sind ebenso wichtig wie Antimilitarismus und Arbeiterkämpfe. Im letztgenannten Bereich werden der industrielle Sektor und der traditionelle Syndikalismus zunehmend durch McJobs und selbstorganisierte Gewerkschaften prekär Beschäftigter ersetzt. Die vorwegnehmende direkte Aktion und kulturelle Experimente stehen eher im Vordergrund. Ein anderer auffälliger Unterschied liegt darin, dass in anarchistischen Zusammenhängen die Orientierung an der Moderne und technischem Fortschritt nicht mehr unbedingt allgemein angestrebt wird. Manche »grüne« Anarchistinnen und Anarchisten setzen sich sogar ausdrücklich dafür ein, den Zerfall der industriellen Zivilisation aktiv zu befördern. Diese qualitativen Veränderungen machen zusammengenommen sogar so etwas wie einen Paradigmenwechsel des Anarchismus aus, der heutzutage durch und durch heterodox ist, aktionsbezogen und darauf aus, zu gewinnen.

Obwohl ich Anarchist bin, geht es mir nicht darum, ein Buch zu schreiben, das sich für den Anarchismus ausspricht, oder irgendjemanden davon zu überzeugen, dass Anarchismus möglich und wünschenswert ist. Dieses »Plädoyer für die Anarchie« ist bereits in der anarchistischen Literatur zweier Jahrhunderte ausführlich und zu meiner vollen Zufriedenheit gehalten worden. Es hat sogar, wenn auch eher selten, in der akademischen politischen Theorie von strenger Seite Anerkennung gefunden (z.B. bei Robert Paul Wolff, Michael Taylor, Alan Ritter, L. Susan Brown oder Alan Carter). Es wäre eine unverzeihliche Vergeudung von Bäumen, ein weiteres Werk in Druck gehen zu lassen, das einmal mehr die Tragfähigkeit anarchistischer Theorie begründen würde.

Stattdessen treiben die Kapitel 3 bis 6, die den Hauptteil dieses Buches ausmachen, ausgehend von der Annahme, dass der Anarchismus im Wesentlichen Sinn macht, die Debatte einen Schritt weiter: Perspektiven, Dilemmata und Kontroversen werden ausgelotet, die erst innerhalb der real stattfindenden antiautoritären Kämpfe für gesellschaftliche Veränderungen zutage treten. Diese Kapitel gehen der Frage der internen Hierarchien und der Macht innerhalb anarchistischer Netzwerke nach; der Frage nach der Definition, der Rechtfertigung und der Effizienz politisch begründeter Gewalt; der Kontroverse Technologie versus Moderne innerhalb der Bewegung; sie setzen sich schließlich mit der Beziehung zu den nationalen Befreiungsbewegungen auseinander und in diesem Zusammenhang besonders mit dem Fall Palästina/Israel.

Ich möchte abschließend diese Einleitung nutzen, um über

die Bedeutung und die Gefahren zu sprechen, die damit verbunden sind, dass jemand »in politischer Theorie macht« und zugleich Aktivist ist. Was bedeutet es eigentlich, anarchistischer Aktivist-Theoretiker zu sein (eine Rolle, die allen offen steht)? Welche Spannungen mag ein solches Unterfangen unter den eigenen Genossinnen und Genossen auslösen? Und vor allem, welche konkreten Instrumente und Methoden kann es bereitstellen, um die kollektive Reflexion und politische Theoriebildung in anarchistischen Netzwerken zu fördern?

Praxis und Theorie

Glücklicherweise ist der Aktivist-Theoretiker nicht allein in seinem Bemühen, die soeben erwähnten Fragestellungen anzugehen. Außerhalb der radikalen Szene ist man sich kaum des explosiven Wachstums und der Vielschichtigkeit bewusst, die kennzeichnend für die anarchistischen politischen Diskussionen und die anarchistische Literatur sind.

Es gibt sie in gedruckter Form, online und vor allem als gesprochenes Wort, in alltäglichen Gesprächen, Diskussionen und Zusammenkünften.

Tatsächlich ist die anarchistische Bewegung ein Kontext, in dem auf hohem Niveau politisch nachgedacht – politische *Theorie* entwickelt wird. Zentrales Anliegen von *Hier und jetzt* ist es, Dilemmata, in denen Aktivistinnen und Aktivisten stecken können, zu durchdenken und mit ihnen umzugehen. Dabei hilft eine Theorie, die auf unmittelbarer Erfahrung aufbaut, auf Diskussionen mit anderen Aktivistinnen und Aktivisten, auf einer kritischen Lektüre anarchistischer wie nichtanarchistischer Literatur und auf durchaus nichtneutralen Argumenten meinerseits. Denn ich bin weniger daran interessiert, Antworten zu geben, als vielmehr daran, einige der relevanten *Fragen* festzumachen, die gewissen endlosen und wiederkehrenden Debatten zugrunde liegen, sie in ihren Hintergründen und Zusammenhängen darzustellen und zu entwirren.

In vieler Hinsicht ähnelt die Herangehensweise an anarchistische Theorie in diesem Buch derjenigen, die der anarchistische Anthropologe David Graeber vorgeschlagen hat. Graeber nimmt an, jede anarchistische Gesellschaftstheorie müsste nicht nur von der grundlegenden Annahme ausgehen, dass »eine andere Welt möglich ist«, sondern außerdem »selbstbewusst jede Spur des Avantgardismus zurückweisen«. Die Rolle eines anarchistischen Theoretikers könne es nicht sein, die »richtige strategische Analyse« vorzulegen und »dann die Massen entsprechend zu führen«. Seine Rolle sei es vielmehr, sich an dem Bedürfnis von Anarchistinnen und Anarchisten auszurichten, für das, was sie beschäftigt, einen theoretischen Ausdruck zu finden und »diese Gedanken zurückzugeben, nicht als Rezepte, sondern als Beiträge, als Möglichkeiten – als Angebote«. Die Rolle des Aktivisten-Theoretikers besteht demnach nicht einfach darin, beobachtender Experte zu sein, sondern in erster Linie ist er jemand, der Möglichkeiten eröffnet und vermittelt, während die Teilnehmer an der Debatte die Rolle von Mit-Theoretikern und Mit-Aktivisten spielen.

Avner De-Shalit hat sich im umweltpolitischen Zusammenhang für dieselbe theoretische Herangehensweise ausgesprochen. Damit eine politische Theorie nicht nur interessant, sondern auch relevant ist, sollte sie seiner Auffassung nach »bei den Aktivistinnen und Aktivisten und ihren Problemen ansetzen … Insofern ist es eine Theorie, die sich auf die aktuellen theoretischen Bedürfnisse der Aktivistinnen und Aktivisten bezieht und dadurch zu überzeugen sucht, dass sie auf praktische Belange eingeht.« Indem der Theoretiker in den Aktivisten-Debatten wiederkehrende Themen schriftlich niederlegt, kann er dafür sorgen, dass eine Diskussion entsteht, in der sie geduldiger und präziser behandelt werden und die Aufmerksamkeit auf Einzelheiten und eine kohärente Argumentation gelenkt wird.

Die Rolle des Theoretikers besteht darin, am Reflexionsprozess bei der Theoriebildung der Aktivisten teilzunehmen und ihn zu unterstützen, indem er Ideen deutlicher herausarbeitet, ordnet und artikuliert – zusammen mit den Aktivisten und für sie. Dabei geht es ihm darum, Themen – in theoretischer Form – anzusprechen, mit denen Aktivisten bei ihrer täglichen Organisationsarbeit konfrontiert sind, Ideen zusammenzustellen, um die sorgfältige Diskussion zu ermöglichen, unhinterfragte Annahmen und Widersprüchlichkeiten aufzudecken und ganz allgemein die Reflexionsprozesse der Aktivistinnen und Aktivisten voranzubringen. Dies geschieht, indem er Gedanken, die bei kurzen, informellen Debatten aufgekommen sind, festhält und sie in strukturierter und differenzierter Form unter die Lupe nimmt. Obwohl er grundsätzlich die Anliegen beispielsweise der Umweltaktivisten unterstützt, »sollte die Philosophin oder der Philosoph die Forderungen der Aktivisten nicht einfach unbefragt übernehmen; auch ihre Intuitionen, Argumente, Forderungen und Theorien sollten gründlich abgeklopft werden. Dass sie kritisch untersucht werden sollten, berührt jedoch nicht das zentrale Anliegen: dass die Intuitionen, Forderungen und Theorien der Aktivistinnen und Aktivisten unbedingt den Ausgangspunkt bilden« (Avner De-Shalit).

Somit ist der Prozess der anarchistischen Theoriebildung in sich selbst ein Dialog, bei dem die Ideen Einzelner und ihre Praxis mit ihnen diskutiert werden. Nur in dieser Verbundenheit kann Theorie authentisch und selbstkritisch bleiben. Und nur so kann sie sich auch das Recht herausnehmen und sich zutrauen, sich – nicht von oben herab, sondern von innen – zu äußern. Hier bestehen ausgeprägte Parallelen zur Tradition des »Action Research« oder der Untersuchung durch Aktionen, die unterschiedliche emanzipatorische und Graswurzelmethoden in Lernprozesse integriert. Beiträge indigener Kulturen gehören ebenso dazu wie die von Gemeinschaften des globalen Südens, von radikalen Pädagogen und Philosophen, Praktikern ökologischer Methoden, von egalitären, feministischen und antirassistischen sozialen Bewegungen. In jedem Fall liegt der Akzent auf offen »engagierten« Methoden der kooperativen Forschung, die in einem emanzipatorischen Ethos begründet sind. Das begünstigt die gemeinsame Entwicklung relevanten Wissens und einer entsprechenden Praxis. Gewisse Forschungsmethodologien werden zugunsten eines sich entfaltenden Prozesses der Kooperation und des Dialogs zurückgestellt, der ermächtigend und solidarisierend wirkt. Indem die Debatte zur anarchistischen politischen Theorie, die dieses Buch vorlegt, kritisch engagierte und theoretisch fundierte Analysen liefert, die in einer kollektiven Praxis entstanden sind, dürften sie zu den laufenden Reflexionen von Aktivistinnen und Aktivisten klärend beitragen.

Mein eigener Werdegang hat mich mit vielen Genossinnen und Genossen und Gruppen zusammengebracht. Mit ihnen gemeinsam habe ich an diversen örtlichen Projekten und Kampagnen sowie an Konferenzen und Diskussionen, internationalen Mobilisierungen und Massenprotesten teilgenommen. In Großbritannien habe ich vor Ort in Oxford im sehr lebendigen antikapitalistischen und Antikriegsnetzwerk mitgearbeitet sowie in anti-autoritären Netzwerken, die Aktionen zum 1. Mai und Antikriegsdemonstrationen organisierten. Ich war auch Teil des britischen *Earth First!*-Netzwerks (das, anders als sein US-amerikanisches Gegenstück, eindeutig anarchistisch ist) und des *Dissent!*-Netzwerks, das seit 2005 im Widerstand gegen die G8-Gipfel aktiv ist.

Beobachtender Teilnehmer war ich auch bei internationalen Mobilisierungen wie den Anti-G8-Protesten in Genua 2001, Evian 2003 und Gleneagles 2005 sowie bei den Anti-EU-Protesten in Nizza 2000, Brüssel 2001 und Barcelona 2002. Außerdem nahm ich an mehreren internationalen Zusammenkünften teil, darunter das internationale *No Border*-Protestcamp in Straßburg 2002, europäische Treffen des *Peoples Global Action*-Netzwerks in Leiden 2002 und Dijon 2003 sowie diverse autonome Alternativveranstaltungen bei den europäischen Sozialforen in Florenz 2002 und in London 2004. Daher sind in dieses Buch in erster Linie eigene unmittelbare Erfahrungen und Diskussionen mit Aktivistinnen und Aktivisten eingeflossen. Hinzukommt eine recht gute Vertrautheit mit zeitgenössischen anarchistischen Medien: Websites, Diskussionsgruppen, Blogs, Filmen und Videos, Radiosendungen und mit programmatischer anarchistischer Literatur in gedruckter Form und online.

Hier sollte darauf hingewiesen werden, dass anarchistische Literatur nicht den Anspruch hat, nach akademischer politischer Theorie auszusehen. Vieles erscheint im Selbstverlag, in fotokopierten Broschüren, Raubdrucken und »zines« (kurz für »magazines«). Darin werden diverse Aktionsberichte, Comics, Kurzgeschichten und Anleitungen zu allem Möglichen, von Frauengesundheitsratschlägen bis hin zu Fahrradreparaturtipps, mitgeliefert. Viele Texte werden anonym, kollektiv oder unter einem Pseudonym veröffentlicht. Sie wenden sich an ganz spezielle Adressaten, häufig an andere Anarchisten. Um bei der Wahrheit zu bleiben – manches von dem, was an anarchistischen Publikationen im Bereich Debatten herauskommt, taugt nicht sehr viel. Es gibt jedoch auch viele anarchistische Bücher, Artikel und Essays, die wichtige Einsichten liefern, solide argumentieren und gut durchdacht sind. Aus ihnen werde ich auf den folgenden Seiten ausgiebig schöpfen, indem ich mich einerseits positiv auf sie beziehe, sie andererseits aber auch kritisiere.

Grundsätzlich gilt, dass in der Bewegung ein Mangel an rationaler Auseinandersetzung keineswegs die Norm ist. Das zeigt sich besonders in den alltäglichen Gesprächen unter Aktivistinnen und Aktivisten, wo ja gerade die Hauptdebatten stattfinden. Hier kommen die relevanten Fragestellungen und Widersprüche zur Sprache, die eine anarchistische Theorie aufgreifen sollte, und hier ergeben sich zahlreiche bedeutsame Argumente und Einsichten, die in die theoretische Arbeit eingeführt werden.

Was nun die unvermeidlichen anarchistischen Grundannahmen angeht – der nicht eingeweihte Leser oder die Leserin ist hiermit eingeladen, diese einmal provisorisch als Rahmen zu übernehmen und auszuloten, was passiert, wenn wir uns an einer Version dieser Grundannahmen entlangbewegen. Schließlich macht es keinen Sinn, der Frage nachzugehen, ob Anarchistinnen und Anarchisten jemals zur Erreichung ihrer Ziele Gewalt anwenden sollten, wenn ihre Ziele an sich schon nicht gerechtfertigt sind, oder sich darüber Gedanken zu machen, ob manche Formen der Führung innerhalb der anarchistischen Bewegung problematischer als andere sind, wenn eine horizontale Organisation von vornherein abgelehnt wird.

Die Theorie sollte nicht darunter leiden, wenn derjenige, der sie formuliert, selber der Überzeugung ist, dass »eine andere Welt möglich« ist. Im Gegenteil, ein bewusstes, selbstkritisches Engagement mit dem Wunsch, einen Beitrag für Mit-Aktivistinnen und -Aktivisten zu leisten, ist wahrscheinlich mit einer starken Motivation verbunden, Schwierigkeiten gerade nicht schönzureden oder kontroverse Themen unter den Teppich zu kehren. Schließlich ist der beste »Beitrag« einer, der sich aus einer kritischen Einstellung ergibt, die frei ist von Illusionen. Er wird Regeln und Erwartungen, die als Gegebenheiten hingenommen werden, identifizieren und überdenken und Fragen aufwerfen, mit denen sich Aktivistinnen und Aktivisten möglicherweise lieber nicht beschäftigen würden.

Die Art anarchistischer politischer Theorie, auf die ich mich beziehe, um die recht komplexen Debatten in diesem Buch zu bearbeiten, verdankt angloamerikanischen Methoden und Gepflogenheiten mehr als kontinentaleuropäischen. Das muss nicht positiv oder negativ sein, aber es bedeutet, dass die theoretische Arbeit, die hier vorgelegt wird, die Analyse nicht als Selbstzweck auffasst. Es bedeutet auch, dass Klarheit, Lesbarkeit und Nachvollziehbarkeit angestrebt werden. Obwohl manche Passagen für die Konzentration des Lesers eine Herausforderung darstellen mögen, habe ich mich doch bemüht, mich nicht allzu weit von der Alltagssprache zu entfernen, nicht abzuheben und mich in fernen Sphären zu verlieren.

Und jetzt erneut die Frage: Was ist Anarchismus?

Kapitel 1

Was bewegt die Bewegung?

> *»Was ist Anarchismus? Was bedeutet es, Anarchistin oder Anarchist zu sein? ... Schließlich lässt es sich nicht ein für alle Mal festlegen, irgendwo sicher hinterlegen, als Errungenschaft betrachten und dann nach und nach darauf zurückgreifen. ... Anarchismus ist kein Begriff, der in ein Wort gefasst und wie auf einen Grabstein gemeißelt werden kann. ... Er ist eine Art, das Leben aufzufassen, und das Leben ist, ob wir nun alt sind oder jung, nichts Definitives: Es ist ein Risiko, das wir tagtäglich eingehen müssen.«*
> Alfredo Bonanno, *The Anarchist Tension*

Im Oktober 2004 traf sich das Europäische Sozialforum (ESF) in London. Eine Woche lang war die britische Hauptstadt Gastgeberin eines Mikrokosmos, der die Spannungen innerhalb der sogenannten »Bewegung für eine andere Globalisierung« offenbarte: Auf der einen Seite war das offizielle ESF, das aktiv durch den Londoner Bürgermeister Ken Livingstone unterstützt und hinter den Kulissen von der *Socialist Action*-Gruppe sowie großen NROs, Gewerkschaften und der trotzkistischen *Socialist Workers' Party* dominiert wurde. Viele der Organisationen, die auf dem ESF präsent waren, nutzten es als Rekrutierungsgelegenheit und waren vor allem bemüht, ihre Mitgliederzahlen zu erhöhen. Es ging ihnen darum, im Rahmen des staatlich eingeräumten zivilgesellschaftlichen Rahmens an der Macht teilzuhaben, um neoliberale Politik und die Bedingungen des globalen Handels auf parlamentarischer und Regierungsebene infrage zu stellen. Die Debatten und Plenen auf diesem ESF fanden meistens in Form von Vorträgen statt, wobei mehrere Sprecher auf dem Podium saßen und das Publikum auf den Plätzen davor aufgereiht war. Der Inhalt war in geschlossenen Zusammenkünften festgelegt worden, und man musste eine Anmeldegebühr entrichten, um am ESF teilnehmen zu können. Das Essen wurde von kommerziellen Anbietern mit schlecht bezahlten Arbeitskräften angeboten.

Anderswo in London brummte es an verschiedenen Orten vor autonomer Aktivität. Die Teilnahme an diesen Workshops kostete nichts, jeder konnte einen anbieten, und die Atmosphäre war weniger formell. Die Themen waren ganz klar antikapitalistisch, feministisch und radikal ökologisch. Auch organisierten sich diese Zusammenkünfte anders: dezentral, partizipatorisch und auf Konsens bauend. Die Teilnehmenden hatten eine eindeutig ablehnende Haltung gegenüber den Strukturen, die von oben nach unten orientiert und auf Rekrutierung ausgerichtet waren wie die der Parteien, großen NROs und Gewerkschaften. Die gemeinsame Identität der autonomen Diskussionszusammenhänge beruht auf einem Ethos aktiven Widerstands gegen Kapitalismus, Staat, Rassismus, Patriarchat und Homophobie; Organisationsstrukturen sind horizontal, netzwerkartig und weitgehend ohne formelle Mitgliedschaft; und sie kämpfen nicht dafür, die Macht zu übernehmen oder die Gesellschaft von oben herunter umzumodeln – sie wollen sie von unten und mit Methoden aufbauen, die dem Angestrebten entsprechen. »Schubladen« und Titel – darauf hatten Hunderte in den autonomen Diskussionszusammenhängen keine Lust. Doch auch sie ließen gewisse Kennzeichen für sich gelten: »autonom«, »antiautoritär«, »horizontal«, Letzteres in ausdrücklicher Absetzung vom »top-down«-Modell des ESF. Kaum jedoch fiel der Begriff »anarchistisch«.

Das A-Wort

Es ist etwas riskant, Begriffe wie »anarchistisch« oder »Anarchismus« auf eine Gruppe von Menschen anzuwenden, die sich selber nicht ausdrücklich als Anarchisten bezeichnen würden oder diese Zuschreibung sogar eher meiden. Worte sind letztendlich bedeutsam, und der Umstand, dass alle möglichen positiven Begriffe einzig und allein benutzt werden, um nicht »Anarchismus« sagen zu müssen, verdient es, näher untersucht zu werden.

Nun gibt es allerdings ein paar ganz offensichtliche Gründe, warum viele von uns sich nicht gerne als Anarchisten bezeichnen, selbst wenn uns das Wort fasziniert. Wie Bob Black feststellt: »Wer sich als Anarchistin oder Anarchisten bezeichnet, zieht damit unweigerlich ein ganzes Bündel von Assoziationen auf sich, eine wilde Mischung, unter der kaum zwei Menschen – das gilt auch für zwei Anarchisten – dasselbe verstehen werden. (Die vorhersehbarste Assoziation ist zugleich die ungenaueste: die Assoziation mit dem Bombenwerfer. Tatsächlich haben Anarchisten Sprengsätze geworfen, und manche tun es immer noch.)«

Für viele rufen die Worte Anarchie und Anarchismus immer noch automatisch negative Vorstellungen von Chaos, sinnloser Gewalt und Zerstörung hervor, weil libertäre Ideen in den kommerziellen Massenmedien ganz ausdrücklich seit dem »Anarchistischen Schrecken« (anarchistische Bombenattentate in Frankreich und den USA im frühen 20. Jahrhundert) dämonisiert werden. »Anarchismus« als Aushängeschild zu benutzen, kann eine Hypothek darstellen, wenn es einem darum geht, die breite Öffentlichkeit anzusprechen. Der Anarchismus hat so viel negative Werbung gehabt, dass sich Menschen abwenden und verschließen, bevor sie überhaupt mehr erfahren können. Andere wiederum saugen Honig aus der puren Provokation: »Vielleicht würde ich meine eigenen Überzeugungen gar nicht unbedingt mit dem Wort ›anarchistisch‹ umschreiben, aber es hat etwas für sich, diesen Begriff zu benutzen: aus demselben Grund und mit demselben Hintergedanken, der mich bewogen hat, mich jahrelang als Hexe zu bezeichnen. Denn wenn man einen Ausdruck benutzt, der so aufgeladen ist, der so viel Energie freisetzt, dann weist das auf etwas hin: Du überschreitest eine Grenze und betrittst ein Terrain, das du, wenn es nach denen ginge, die an den Schaltstellen der Macht sitzen, nicht betreten sollst. Es weist darauf hin, dass du dabei bist, das Undenkbare zu denken, hinter den Vorhang zu schauen … sich das Wort ›Anarchismus‹ wieder anzueignen, würde bedeuten, der Hand, die uns schlägt, denen, die nicht wünschen, dass wir ihre Macht infrage stellen, den Stock zu entreißen.« (Starhawk 2004)

Die verbreitetste Form des Widerstands gegen die Bezeichnung als Anarchist ist jedoch die Abneigung, die viele Anarchistinnen und Anarchisten gegen jedwede Etikettierung hegen. Nicht wenige unter ihnen identifizieren sich mit diversen politischen und kulturellen Strömungen und halten die Umschreibung ihrer Überzeugungen durch irgendeinen Ismus für eine unnötige Einschränkung, die ihnen zudem die Unterstellung einträgt, auf ein paar unumstößliche Dogmen festgelegt zu sein. In den Worten von *Not4Prophet*: »Ich persönlich stehe nicht auf irgendwelche Titel, Zuordnungen oder Schubladen. Die meiste Zeit meines erwachsenen Lebens habe ich damit verbracht, solche Einschränkungen hinter mir zu lassen. Ich denke, eigentlich sind wir immer besser dran, wenn wir uns kein Label aufkleben und uns auch von niemandem sonst eins aufdrängen lassen. Anarchie oder Anarchismus ist etwas, das wir wirklich anstreben, was wir leben und wofür wir kämpfen, und deshalb ist es auch ohne Belang, als was wir uns bezeichnen (oder nicht bezeichnen), wenn wir mitten drin sind und es tun.«

Gibt es nun also so was wie eine »anarchistische Bewegung« heutzutage irgendwo da draußen? Und was macht sie »anarchistisch«? David Graeber (in *New Left Review*) hat diese Fragen auf seine Weise beantwortet: »Ich schreibe als Anarchist; doch sich zu fragen, wie viele Menschen, die mit dieser Bewegung zu tun haben, sich Anarchisten nennen, macht nicht viel Sinn … Worauf es tatsächlich ankommt, das ist die direkte Aktion als eine, die eine Politik der Appelle an die Regierung zurückweist. Die direkte Aktion zielt nicht darauf ab, Regierungspolitik zu beeinflussen. Sie versteht sich vielmehr als Form der physischen Intervention gegen staatliche Macht. Diese Intervention selber nimmt eine Alternative vorweg – und das alles entspringt direkt der libertären Tradition.«

Graeber hat vollkommen Recht, wenn er auf die direkte Aktion und die Vorwegnahme als zentrale anarchistische Ideen verweist. Doch kommt er nicht ohne eine beschönigende Umschreibung aus: die »libertäre Tradition« (wie man von »libertären Sozialisten« spricht, wenn man Anarchisten meint). So räumt er eine Schuld, die durch historische Assoziationen zu bestehen scheint, ein. Dieses implizite Schuldeingeständnis legt ein Reden von der Bewegung nahe, die in einem »weit gefassten« Sinne anarchistisch oder anarchistisch »inspiriert« sei – was wiederum bedeutet, Anarchismus zu verdinglichen und bestimmte idealtypische Erwartungen an »echte« anarchistische Bewegungen zu wecken. Ich möchte dagegen schlicht und ohne Umschweife von einer »anarchistischen Bewegung« sprechen – jedenfalls, wenn ich sie im Sinne einer politischen Kultur betrachte, mit allem Reichtum und aller Flexibilität, die damit verbunden ist.

Der Begriff der politischen Kultur bezieht sich auf einige gemeinsame Orientierungspunkte bezüglich dessen, wie man in einem Kontext »Politik macht«, der durch einen regelmäßigen Austausch und die damit einhergehende Strukturierung der wechselseitigen Erwartungen der Teilnehmenden gekennzeichnet ist. Der Begriff der politischen Kultur liefert eine nützliche Perspektive, um über Anarchismus *nicht* im Sinne theoretischer

Einheit, ideologischer Konformität oder linearer Strukturen einer Bewegung zu sprechen. Wenn wir überhaupt ein Wort zur Kennzeichnung benutzen wollen, dann kann man diese politische Kultur ganz sicher als anarchistisch bezeichnen.

Anarchismus als Bewegung ist der Bereich, in dem die kulturellen Codes reproduziert und ausgetauscht werden und Veränderungen und kritische Reflexionsprozesse durchlaufen. Es ist ein Zusammenhang, in dem viele politisch sehr aktive Subjekte »wir« sagen und darunter weitgehend dasselbe verstehen können – eine kollektive Identität, die sich auf einem gefestigten gemeinsamen Weg des Denkens und Tuns herausgebildet hat.

Wie im Vorwort angedeutet, möchte ich meine Überlegungen über die anarchistische Kultur auf vier Bereiche beziehen: Organisationsformen, Aktionsrepertoires, gegenkulturelle Ausdrucksformen und politische Sprache.

Organisationsformen

Man kann die anarchistische Bewegung, wie andere soziale Bewegungen auch, als ein Netzwerk informeller Interaktionen beschreiben, an denen eine Vielzahl von Individuen, Gruppen und/oder Organisationen beteiligt sind, die sich auf der Grundlage einer gemeinsamen Identität in einem politischen und kulturellen Konflikt engagieren. Die Architektur der Bewegung ist die eines dezentralen globalen Netzwerks der Kommunikation, Koordination und gegenseitigen Unterstützung zwischen ungezählten Knotenpunkten gesellschaftlicher Kämpfe, die allesamt frei sind von formellen Mitgliedschaften oder festen Abgrenzungen. Dieses netzförmige Organisationsmodell sozialer Bewegungen ist mit einem Rhizom verglichen worden – der in Ausbuchtungen wuchernden Wurzeln von Pflanzen wie Bambus –, einer Struktur, die gekennzeichnet ist durch Verbindung,

Heterogenität, Vielfalt und Nicht-Linearität (siehe Deleuze und Guattari zum Rhizom als Metapher für Wissen). Netzwerke besitzen keine definierten Grenzen, eher überlappen sie einander, dehnen sich aus oder ziehen sich zusammen, je nachdem wie Gruppen miteinander interagieren oder ihre Wege sich trennen. Der Anthropologe Jeff Juris, der mit antikapitalistischen Aktivisten in Barcelona partizipative Forschungen durchführte, führt das Konzept einer »Kulturellen Logik des Netzwerkens« ein, um zu erklären, wie Aktivistinnen und Aktivisten Bewegungsnetzwerke reproduzieren. Das Ziel ist weniger die Rekrutierung als vielmehr horizontale Erweiterung und immer bessere »Verbindungsqualität« zwischen verschiedenen Bewegungen innerhalb flexibler und dezentralisierter Informationsstrukturen, die eine maximale Koordination und Kommunikation ermöglichen. Daraus ergibt sich, dass »auf Netzwerken begründete Formen politischer Organisation und Praxis auf nichthierarchischen Strukturen beruhen, auf horizontaler Koordination zwischen autonomen Gruppen, offenem Zugang, direkter Beteiligung, Entscheidungsfindung nach dem Konsensprinzip und dem Ideal eines freien und offenen Informationsflusses … auf Netzwerken begründete Politik bedeutet auch, dass Räume geschaffen werden, die weit genug gespannt sind, um diverse Organisationen, Gruppen, Kollektive und Netzwerke aufzunehmen, die sich dort um wenige zentrale Themen herum versammeln, während sie zugleich ihre Autonomie und spezifische Identität bewahren.« (Jeff Juris)

Wir sollten zwischen den anarchistischen Netzwerken im eigentlichen Sinne – den dezentralisierten Kommunikations- und Koordinationsstrukturen unter Aktivisten – und Netzwerken unterscheiden, die sich selber so definieren, etwa *Earth First!*, *Dissent!* oder *Anti-Racist Action*. Diese könnte man auch als Mottos bezeichnen, unter denen Teile der anarchistischen Bewegung in Bezug auf gewisse Themen agieren. Ein solches Motto ist eine einleuchtende Überschrift für eine bestimmte

Zielsetzung oder politische Aktivität und benennt häufig, aber nicht unbedingt, auch ein konkretes Netzwerk. Handelt es sich um ein solches, dann kommunizieren diejenigen, die unter diesem Motto an verschiedenen Orten aktiv sind, relativ intensiv und regelmäßig miteinander (auf Treffen, durch E-Mail-Listen, Websites, einen Newsletter). Motto-Netzwerke fluktuieren noch stärker als andere. So kann beispielsweise irgendeine Aktivisten-Gruppe in Großbritannien unter dem Motto *Food not Bombs* heute eine vegane Straßenküche betreiben, morgen unter dem *Dissent!*-Motto ein Flugblatt gegen die G8 entwerfen und in der Woche darauf unter dem Motto der *Anti-Racist Action* einem rechtsextremen Aufmarsch in ihrer Stadt entgegentreten.

Während Begriffe wie »Netzwerk«, »Rhizom« und »Motto« die Architektur der Bewegung auf der Makroebene beschreiben, sollte man nicht übersehen, dass sich die allermeisten Aktivitäten auf der Mikroebene abspielen. In diesem Zusammenhang wird als Grundbaustein anarchistischer Organisierung meistens die »Bezugsgruppe« genannt, eine kleine und autonome Gruppe von Anarchistinnen und Anarchisten, die sich untereinander gut kennen und jeweils zusammenkommen, um eine bestimmte Aktion zu planen, sei es alleine oder in Kooperation mit anderen Bezugsgruppen. Der Ausdruck geht zurück auf die spanischen *grupos de afinidad*, die im spanischen Bürgerkrieg die Grundeinheiten der *Iberischen Anarchistischen Föderation* darstellten. (Die FAI war allerdings eine streng strukturierte Mitglieder-Organisation, und die damaligen Bezugsgruppen blieben im Allgemeinen lange zusammen und bildeten sich nicht ad hoc.) Eine typische Bezugsgruppe besteht aus rund fünfzehn Teilnehmenden, und die Einzelnen spielen häufig jeweils eine ganz bestimmte Rolle (die der juristisch qualifizierten Beobachterin, die des medizinisch beschlagenen Sanitäters, die der Fahrerin etc.). Die an einer Bezugsgruppe Beteiligten planen ihre Aktion bis in die Einzelheiten und achten draußen auf der Straße aufeinander. Während der Begriff der Bezugsgruppe, wie ihn Anarchisten heute benutzen, eher ein punktuelles Zusammengehen bezeichnet, spricht man von einem »Kollektiv«, wenn man eine dauerhaftere Gruppe bezeichnen möchte. Kollektive wiederum haben »Mitglieder«, die sich von Angesicht zu Angesicht kennen, und sie sind dazu da, ein Projekt wie zum Beispiel als Land-Kollektiv eine landwirtschaftliche Kommune zu betreiben, als Herausgeberkollektiv eine anarchistische Publikation etc. Ein Kollektiv kann sich auch vornehmen, eine bestimmte Kampagne oder ein Forschungsprojekt zu organisieren. Es kann sich als Trainer-Kollektiv auch der Aufgabe widmen, anderen Aktivistinnen und Aktivisten bestimmte Fertigkeiten beizubringen – alles von der Herstellung von Bio-Diesel über Schablonen-Kunst bis hin zur Entscheidungsfindung auf der Grundlage des Konsensprinzips. Ein Kollektiv kann darüber hinaus als Bezugsgruppe fungieren, wenn es um einen Protest oder eine direkte Aktion außerhalb seiner üblichen Tätigkeit geht.

Während Bezugsgruppen und Kollektive ad hoc oder permanent die Mikroebene anarchistischer Selbstorganisation darstellen, finden die meisten anarchistischen Aktivitäten auf der mittleren Ebene lokaler Netzwerke statt. Das örtliche Netzwerk ist eines, innerhalb dessen es viele der Beteiligten – typischerweise in einer Stadt – gewohnt sind, zusammenzuarbeiten, sei es in einer Bezugsgruppe, einem Kollektiv oder einer Koalition. Dies ist der Raum, in dem man alltägliche Aktivitäten wie Infostände, Flugblattverteilen, kleine Demonstrationen, Filmvorführungen und Soli-Partys oder auch als Bezugsgruppe eine direkte Aktion organisiert. Dies ist auch die Ebene, auf der Anarchistinnen und Anarchisten mehr als auf jeder anderen Koalitionen eingehen: mit Bürgervereinigungen, Jugendgruppen, radikalen NROs und sogar gelegentlich mit Ortsgruppen der Grünen oder von sozialistischen Parteien (obwohl es viele Anarchisten kategorisch ablehnen, mit irgendeiner Partei zusammenzuarbeiten). Auf der Makroebene (der regionalen, der kontinentalen bis hin zur globalen) stellt das Netzwerk die vorherrschende Form der Organisierung dar.

Es ist viel geschrieben worden über den Beitrag des Internets zur Entwicklung der anarchistischen und allgemein der antikapitalistischen Bewegungen und ihrer Fähigkeit, ein globales Terrain der Solidarität zu definieren (z.B. von Harry Cleaver oder Naomi Klein). Doch das internetgestützte Networking ist nur der abstrakteste Ausdruck der tatsächlich und »im richtigen Leben« stattfindenden Prozesse, bei denen Kooperationen und gegenseitiges Vertrauen vor Ort aufgebaut werden. Die Bindungen, die anarchistische Netzwerke zusammenhalten, fangen bei den ganz persönlichen Beziehungen in Gruppen und Kollektiven an, in denen sich jeder und jede kennt, erweitern sich über ein dichtes Netz persönlicher Bekanntschaften und virtueller Knotenpunkte bis hin zur Herausbildung eines internationalen solidarischen Kooperationszusammenhangs. Das verleiht den Solidaritätsmustern in der anarchistischen Bewegung den Charakter einer Großfamilie oder eines Stammes (ohne die traditionellen Tabus und Hierarchien). Die engsten Bezüge bestehen auf der Ebene der kleinen Gruppen und lokalen Milieus – der »Banden« und ausgedehnten »Familien«, innerhalb derer sich die intensivsten Freundschaften und das größte Vertrauen entwickeln. Nähe entsteht weiterhin, wenn Aktivistinnen und Aktivisten aus verschiedenen Orten und mit unterschiedlichen Hintergründen zusammenarbeiten. Das kann im Rahmen eines laufenden Projekts geschehen, bei dem es zwischendurch Konferenzen und immer wieder einen E-Mail-Austausch gibt – ein prominentes Beispiel ist das bedeutende europäische antineoliberale Netzwerk, das sich 1999 bei der Organisierung der Karawane indischer Bauern durch Europa gebildet hat, eine Aktion, die sich gegen das GATT-Abkommen und die WHO richtete. Auch die Intensivierungen der Vernetzung, die mit der quasi organischen Verdichtung der Kontakte im Zusammenhang mit der Koordination der Proteste gegen internationale Gipfel einhergeht, kann die beschriebene Nähe schaffen. Ein besonderes Kennzeichen dieser Art der »familiären« Solidarität ist die instinktive Neigung, sie auf »Mitglieder« der eigenen »Großfamilie« auszudehnen, sobald man sie als solche wahrnimmt. Dabei ist das Gefühl der Identifizierung mit dem Anderen und der damit verbundenen Gemeinsamkeit und Gegenseitigkeit auf Widerstandskulturen und Vorstellungen von gesellschaftlichem Wandel begründet, die man teilt. Im Austausch zwischen Aktivistinnen und Aktivisten aus verschiedenen Ländern, die sich zum ersten Mal treffen, wird Vertrautheit häufig durch das Vorhandensein (oder Fehlen) verschiedener kultureller Indikatoren des Hintergrunds und der politischen Orientierung hergestellt (oder kommt nicht zustande).

Aktionsrepertoires

Was die Aktionsrepertoires angeht, betont die anarchistische politische Kultur das »Do It Yourself« der direkten Aktion – ohne Vermittler. Ein Einzelner oder eine Gruppe setzen ihre eigene Kraft und ihre eigenen Ressourcen ein, um die Verhältnisse in die gewünschte Richtung zu verändern. Anarchistinnen und Anarchisten verstehen die direkte Aktion als ein Vorgehen, bei dem man die gesellschaftliche Veränderung selber in die Hand nimmt, indem man in eine Situation direkt eingreift, anstatt an externe Kräfte (gewöhnlich die Regierung) zu appellieren, sie mögen die Dinge in Ordnung bringen. Daher nutzen Anarchisten im Allgemeinen nicht die üblichen politischen Kanäle und halten nicht viel von einer Teilhabe an der Macht innerhalb des Staates, um Anliegen voranzubringen.

Zwischen der direkten Aktion und einem verwandten Konzept, dem des »zivilen Ungehorsams« sollte unbedingt unterschieden werden. Unter dem Letzteren ist meiner Ansicht nach jede Art kollektiver Verweigerung gegenüber dem Gesetz zu verstehen, wobei dies entweder aus moralischen Motiven geschieht oder um Druck auf die Regierenden auszuüben, damit sie schließlich auf Forderungen eingehen. So schreibt Henry D. Thoreau: »Wenn die Alternative darin besteht, entweder alle Gerechten einzukerkern oder Krieg und Sklaverei abzuschaffen, wird der Staat bei der Wahl nicht zögern.« Demnach ist ziviler Ungehorsam im Grunde eine konfrontative Form des Dialogs zwischen Bürgern, die sich nicht unterordnen, und dem Staat. Dieser Dialog stellt die grundlegende Legitimität des Staates nicht infrage (denn es wird vom Staat erwartet, dass er auf die Forderungen der Ungehorsamen reagieren und beispielsweise ein ungerechtes Gesetz ändern wird). Oft geht der zivile Ungehorsam mit einer Rhetorik der Aufrufe an die Gesellschaft einher, sie möge sich doch ihren eigenen Idealen gemäß verhalten. Auf diese Weise wird der Status quo der gesellschaftlichen Verhältnisse und der Institutionen eher bestätigt als herausgefordert.

Meistens nimmt man die direkte Aktion nur in ihrer verhindernden oder destruktiven Form wahr. Wenn Menschen beispielsweise etwas gegen die Rodung eines Waldes haben, dann bedeutet die direkte Aktion, sich nicht auf das Schreiben von Petitionen zu beschränken oder lediglich zu versuchen, mit rechtlichen Mitteln zu intervenieren, sondern vielmehr einzugreifen, indem man sich an Bäume kettet, Zucker in die Benzintanks der Bulldozer kippt oder sonst etwas unternimmt, um tatsächlich das Vorhaben zu behindern oder zu sabotieren. Doch die direkte Aktion kann auch konstruktiv verstanden werden. Anarchisten, denen es um gesellschaftliche Beziehungen ohne Hierarchien und Herrschaft geht, begeben sich in der direkten Aktion selber bereits an die Errichtung solcher Beziehungen. Die direkte Aktion versteht sich also auf zweierlei Weise als Konfrontationsstrategie: indem sie das System delegitimiert und eine Alternative von unten aufbaut. Die Kollektive, Kommunen und Netzwerke, an denen Aktivisten heute beteiligt sind, bilden bereits die Grundlage für eine andere Gesellschaft im Gewebe der alten.

Die direkte Aktion bedeutet auch die Umsetzung des Bestrebens, selber »die Veränderung zu sein«, die man sich für die Gesellschaft wünscht, und das auf allen Ebenen, von den persönlichen Beziehungen, in denen Sexismus oder Rassismus überwunden werden, bis hin zu kommunitären ökonomischen Strukturen. Das bedeutet die Erweiterung der direkten Aktion in eine »vorwegnehmende Politik«, bei der die Ziele »laufend in das tägliche Vorgehen und den Organisationsstil hineingeholt werden. Das schlägt sich in den Bezugsgruppen als organisatorischer Einheit nieder, in der dezentralen Organisation, in der Entscheidungsfindung nach dem Konsensprinzip, in der Respektierung unterschiedlicher Meinungen, und darin, dass der Prozess für genauso wichtig gehalten wird wie das Ergebnis. Die ausdrückliche Aufmerksamkeit, die dem Wie des Organisierens ... gilt, und der Versuch, direkt von den grundlegenden Werten ausgehend die tägliche Praxis zu gestalten, können als ›kulturalistische‹ Orientierung bezeichnet werden. Dies sind Bewegungen, die aktiv darstellen, wer sie sind und was sie anstreben, und dabei nicht nur letztendliche Zielvorstellungen vor Augen haben, sondern sich davon auch täglich in ihrer Praxis als Bewegung leiten lassen.« (Steven M. Buechler)

Gegenkulturelle Ausdrucksformen

Hiermit sind die diversen Strömungen gemeint, die jeweils Gegenkulturen innerhalb der anarchistischen Bewegung darstellen. Im Verlauf des 20. Jahrhunderts sind anarchistische Ideen für Bewegungen kultureller oder künstlerischer Art immer wieder eine Inspirationsquelle gewesen, so für Dada, Surrealismus oder die Beatbewegung. Auch zeigen sich in der Bewegung Mischungen und Verbindungen verschiedener kultureller Traditionen, die in den radikalen Ausläufern einer ganzen Reihe von Gegenkulturen ihren Ursprung haben – von den Punks bis zu den Ravern, von den Hackern bis zu den Neopaganisten. Alternative kulturelle Räume und Nischen, in denen gesellschaftliche Aktivitäten stattfinden, werden mit Anarchismus in Verbindung gebracht: Sozialzentren, besetzte Häuser, Veranstaltungsräume und Festivals. Während der letzten beiden Jahrzehnte war die Punk-Bewegung die bedeutendste »Brutstätte« für Anarchisten, was vermutlich mit ihrer strikten Opposition zum gesellschaftlichen Mainstream und mit ihrer Nähe zur anarchistischen Symbolik zu tun hat. So ist sie an vielen anarchistisch geprägten Orten mit ihrer Ästhetik präsent. Anarchisten machen außerdem Anleihen bei spirituellen Strömungen wie beispielsweise dem Buddhismus, New-Age-Spiritualität oder derjenigen der amerikanischen Ureinwohner.

Viele Aktivistinnen und Aktivisten betrachten bestimmte Entscheidungen wie die für vegane Ernährung, queere oder offene Beziehungen oder psychedelische Experimente als Ausdruck ihrer Wertvorstellungen und ihrer politischen Einstellungen. Gegenkulturen bieten »den Nährboden, auf dem die Saat radikalen Protests gedeiht und aufgeht … die Entwicklung von Kultur, Gemeinschaft, sozialen Netzwerken und bestimmten Lebensstilen, die mit radikalen politischen Orientierungen einhergehen, machen zu einem wesentlichen Teil die Aktivitäten von Bewegungen und ihrer politischen Praxis aus; sie tragen zur Aufrechterhaltung einer langfristigen Mobilisierung bei und verbinden Aktivistengenerationen. … Die ›aufrechterhaltende‹ Funktion einer Bewegungskultur und eines entsprechenden Lebensstils ist ein Teil dessen, was eine soziale Bewegung zur Mobilisierung befähigt und dazu, andere, im eigentlichen Sinne politische Aktivitäten zu entwickeln; die Definition des Begriffs der ›politischen Aktivität‹ sollte unbedingt den kulturellen und den Lebensstilaspekt umfassen.« (Alex Plows)

Kulturelle Äußerungen können als kurz gefasste Angabe oder Signal einer Zugehörigkeit oder Verbindung mit anderen dienen. Dadurch spielen sie in der anarchistischen Bewegung eine wichtige Rolle bei der Artikulation persönlicher oder kollektiver Identität. Die äußere Erscheinung, wie etwa Kleidung oder Frisur, sind wichtige kulturelle Hinweise, die sichtbar sind, noch ehe ein politischer Austausch stattgefunden hat.

Ebenfalls von Bedeutung ist die subversive Aneignung kultureller Ikonen, die als »culture jamming« bekannt ist. Der Begriff wurde 1984 von der Band *Negativland* aus San Francisco geprägt, die sich der Audio-Collage-Technik bediente, und er erinnert in gewisser Weise an die Idee der Situationisten vom »detournement«, der Zweckentfremdung: Ein Bild, eine Botschaft oder ein Kunstprodukt wird aus seinem Kontext gelöst, um so eine neue, subversive Bedeutung hervorzubringen. Als Taktik der Guerilla-Kommunikation kann »culture jamming« alles Mögliche bedeuten: vom Straßentheater und transvestitischer Verwandlung bis hin zur Manipulation von Anzeigetafeln und Fälschung von Medienverlautbarungen – alles Methoden, durch die kulturell festgelegte Bilder und Symbole so umdisponiert werden, dass sich ihre Bedeutung in eine radikale Richtung verändert. Naomi Klein vergleicht »culture jamming« mit einer Art semiotischem Jiu-Jitsu, das die Stärke von Unternehmen gegen diese wendet, »denn sobald jemand der Firma ans Logo geht, zapft er die enormen Ressourcen an, die dafür aufgewendet wurden, dem Logo Bedeutsamkeit zu verleihen« (Naomi Klein).

Die politische Sprache

Hierunter fallen jene Aspekte anarchistischer politischer Aktivität, bei denen es um das Denken, Sprechen und Schreiben (und auch um das Singen und Theaterspielen) geht. Mit anderen Worten, hier sind wir beim substanziellen Inhalt von Anarchismus als politischer Ideologie. Politische Ideologien sind nicht unbedingt irrationale Dogmen oder Formen »falschen Bewusstseins«. Sie schließen sich auch nicht gegenseitig aus, und sie reihen sich nicht wohlgeordnet von rechts nach links. Ideologien sind eher als Paradigmen zu verstehen, auf die Menschen – häufig intuitiv – zurückgreifen, um mit Ideen umzugehen, die im Allgemeinen in der politischen Sprache in Konkurrenz zueinander stehen. Es handelt sich um eine Art von Gerüst, das die Bedeutung, die Beziehungen zueinander und die relative Bedeutung von grundsätzlich gegeneinander stehenden Konzepten innerhalb eines in sich geschlossenen Ganzen voneinander abgrenzt und in Balance hält. So ist eine »ideologische Familie« schwer vorstellbar, die »die Freiheit« nicht wertschätzen würde. Der Liberalismus, der Konservatismus, der Sozialismus in all ihren Varianten und selbst der Faschismus und der religiöse Fundamentalismus halten »die Freiheit« für einen hohen Wert. Doch ihre jeweiligen Vorstellungen und Konzepte von dem, was Freiheit *ist*, weichen stark voneinander ab, darin etwa, welche Beziehungen zwischen der Freiheit und anderen Werten, so etwa dem der Gleichheit und des Fortschritts, bestehen, und darin, wie *zentral* die Freiheit in ihrem Wertsystem ist.

Wie alle anderen auch haben Anarchisten ihre spezifische Art, die eigene politische Organisierung zu verstehen und ihren Aktivitäten einen bestimmten Sinn zuzuschreiben. Das nächste Kapitel wird auf den Inhalt und die Entwicklung der zeitgenössischen anarchistischen Ideologie eingehen. Die erste Grundidee besteht in der Ablehnung jeglicher Form von Herrschaft – worunter vielfältigste gesellschaftliche Institutionen und Dynamiken zu verstehen sind, im Grunde die meisten Aspekte der modernen Gesellschaft. Anarchisten setzen alles daran, diese Institutionen und Dynamiken infrage zu stellen, zu untergraben und zu überwinden. Was den zeitgenössischen Anarchismus von seinen Vorgängergenerationen unterscheidet, ist das, wogegen sich der Kampf der Anarchistinnen und Anarchisten richtet: Während er sich früher gegen »Staat und Kapital« wandte, geht es ihm heute darum, »Herrschaft« allgemein zu überwinden. Zweitens stoßen wir heute allenthalben auf vorwegnehmende Politik, eine Erweiterung des »konstruktiven« Do-it-yourself der direkten Aktion, bei der es nunmehr auch um egalitäre und libertäre gesellschaftliche Beziehungen innerhalb der Bewegung selber geht. Das dritte Ideenfeld ist das der Vielfalt und Offenheit des anarchistischen Projekts und seiner Zielvorstellungen, die Ablehnung detaillierter Entwürfe einer zukünftigen Gesellschaft. Der Schwerpunkt liegt auf der Gegenwart: nichthierarchische, anarchische Interaktionformen werden als omnipräsentes Potenzial gesellschaftlicher Veränderung im Hier und Jetzt angenommen – als »Revolution im alltäglichen Leben« (Raoul Vaneigem). Ich werde auf diese Ideen zurückkommen.

Zusammen mit der kulturellen Artikulation politischer Ideen und Werte sind schließlich auch die eher narrativen Elemente des anarchistischen Diskurses bedeutsam, die in der Bewegung mündlich weitergegebenen Geschichten von früheren Mobilisierungen, wiederkehrenden Kämpfen und historischen Ereignissen, die als Inspiration erfahren werden. Diese Geschichten spinnen einen Faden von Greenham Common nach Porto Alegre und von Chiapas nach Genua (siehe die Sammlung einiger dieser Erfahrungen in *Wir sind überall*). Sie stellen einen wichtigen Aspekt der politischen Kultur dar und einen Ausgangspunkt für neue Mobilisierungen. Bewegungen, die sich vor allem der direkten Aktion verschreiben, beziehen ihre Kraft zu einem beträchtlichen Anteil aus mythologischen Diskursformen nichtwestlicher Kulturen, die ihnen die Möglichkeit eröffnen, »eine Mythologie des Widerstands zu entwickeln … die in weit höherem Maße, als dies bei früheren Generationen der Fall war, bisher kaum wahrgenommene Stimmen einschließt«. Diese säkulare Mythologie lässt »einen Solidaritätssinn und unter weitgehend unterschiedlichen Gruppen die Gewissheit« entstehen, »dass eine gemeinsame Zielsetzung besteht, und sie ist somit gut geeignet, die Unterschiede als etwas Positives zu feiern«. (Mark Bailey)

Die neue Schule

Zur Untersuchung der anarchistischen Sprache bietet es sich an, Texte unter die Lupe zu nehmen, die man als vorläufige Ergebnisse anarchistischer Diskurse betrachten kann. Sie kursieren als »Grundprinzipien, über die Einigkeit besteht« oder »Aufrufe« oder auch »Eckpunkte«. Bei diesen Texten geht es nicht um Grundsatzprogramme, sie geben eher etwas vom »Flair« der Gruppe und der Rhetorik wieder, die ihre politische Identität spiegeln.

Ähnliche rhetorische Versatzstücke – etwa Texte von *Anti Racist Action* (ARA), vom weltweiten *Indymedia*-Netzwerk – werden oft von vielen verschiedenen Gruppen innerhalb eines weit gespannten Netzwerks benutzt. Die vermutlich am weitesten verbreiteten Erklärungen dieser Art sind die des *Peoples' Global Action*-Netzwerks (PGA), einer weltweiten Koordination antikapitalistischer Gruppen und Bewegungen, die bei einem internationalen *encuentro* 1996 von den mexikanischen Zapatisten ins Leben gerufen wurde. Diese Art der Erklärungen wirken weltweit immer wieder als Grundlage für Aktionen und Koalitionen. Derzeit gilt für viele, was vom PGA-Netzwerk 2002 so formuliert wurde:

– Eindeutig lehnen wir Kapitalismus, Imperialismus und Feudalismus ab; somit alle Handelsabkommen, Institutionen und Regierungen, die die destruktive Globalisierung befördern.

- Wir lehnen alle Formen und Systeme der Herrschaft und Diskriminierung ab, so (unter anderem) Patriarchat, Rassismus und religiösen Fundamentalismus, egal welcher Glaubensrichtung. Wir gehen von der uneingeschränkten Würde eines jeden Menschen aus.
- Unsere Haltung ist konfrontativ, da wir nicht annehmen, dass Lobby-Arbeit in den einseitig ausgerichteten und undemokratischen Organisationen, in denen nur das transnationale Kapital echten politischen Einfluss hat, eine wesentliche Wirkung haben kann.
- Wir rufen zu direkter Aktion und zivilem Ungehorsam auf, zur Unterstützung der Kämpfe, die von sozialen Bewegungen geführt werden, wobei wir uns für Widerstandsformen aussprechen, die die Achtung vor dem Leben und die Rechte unterdrückter Bevölkerungen respektieren sowie lokale Alternativen zum globalen Kapitalismus aufbauen helfen.
- Wir organisieren uns grundsätzlich dezentral und autonom.

Obwohl die PGA-Grundsätze sehr danach klingen, ist das Netzwerk nie ausdrücklich als anarchistisch definiert worden. Auf globaler Ebene würde eine solche Zuordnung der Vielfalt der beteiligten Gruppen nicht gerecht werden, darunter viele Bauernbewegungen in Asien und Lateinamerika, die sich nie mit dem Anarchismus oder irgendeiner der im Wesentlichen in der europäischen Geschichte wurzelnden Ideenwelten identifiziert haben. In einem europäischen oder nordamerikanischen Kontext werden Eckpunkte wie die vom PGA formulierten auch ohne ausdrückliche Zuschreibung als anarchistisch verstanden. Sie sind so formuliert, dass sie viele Merkmale von Gesellschaften und Vorstellungen über deren Veränderung ausschließen, sodass unterm Strich, jedenfalls in den Diskursen, wie sie in den entwickelten kapitalistischen Gesellschaften geführt werden, quasi Anarchismus übrig bleibt, auch ohne dass das Wort fallen würde. Der dritte oben genannte Eckpunkt beispielsweise macht deutlich, welcher Unterschied zwischen PGA und NROs und Unterstützer-Gruppen besteht, die die WHO und andere, die globalen Handelsbeziehungen regelnde Institutionen verändern wollen. Letztere betreiben Lobby-Arbeit und lassen sich dabei auf die innere Logik ein, nach der diese Organisationen funktionieren. Der lakonisch formulierte fünfte Punkt ist unschwer als Ausschluss der zentralisierten und hierarchischen Organisationsformen der autoritären Linken zu verstehen. Stattdessen lässt er Raum für eine Vielzahl unterschiedlicher unhierarchischer Traditionen der Organisation: von den auf Stammesstrukturen aufbauenden Formen bei den Völkern der Maori oder Maya über die indischen Kampagnen im Stile der *Sarvodaya*-Bewegung bis hin zu den Bezugsgruppen westlicher Anarchisten.

Die Grundthesen der PGA erfüllen bei der Herausbildung von Identitäten und von Solidarität innerhalb der Bewegung drei wichtige Funktionen. Im Inneren schaffen sie einen Bezugsrahmen für die Beteiligten, auf den bei der Überwindung von Streitigkeiten symbolisch verwiesen werden kann. Nach außen sind sie geeignet, für ein allgemeines Publikum die politische Identität der Bewegung zum Ausdruck zu bringen. Und »seitwärts« blickend helfen sie zu definieren, auf welche anderen Akteure die solidarische Beziehung ausgedehnt werden kann. Zwei Mal erfuhren die Eckpunkte bedeutsame Umformulierungen, zu denen es bei der zweiten und der dritten globalen Konferenz in Bangalore (1999) bzw. Cochabamba (2001) kam. In Bangalore wurde der zweite Punkt hinzugefügt, um das PGA-Netzwerk »klar und deutlich von Organisationen der extremen Rechten abzugrenzen, die auf der Suche nach politischen Zusammenhängen sind, in denen sie ihre xenophobe Ablehnung der Globalisierung verbreiten können«, wie dies beispielsweise Pat Buchanan in den USA repräsentiert. Anlässlich derselben Konferenz »wurde der Charakter des Netzwerks neu definiert: Sein ursprünglicher Schwerpunkt, die ›Freihandels‹-Abkommen (und insbesondere die der WHO), wurde erweitert, weil wir Konsens darüber erzielten, dass das PGA ein Ort sein sollte, an dem wir uns auch im Zusammenhang mit den gesellschaftlichen und Umweltproblemen, die mit dem ›freien‹ Handel verbunden sind, austauschen und koordinieren wollen. Es wurde eine grundsätzlich oppositionelle Haltung gegenüber dem Paradigma einer kapitalistischen Entwicklung festgelegt« (PGA 2002). Diese Veränderung wurde in Cochabamba in den ersten Punkt eingebracht, der ursprünglich nur die Ablehnung »der WHO und anderer Abkommen zur Liberalisierung des Handels (wie APEC, die EU, NAFTA etc.)« formuliert hatte. Damit einher ging die ausdrückliche Erwähnung von Imperialismus und Feudalismus, »nachdem dies von nepalesischen und indischen Delegierten gefordert worden war, die ausführten, dies sei immer noch die unmittelbare Form von Herrschaft, unter der viele in diesen Gebieten litten«.

Ich möchte behaupten, dass es zum Verständnis der bedeutendsten Spaltung innerhalb der anarchistischen Bewegung beitragen kann, wenn Anarchismus als politische Kultur begriffen wird. David Graeber beschreibt diese Spaltung als eine zwischen einer minoritären Strömung sektiererischer anarchistischer Gruppen, »die sich mit einem großen A schreiben« und sich strikt an einer Ideologie oder einem politischen Programm orientieren, und andererseits der mehrheitlichen Strömung, die sich von solchen ideologischen Festschreibungen distanziert, den Anarchisten, die sich mit einem kleinen a schreiben. Diese schätzt er als die aktuell bedeutenderen in ihrer Dynamik ein. Die einzige Gruppe, die Graeber im Zusammenhang mit den groß geschriebenen Anarchisten erwähnt, ist die *Nord-östliche Föderation anarchistischer Kommunisten* (NEFAC), eine nordamerikanische anarchistische Gruppierung, die durch die *Plattform der libertären Kommunisten* inspiriert ist. Diese, von

Nestor Machno und anderen Exil-Anarchisten 1926 gegründet, fordert, dass anarchistische Organisationen auf der Grundlage von »Theoretischer Einheit«, »Taktischer Einheit«, »Kollektiver Aktion und Disziplin« und »Föderalismus« agieren sollen (siehe Machno et al. 1926 und Malatesta 1927).

Bei näherer Betrachtung stellt sich jedoch heraus, dass NEFAC Mitglied der *Internationalen Libertären Solidarität* ist (ISL: www.ils-sil.org), eines globalen Zusammenschlusses »anarchistischer, anarchosyndikalistischer, revolutionärer Sozialisten und eindeutig antistalinistischer, nicht als Parteien organisierter gesellschaftlicher Organisationen, die sich an libertären Prinzipien ausrichten. Zum Lager der mit großem A geschriebenen Anarchisten könnte man auch die *Internationale anarchistischer Föderationen* (IAF: www.iaf-ifa.org) zählen, die sich 1968 gegründet hat. Zu ihr gehören anarchistische Föderationen aus neun Ländern, darunter Argentinien, Großbritannien, Frankreich und Italien. Auch die *Internationale Arbeiterassoziation* (IAA, www.iwa-ait.org) könnte dazu gerechnet werden. Es handelt sich um eine internationale Vereinigung anarchosyndikalistischer Gewerkschaften. Die spanische und die französische CNT zählen ebenso dazu wie die deutsche FAU und die brasilianische COB.

An dieser Art der Unterscheidung ist was dran, aber man sollte sie vielleicht doch etwas subtiler vornehmen, als Graeber es in einer Fußnote getan hat. Zum einen: Bei diesen Gruppen kann man kaum von einer minoritären Strömung sprechen. Zur ISL zählt die spanische CGT, eine Gewerkschaft mit 60 000 Mitgliedern. Sicher, was die Zahlen angeht, nimmt Spanien eine Ausnahmestellung ein, und ich weiß nicht, wie aktiv die Mitglieder sind. Doch auch einmal abgesehen von der CGT, zählen die genannten »groß geschriebenen« Organisationen viele tausende Mitglieder. Bezüglich des »Sektierertums« lässt die Gründungserklärung der ILS von 2001 nichts im Unklaren: »Als Libertäre trinken wir alle aus derselben revolutionären

Quelle: direkte Aktion, Selbstverwaltung, Föderalismus, gegenseitige Hilfe und Internationalismus. Dennoch haben die unterschiedlichen Geschmäcker und Strömungen dieser Quelle allzu oft Anlass zu Fraktionierungen, Uneinigkeit und Trennungen gegeben. Wir wollen nicht feststellen, wer das reinste oder klarste Wasser besitzt, wir meinen, sie haben alle Recht und Unrecht, sind alle rein und unrein.«

Es ist also kaum davon auszugehen, dass die heutigen Anarchisten aus diesen Organisationen einen dogmatischen Anarchismus in der Art einer »Parteilinie« vertreten. Die Wiederbelebung der *Plattform* durch manche anarchistische Gruppierungen mag den Eindruck verstärken, dass es ihnen dabei um eine programmatische Festlegung geht. Die meisten dieser »Plattformisten« betonen jedoch, dass sie sich mit der organisatorischen Praxis, für die die Plattform steht, nur ganz allgemein identifizieren, »lediglich als Ausgangspunkt, nicht als Endpunkt unserer Politik«. (*Anarkismo.net* 2005)

Worin besteht dann also die tatsächliche Differenz zwischen diesen Gruppen? Der entscheidende Unterschied liegt in ihrer unterschiedlichen politischen Kultur – in ihren konkreten Aktivitäten, der Art sich zu organisieren und der politischen Sprache. Die sogenannten »großgeschriebenen« Anarchisten sind unübersehbar Teil der dezentralen Netzwerke der breiteren Bewegung, doch enger sind sie in ihrer Arbeit mit der traditionellen anarchistischen Kultur der anarchistischen Bewegung verbunden, wie sie sich vor dem Zweiten Weltkrieg herausgebildet hat. In dieser politischen Kultur organisiert man sich typischerweise in Gruppen mit einer bestimmten Struktur, mit Positionen, in die man gewählt wird etc., und nicht als Individuen oder informelle Gruppen. Entscheidungen werden überwiegend gefällt, indem diskutiert und dann abgestimmt wird, und weniger im Konsens. Die Organisation am Arbeitsplatz, antimilitaristische Aktionen und Veröffentlichungen theoretischer Texte sind hier wichtiger als ökologische Kämpfe und solche um die Identität oder Experimente eines alternativen Zusammenlebens und nichtwestliche Spiritualität. Die Differenz zwischen den beiden Arten von Anarchismus ist eine der Generationen, zwischen einer »alten Schule« und einer »neuen Schule«. Ich beschäftige mich in diesem Buch vorwiegend mit Letzterer, was aber nicht bedeutet, dass ich mich auf die eine oder andere Seite einer künstlichen Unterteilung schlage. Denn zwischen beiden »Schulen« bestehen durchaus solidarische Bande und Kooperationen, in manchen lokalen Milieus bis hin zu kontinuierlicher und selbstverständlicher Zusammenarbeit.

Sektiererische Tendenzen spielen in den anarchistischen Bewegungen keine große Rolle, doch ist es in den letzten Jahren gelegentlich zu Spannungen angesichts des Versuchs einer Wiederbelebung des anarchistischen Projekts gekommen. Der bekannteste und fatalste Fall dieser Art wurde von Murray Bookchins frontalem Angriff auf neue Tendenzen in der Bewegung ausgelöst. In *Social Anarchism or Lifestyle Anarchism: An Unbridgeable Chasm?* verkündet er:

»Die 1990er Jahre wimmeln von selbstgebastelten Anarchistinnen und Anarchisten, die, einmal abgesehen von ihrer blühenden Radikalrhetorik, einen Anarcho-Individualimus im Stile evangelikaler Sekten pflegen, den ich als Lifestyle-Anarchismus bezeichnen möchte. Dessen Überbetonung des Ego und seiner Einzigartigkeit sowie von polymorphen Widerstandsformen untergraben stetig den sozialistischen Charakter der libertären Tradition … Ein Ad-hoc-Abenteurertum, persönliche Aufschneiderei, eine Aversion gegen jegliche Theorie sind den antirationalen postmodernen Neigungen merkwürdig verwandt. Theoretische Verworrenheit wird als Pluralismus ebenso zelebriert wie eine im Grunde apolitische, gegen jede Organisation gewendete Hingabe an die Imagination, wobei sich alles um Begehren, Ekstase und eine selbstverliebte Beschäftigung mit dem eigenen alltäglichen Leben dreht … eine Gemütsverfassung, die sich arrogant jeglicher Struktur, Organisation und der Einmischung in öffentliche Angelegenheiten entzieht. Ein Spielplatz jugendlicher Tollheiten.«

Sind demnach die neuen Anarchisten tatsächlich ein mit seiner Nabelschau beschäftigter narzisstischer Haufen, der nicht viel mehr auf die Beine stellt als eskapistische Projekte einer alternativen Subkultur, die das System kaum hinterfragt? Haben diese Anarchisten das undankbare, aber notwendige Unternehmen fallen gelassen, eine revolutionäre Massenbewegung aufzubauen und radikale Ideen in die Mehrheitsgesellschaft hineinzutragen? Leider hat Bookchin nichts dazu gesagt, was in anarchistischen Zusammenhängen tatsächlich geschieht oder getan wird. Seine galligen Attacken bezogen ihre Munition eher aus den *Schriften* von Anarchistinnen und Anarchisten wie L. Susan Brown, Hakim Bey und John Zerzan, die er allesamt mit Schmähungen überzieht und sie als »faschistisch«, »reaktionär«, »dekadent«, »infantil«, »selbstgefällig«, »yuppiesk«, »bourgeois« und »kleinbürgerlich« bezeichnet.

Bookchins Beschimpfungen blieben nicht lange unbeantwortet: In seinem ebenso beißenden Buch *Anarchy after Leftism* kommt Bob Black zu dem Schluss, dass Bookchins »Lifestyle-Anarchismus« als Schublade für alles, was er am zeitgenössischen Anarchismus nicht mag, herhalten muss und im Grunde inhaltsleer ist. Doch es geht bei Bookchin um mehr als die negative Einstellung gegenüber dem Postmodernismus und der Hingabe an das Alltagsleben. Er hält eine anarchistische Orthodoxie für möglich, eine Unterscheidung zwischen »richtig« oder »falsch«, mit Hilfe derer neuen Strömungen im Anarchismus die Legitimität abgesprochen und die Solidarität entzogen werden kann. Black sieht darin Anklänge an die Methoden und Denkweisen der autoritären Linken, daher seine Forderung nach einem Anarchismus »jenseits der Linken«. An anderer Stelle legt er dar:

»Was auch immer in der Praxis der Anarchisten wesentlich geworden ist, hat seinen Platz innerhalb des Anarchismus als

Prozess, der sich entwickelt, sei es aus der Idee logisch ableitbar oder auch nicht und selbst, wenn es ihr widerspricht. Sabotage, Vegetarismus, Attentat, Pazifismus, freie Liebe, Kooperativen und Streiks – alles sind Aspekte des Anarchismus, die seine anarchistischen Entwerter als unanarchistisch abzutun versuchen.«

Dieses Bestehen darauf, dass der Anarchismus nichts anderes als ein heterogenes und heterodoxes Phänomen-in-Entwicklung sein kann, legt die Verurteilung des Sektierertums und der Horizontverengung nahe, wie sie Black bei jenen anprangert, die er als Anarchisten im »altlinken« Sinne bezeichnet. Diese legen den Anarchismus auf eine vorgegebene Bedeutung fest und sprechen abweichenden Varianten die Echtheit ab. In eine ähnliche Richtung geht John Moores Forderung nach einem »anarchistischen Maximalismus«, bei dem alles jederzeit Gegenstand der Kritik und einer Neubewertung sein kann, »nicht zuletzt jene zu Ikonen erstarrten Begriffe, die auf den klassischen Anarchismus oder noch frühere radikale Formen hindeuten (Arbeit, Klasse, die Massen, die Geschichte etc.). Dies gilt jedoch ebenso für die Ikonen des zeitgenössischen Anarchismus (z.B. das Primitive, die Gemeinschaft, das Begehren und vor allem: die Natur). Nichts ist heilig, am wenigsten die fetischisierten, verdinglichten Codebegriffe des Anarchismus«.

Die Breite und Diversität dessen, was als Ausdruck von Anarchismus gelten könnte, ist tatsächlich schwer einzugrenzen. Und genau deshalb ist es sinnvoll, den Anarchismus als politische Kultur zu betrachten. Der Begriff der politischen Kultur erlaubt es, Anarchismus von unten her anzugehen und dabei Organisation, Aktion und Lebensstil auf dieselbe Ebene zu stellen wie Ideen und Theorien. So können wir Anarchismus jenseits irgendwelcher ideologischen oder dogmatischen Erwartungen und Festlegungen beschreiben und auf diese Weise wenigstens einige der Vorbehalte und Befürchtungen, die mit dem

»A-Wort« verbunden sind, überwinden. Und schließlich eröffnen die kulturellen Begrifflichkeiten in Bezug auf den Anarchismus eine gute Grundlage, um die Bedeutung anarchistischer Ideen auszuloten.

Kapitel 2

Anarchism Reloaded

Netzwerk-Konvergenz und politischer Inhalt

»In jener Nacht saßen wir uns gegenüber, nippten an unserem Tee und sangen Geschichten, wobei sich die Vergangenheit in unsere Gegenwart wob; sprachen von gestern, als wäre es bereits in allen Einzelheiten erzählt und in die Geschichtsbücher eingegangen. Ich spürte, wie das philosophische Messer meines Lebens vor Seattle und meines Lebens nach Seattle tief in meine Haut glitt. Ich war aufgebrochen; ich sah Neuland, das sich auftat, mit Rebellion und Mut, ein flüchtiger Eindruck, der mich bei den Geschichten über Unterdrückung und Zeit und Überleben begleiten wird. Das wird mich überleben. Ich wusste damals, dass mir vielleicht immer die Worte fehlen würden, um diese Geschichte zu erzählen, unsere Geschichte, eine Geschichte der Wiedergeburt.«
Rowena Kennedy Epstein in *Wir sind überall*

Gewisse Begriffe und Schlüsselformulierungen und ihre Beziehungen zueinander spielen im Anarchismus, so wie er sich heute politisch darstellt, eine zentrale Rolle.

Insofern geht es in diesem Kapitel um Ideen oder theoretische Ansätze im zeitgenössischen Anarchismus. Wie es dem Ansatz, den dieses Buch verfolgt, entspricht, basieren die folgenden Ausführungen auf einer genauen Beobachtung der gesprochenen und geschriebenen Sprache, die Anarchisten tatsächlich benutzen, sowie auf der politischen Praxis, die von dieser Sprache gespiegelt und beeinflusst wird. Zunächst geht es um die Betrachtung anarchistischer Ausdrucksweisen heute. »Außen« sind drei grundlegende Begrifflichkeiten auszumachen, die das anarchistische Sprachfeld definieren: Herrschaft, vorwegnehmende Politik und Diversität/Offenheit. Diese Begriffe lassen viel Raum für Kreativität und Disziplinlosigkeit. Anarchistische Ideen werden in Reaktion auf weltweite Entwicklungen, auf politische Allianzen und Trends in der Kultur der direkten Aktion laufend neu gedacht und neu formuliert, entwickeln sich durch intensive Kommunikations- und Diskussionsflüsse und durch zahllose Erfahrungen und Experimente.

Die zweite, die historische Perspektive ergründet die Wurzeln dieser Ideen, indem sie Tendenzen und Entwicklungen der Aktivitäten gesellschaftlicher Bewegungen ins Auge fasst, wie sie sich in den letzten Jahrzehnten entwickelt und zu einem Wiederaufleben und einer Neudefinition des Anarchismus geführt haben. Ich behaupte, dass der Anarchismus heute in den Kreuzungen und Zusammenflüssen verschiedener gesellschaftlicher Bewegungen nistet, die alle seit den 1960er Jahren dazu beigetragen haben, ein neues Terrain radikaler Politik zu umreißen und die Kultur und die Prioritäten der heutigen Bewegung zu gestalten.

Herrschaft und Verweigerung

Der anarchistische Historiker George Woodcock hält für das auffälligste Kennzeichen der anarchistischen Bewegung ihre Diskontinuität. Anders als der Marxismus stelle sich der Anarchismus »nicht als ein schwellender Strom« dar, »der sich in das Meer ergieße, wie es das Schicksal für ihn vorsehe … sondern eher wie Wasser, das durch einen porösen Boden sickert und dabei an einer Stelle einen breiten untergründigen Strom bildet, sich an einer anderen in einem wirbelnden Strudel sammelt, durch Spalten sickert, verschwindet und dann dort wieder auftaucht, wo die Risse im gesellschaftlichen Gewebe ihm freie Bahn lassen.«

Und in der Tat sind die Zeiten, in denen die anarchistische Bewegung einen Aufschwung erlebte, durch Verschärfungen der gesellschaftlichen Auseinandersetzungen gekennzeichnet. In den Jahren zwischen 1848 und 1914 waren revolutionäre Aktivitäten eskaliert, die den anarchistischen Kampf mit ihrer Dynamik und ihrer Dringlichkeit ansteckten. Zwei Weltkriege später jedoch war der Anarchismus so gut wie verschwunden. Durch die physische Eliminierung fast der gesamten europäischen anarchistischen Bewegung durch bolschewistische und faschistische Diktaturen und die Repression und die Deportationen des *American Red Scare* (erste große Welle antikommunistischer Hetze in den USA; d.Ü.) zwischen 1918 und 1921 war die internationale Bewegung schwer angeschlagen. Ein paar anarchistische Publikationen erschienen nach 1945 erneut, und in lateinamerikanischen Ländern wie Argentinien und Uruguay, wo die anarchistische Kultur und Tradition trotz Diktaturen und der Politik des »Verschwindenlassens« politischer Gegner weiter existierte, waren die frühen 1950er Jahre eine Zeit, in der anarchistische Arbeiter- und Studentenbewegungen einen Aufschwung erlebten. Doch kommt man nicht umhin zu konstatieren, dass im Allgemeinen nach dem Zweiten Weltkrieg die anarchistische Bewegung in der politischen Landschaft bei Weitem nicht mehr die Rolle spielte wie fünfzig Jahre zuvor. Der Wirtschaftsboom der Nachkriegszeit in Westeuropa und den USA sorgte dafür, dass die gesellschaftlichen Kämpfe weitgehend befriedet wurden. Parallel dazu positionierte sich der westliche Kapitalismus in einem bipolaren internationalen System gegen den östlichen Sozialismus, in dem für die anarchistische Option, die da lautete »weder Washington noch Moskau«, kaum Platz war. Im globalen Süden, wo anti-koloniale Kämpfe ausgetragen wurden, begriffen sich diese überwiegend als nationalistisch oder als marxistisch, obwohl Führer in diesen Kämpfen, wie Mahatma Gandhi und Julius Nyerere, durchaus von anarchistischen Ideen beeinflusst waren.

In den 1960er Jahren jedoch verstärkten sich die anarchistischen Strömungen wieder. Seit 1964 fanden Treffen junger europäischer Anarchistinnen und Anarchisten statt. Die Teilnehmenden waren französische und italienische Studierende, niederländische Provos und exilierte Spanier. Bald darauf begannen neue soziale Bewegungen, anarchistische Werte und Vorgehensweisen für sich zu entdecken und anzuwenden. Dies zeigte sich besonders in der Arbeiter- und Studentenbewegung vom Mai 1968 in Frankreich und in der Bewegung gegen den Vietnamkrieg und den gegenkulturellen Bewegungen in den USA. Obwohl sich die Beteiligten in ihrer großen Mehrheit nicht als Anarchisten betrachteten, hatten doch viele von ihnen anarchistische Grundideen, wenn auch »nicht durch eine besondere Lektüre, so doch in einer Art mentalem Gebräu aus Überbleibseln der alten Ideologie, wie sie nach wie vor in der Luft lag« (George Woodcock). Ausdrücklich anarchistische Gruppen waren immer *auch* beteiligt, doch der Anarchismus, der heute anzutreffen ist, speist sich aus weit vielfältigeren Quellen.

Vielleicht ist das auffälligste Merkmal des neuen Anarchismus, der auf diese hybride Genealogie zurückgeht, die Verallgemeinerung der Zielrichtung anarchistischen Widerstands, der sich nicht mehr nur gegen den Staat und den Kapitalismus wendet, sondern gegen jede Form von Herrschaft in der Gesellschaft. Seit den späten 1960er Jahren haben die Bewegungen, aus denen sich der zeitgenössische Anarchismus entwickelt hat, in der Theorie wie in der Praxis immer häufiger Beziehungen zwischen unterschiedlichen Kampagnenthemen hergestellt. Dabei haben sie den Bogen zu einer grundlegenderen Kritik der geschichtet und hierarchisch gegliederten gesellschaftlichen Strukturen geschlagen. Während einerseits Bewegungen entstanden, die sich um jeweils ein Thema kümmerten – ökonomische Gerechtigkeit, Frieden, Feminismus und Ökologie beispielsweise –, begriffen die Aktivisten allmählich, wie sehr diese Anliegen miteinander verknüpft sind. So formulierten sie eine ökologische Kritik des Kapitalismus und einen feministischen Antimilitarismus und erkannten, wie ethnische Segregationsmechanismen mit ökonomischen Gesichtspunkten zusammenhängen.

Mit dem Zusammenfließen unterschiedlicher Kampagnenthemen ging die zunehmende Betonung von Überschneidungen der verschiedenen Formen von Unterdrückung einher. Schwarze Frauen, die sich in überwiegend weißen feministischen Zirkeln an den Rand gedrängt fühlten und zugleich in den schwarzen Befreiungsbewegungen mit unverhülltem Sexismus konfrontiert waren, begannen, sich in unabhängigen schwarzfeministischen (oder, wie Alice Walker es nennt, »womanist«) Bewegungen zusammenzuschließen, was schließlich 1973 zur Gründung der *National Black Feminist Organisation* und der *Black Women Organized for Action* führte. Autonome schwarzfeministische Bewegungen spielten eine wichtige Rolle bei der Ausleuchtung des Begriffs der »gleichzeitigen Unterdrückung«. Sie lenkten das Augenmerk auf der persönlichen wie der politischen Ebene darauf, dass Rasse, Klasse und Geschlecht Felder des Ausschlusses bilden, die einander verstärken und überlappen.

In den 1980er Jahren diversifizierte sich sowohl in Europa als auch in Nordamerika die Schwulenbewegung zunehmend, als Lesben- und Bisexuellen-Organisationen die Anliegen von Feministinnen und Schwulen miteinander in Verbindung brachten und ihren Platz innerhalb des bis dahin überwiegend männlich bestimmten Bereichs beanspruchten. Als es später zur HIV/AIDS-Krise kam, radikalisierten sich diese Anliegen weiter. Aktivistengruppen wie ACT UP in den USA betonten ganz eindeutig die direkte Aktion und konzentrierten sich dabei auf die pharmazeutische Industrie, die dafür verantwortlich war, dass Medikamente zur HIV-Behandlung unerreichbar teuer blieben. Diese Dynamik wurde unter dem Schirm von *Queer Nation* weiter entwickelt, einer 1990 gegründeten Organisation, der es um die Vielfalt und die Einbeziehung aller sexuellen Minoritäten ging. Bis 1990 hatten sich queere farbige Frauen und Männer ihre eigenen Organisationen und radikalen Bewegungen geschaffen und eine umfassende Kritik von Rassismus, Heterosexismus, Patriarchat und Klasse entwickelt.

Die radikale Ökologiebewegung umfasst eine besondere Bandbreite an unterschiedlichen Sichtweisen und Ansätzen, da sie das gesamte Spektrum der Interaktionen zwischen der Gesellschaft und der natürlichen Umwelt umfasst. Das legte von vornherein einen ganzheitlichen Ansatz nahe. Als radikale Umweltaktivisten in den 1990er Jahren zunehmend Regierungen und Unternehmen angriffen, war dies mit einem deutlich antikapitalistischen und antistaatlichen Impetus der Bewegung verbunden, der ihr Grün sozusagen nachdunkeln ließ, bis es eher einem anarchistischen Schwarz glich.

Der zeitgenössische Anarchismus wurzelt also in den radikalfeministischen, den ökologischen, den antirassistischen und queeren Kämpfen, die schließlich in der weltweiten Welle der Proteste gegen die Politik und die Institutionen der neoliberalen Globalisierung zusammenflossen. Das hat dazu geführt, dass dieser wieder aufgekommene Anarchismus sich an einem breit gefassten Begriff von *Herrschaft* festmacht, gegen die sich die verschiedenen Formen des Widerstands richten. Das Wort Herrschaft (oder Vorherrschaft) nimmt in der anarchistischen Sprache eine zentrale Stelle ein und bezeichnet das Paradigma, das in mikro- wie in makropolitischen Beziehungen omnipräsent ist. Der Begriff »Herrschaft«, so wie ihn Anarchisten verstehen, dient als Oberbegriff für unterschiedliche Kennzeichen der Gesellschaft, die auf die eine oder andere Art bewirken, dass Gruppen oder Einzelne kontrolliert, gezwungen, ausgebeutet, diskriminiert werden. Anarchisten decken die Dynamiken dieser Mechanismen auf, stellen sie infrage, fordern sie heraus und untergraben sie.

Der Herrschaftsbegriff hat im anarchistischen Diskurs die Funktion, die *Familienähnlichkeit* zwischen den gesellschaftlichen Strukturen zu bezeichnen, die Anarchistinnen und Anarchisten bekämpfen. Dieser Begriff geht auf Ludwig Wittgenstein zurück, der davon ausging, dass die Art, wie wir verschiedene Phänomene oder Begriffe unter ein Allgemeineres subsummieren, wenn wir definieren, dem der Familienähnlichkeit ähnelt, die festzustellen ist, auch wenn nicht alle Familienmitglieder alle Charakteristika teilen. Unser Geist stellt dennoch eine Kontinuität zwischen ihnen her. So sind wir in der Lage zu sagen bzw. festzustellen, dass jemand die Tochter ihres Vaters ist. Diese Beziehung äußert sich vielfältig, so im folgenden Kommuniqué von *Black Laundry*-Aktivistinnen, einer israelischen LGBT-Gruppe, die sich in direkten Aktionen gegen die Besatzung und für soziale Gerechtigkeit stark macht: »Die Unterdrückung verschiedener Minoritäten im Staat Israel nährt sich aus demselben Rassismus, demselben Chauvinismus und demselben Militarismus, die die Unterdrückung der Palästinenser aufrecht erhalten. In einer unterdrückenden Besatzungsgesellschaft kann es keine wirkliche Freiheit geben. In einer militärischen Gesellschaft ist kein Platz für die, die schwach oder anders sind: Lesben, Schwule, Drag Queens, Transsexuelle, Arbeiterinnen und Arbeiter aus anderen Ländern, Frauen, Mizrahi (Israelis mit Vorfahren aus dem Nahen und Mittleren Osten oder dem Maghreb), Araber, Palästinenser, die Armen, die Behinderten und andere.«

Der Begriff der (Vor-)Herrschaft lenkt also das Augenmerk auf die Vielfalt der teilweise sich überschneidenden unterschiedlichen Phänomene, gegen die sich der Kampf richtet, und ist die allgemeine Kategorie, die eine Beziehung zwischen Erfahrungen herstellt, die jede in ihren spezifischen Realitäten angesiedelt bleiben. Das bedeutet natürlich nicht, dass dieselben

Mechanismen in allen diesen Sphären wirksam sind oder auf dieselbe Art funktionieren. Dennoch ist es der diskursive Akt, Herrschaft als solche zu *benennen*, der es Anarchisten ermöglicht, spezifische Antagonismen zum Gegenstand des allgemeinen Widerstands zu machen, um den es ihnen geht. Wenn es einen festen Ausgangspunkt für ein anarchistisches Herangehen gibt, dann ist es dieser Akt des Benennens.

Die systematische Natur von Herrschaft wird häufig in Begriffen einer Reihe übergeordneter »Formen«, »Systeme« oder »Ordnungen« angesprochen – von unpersönlichen regelnden Zusammenhängen, die die Beziehungen zwischen Menschen bestimmen, Regeln, die nicht selbstständig von den Beteiligten (einschließlich der herrschenden Seite) aufgestellt werden. Bekannte Beispiele sind das System der Entlohnung, das Patriarchat und die weiße Vorherrschaft (letztere Begriffe ziehe ich denen des Sexismus oder des Rassismus vor, weil es weniger um persönliche Vorurteile oder Bigotterie geht, als vielmehr um bestimmende Kennzeichen gesellschaftlicher Beziehungen). Herrschaftsstrukturen sind der übergeordnete Kontext, der – aus anarchistischer Sicht – die Sozialisation und gewisse Grundannahmen von Menschen bezüglich gesellschaftlicher Normen konditioniert. Das erklärt, warum sie bestimmten Verhaltensmustern *verfallen* und Erwartungen hegen, die zur Perpetuierung von Herrschaftsbeziehungen beitragen. Weil es Zwangsstrukturen sind, kann man aus Herrschaftszusammenhängen normalerweise nicht einfach »aussteigen«. Frauen oder Nicht-Weiße treffen allenthalben auf Diskriminierung, auf Barrieren und Herabsetzung und können diese nicht wegwünschen oder sich selber aus ihrem Lebenskontext lösen. Der Versuch, außerhalb und jenseits der Diskriminierungszusammenhänge zu leben, ist bereits ein Widerstandsakt. Herrschaft ist niemandes Schuld und die Schuld von jedem:

»Der ›wahre Feind‹ ist die Gesamtheit physischer und mentaler Zwänge, mit denen das Kapital, die Klassengesellschaft, der Staat, die Gesellschaft des Spektakels das alltägliche Leben, unsere Lebenszeit ausbeuten. Der eigentliche Feind ist nicht ein Etwas, das von unserem Leben getrennt wäre. Er ist die Organisierung des Lebens durch Kräfte, die von ihm getrennt sind und sich gegen es wenden. Der Apparat, nicht sein Personal, ist der eigentliche Feind. Es sind die Apparatschiks und alle anderen, die am System teilhaben, durch die Herrschaft und Verblendung durchgesetzt werden. Insgesamt bedeutet es, dass alle gegen jeden und jeder gegen alle in Stellung gebracht werden. Diese Totalität umfasst alle Polizisten, alle Sozialarbeiter, alle Büroangestellten, alle Nonnen, alle Kolumnisten, alle Drogendealer von Medellín bis Upjohn, alle Syndikalisten und alle Situationisten.« (Bob Black)

Sie umfasst also auch diejenigen, die die Herrschaftsstrukturen infrage stellen, während sie von Institutionen wie dem Staat und der kapitalistischen Eigentums- und Arbeitsorganisation sowie dem Schulsystem und vielen Formen der organisierten Religion konkret ausgeübt werden. Die einen wie die anderen normalisieren diese Strukturen durch die »Reproduktion des täglichen Lebens« (Fredy Perlman) – falls sie sich nicht verweigern. Widerstand ist also als Widerstand gegen die grundlegende gesellschaftliche Dynamik der Herrschaft zu verstehen und konkretisiert sich in der Herausforderung der Institutionen, durch die sie durchgesetzt wird. Jeder Akt des Widerstands wird dadurch »anarchistisch«, dass er vom Akteur als Aktualisierung einer systematischen Opposition gegen Herrschaft und Unterdrückung gesehen wird. So wird der Widerstand gegen die Polizei oder gegen das Einsperren von Flüchtlingen oder illegalen Immigranten »anarchistisch«, wenn er sich gegen den Staat als solchen wendet, der die polizeiliche Macht ausübt und die Immigrationspolitik definiert und durchsetzt.

Dem Herrschaftsbegriff, wie er hier aufscheint, entspricht die anarchistische Vorstellung von einem dezentralen Widerstandsprozess. Es besteht unter Anarchisten weitgehende Einigkeit, dass die Kämpfe gegen Herrschaftsstrukturen am klügsten, wirksamsten und ehrlichsten sind, wenn sie von denen in die Hand genommen werden, die direkt betroffen sind – was aber keineswegs ausschließt, dass Männer gegen das Patriarchat, Weiße gegen Rassismus kämpfen etc. Die Überwindung von Herrschaft findet in einer Vielfalt von Umsetzungen statt, und »die einzige wirkliche Befreiung ist die Selbstbefreiung«, wie der anarchistische Refrain lautet. Das erklärt auch die anarchistische Ablehnung von Paternalismus und (revolutionären) Avantgarden. Die Spannung zwischen den spezifischen Formen von Herrschaft und dem Bedürfnis, sie in ihrer Allgemeinheit zu artikulieren, schlägt sich häufig in der (positiven) Spannung zwischen Einheit und Vielfalt in den Kämpfen der Anarchisten nieder – ist doch das anarchistische Netzwerk selbst eines von unabhängigen Widerstandsschauplätzen. Diese nehmen eine privilegierte Position darin ein, ihre spezifische Unterdrückung zu definieren und zum Ausdruck zu bringen und ihre Kämpfe dagegen zu gestalten, doch sind sie auch laufend in Verbindung und tauschen sich miteinander aus, helfen sich gegenseitig und sind solidarisch verbunden.

Vorwegnehmende Politik als direkte Aktion

Der zweite zentrale Ideenkomplex, innerhalb anarchistischer Politik, ist das Ethos der »vorwegnehmenden Politik«. Er sagt viel über die anarchistischen Vorstellungen von gesellschaftlichen Veränderungen aus. Vorwegnehmende Politik fordert, dass »eine auf grundlegende Veränderung abzielende Bewegung die Wege und Mittel der angestrebten neuen Gesellschaft vorwegnehmen muss« (Brian Tokar). Sie lässt sich auch zusammenfassen in dem anarchistischen »Grundsatz, bei der Überwindung des Kapitalismus ausschließlich Strategien anzuwenden, die in embryonaler Form eine anarchistische gesellschaftliche Zukunft darstellen« (Carter und Morland).

So bedeutet vorwegnehmende Politik zum einen eine Erweiterung der Idee der direkten Aktion und führt außerdem dazu, dass bei den Aktivitäten und innerhalb der kollektiven Strukturen der revolutionären Bewegung selber immer darauf geachtet wird, anarchistische gesellschaftliche Beziehungen anzustreben und aufzubauen. Das Bemühen um die Entwicklung horizontaler Strukturen in jedem einzelnen Aktionskontext und darum, die zwischenmenschlichen Dynamiken permanent daraufhin zu hinterfragen, ob sich in ihnen nicht womöglich Muster der Ausschließung wiederfinden, wird als ebenso wichtig empfunden wie die Planung und Umsetzung von Kampagnen, Projekten und Aktionen. Nur selten kommt es vor, dass Effizienz oder Einigkeit als vorrangig beschworen werden. Für die meisten Anarchistinnen und Anarchisten gilt die Entwicklung nichthierarchischer Strukturen, die jegliche Form von Herrschaft permanent infrage stellen, als Ziel an sich.

Dieses zentrale anarchistische Anliegen findet man zum Beispiel in den Prinzipien von *Indymedia;* dort heißt es: »Allen *Independent Media Centers* geht es um den gesellschaftlichen Veränderungsprozess, und wir wollen nichthierarchische, antiautoritäre Beziehungen entwickeln, zwischenmenschlich ebenso wie gruppendynamisch.« Und in der Erklärung des *Unbound Radical Bookstore* in Chicago lesen wir: »Wir glauben nicht an ein Aufschieben bis nach der Revolution … wenn du eine bessere Welt anstrebst, solltest du jetzt schon entsprechend handeln. Deshalb haben wir uns für die Arbeit in einer nichthierarchischen, antiautoritären Struktur entschieden. Es gibt keine Chefs. Keiner von uns braucht einen, und keine will die Chefin spielen.«

Aufgrund der allgemeinen Verbreitung solcher Erklärungen halte ich es nicht für übertrieben zu behaupten, dass heutige anarchistische Gruppierungen »ausdrücklich und bewusst Experimente sind, die allesamt bezeugen: ›Wir sagen nicht nur Nein zum Kapital, wir entwickeln ein anderes Politikkonzept, bilden andere gesellschaftliche Beziehungen aus und nehmen auf diese Weise die Gesellschaft, die wir aufbauen wollen, bereits vorweg‹« (John Holloway). Hier wird der weit verbreitete Anspruch deutlich, nicht nur die Gesellschaft einer anarchistischen Transformation zu unterziehen, sondern auch die »Prozesse, Strukturen, Institutionen und Vereinigungen, die wir jetzt schaffen, sowie das Leben, das wir jetzt leben« (Marc Silverstein).

Die so begründete und gestaltete Form einer breiter verstandenen Politik der konstruktiven direkten Aktion gab es bereits in den 1970er und 1980er Jahren. Einer der wichtigsten Kristallisationspunkte waren die gewaltfreien Blockaden, die sich gegen Atomkraft und Atomwaffen richteten, und an denen sich Pazifisten, frühe Umweltaktivisten und Feministinnen, allerdings nicht die traditionelle Linke beteiligten. Die *Abalone Alliance*, die in den frühen 1980er Jahren die Schließung des kalifornischen Atomkraftwerks im Diablo Canyon erzwang, wurde vorrangig von Frauen getragen, die sich ausdrücklich als Anarcha-Feministinnen bezeichneten. Durch ihre Art des Vorgehens gelang es den »Anarcha-Feministinnen, in mancher Hinsicht die politische Kultur zu prägen, die die *Abalone Alliance* späteren Bewegungen der direkten Aktion vererbte. Diese politische Kultur trug dazu bei, internen Differenzen mehr Raum zu geben, als dies bei der Vorgängerorganisation, der *Clamshell Alliance*, der Fall gewesen war. Dies verstärkte die Rolle gegenkultureller Strömungen in den Bewegungen der direkten Aktion. Es öffnete die Bewegungen für die Spiritualität, die später eines ihrer herausragenden Kennzeichen werden sollte … der Anarcha-Feminismus sorgte dafür, dass die Umsetzung einer utopisch-demokratischen Vision und eine entsprechende politische Praxis verstärkt zum Anliegen der Bewegung wurden.« (Barbara Epstein)

Die direkte Aktion zeigte sich, wenn man so will, in ihrer »konstruktiven« Ausprägung in den vielen selbstorganisierten städtischen oder ländlichen Kommunen dieser Zeit, die in Europa und Nordamerika entstanden. Daneben gab es auch direkte Aktionen, die auf Gewalt setzten, so bei der *Angry Brigade* in Großbritannien und auch bei nicht- oder sogar antianarchistischen Aktionen wie denen der *Roten Armee Fraktion* oder der *Brigate Rosse*.

In den 1980er Jahren begann eine Entwicklung, bei der die direkte Aktion das bevorzugte Ausdrucksmittel der radikalen Umweltbewegungen wurde. Dies galt beispielsweise für *Earth First!* oder für die sozialen Kämpfe, die sich zugleich auf die Umwelt bezogen, wie die britische Bewegung gegen Straßenneubau.

Parallel dazu entfernten sich immer mehr Aktivistinnen und Aktivisten von Organisationsmodellen, die von oben nach unten strukturiert waren. Dies galt typischerweise für die alte europäische Linke und auch für amerikanische Gruppen wie die *Nationale Frauenorganisation*, die großen Bündnisse gegen den Vietnamkrieg oder die *Studenten für eine demokratische Gesellschaft* (und später für deren Möchtegern-Kaderorganisation, die *Weathermen*). Ab den 1970er Jahren fingen Organisationen an, sich eher dezentral und ohne formale Strukturen und Führer zu organisieren, wobei sie von einer Kritik an den zentralisierten politischen Strukturen inspiriert waren, die besonders in der Neuen Linken der späten 1960er Jahre und in feministischen Zusammenhängen formuliert wurde. Blockaden gegen Atomkraftwerke oder Sabotageaktionen beispielsweise wurden häufig durch die Kooperation dezentraler Bezugsgruppen organisiert, wobei man argumentierte, die Bewegung solle die angestrebten gesellschaftlichen Strukturen bereits im Modell vorwegnehmen. Bei diesen Aktivitäten wurden von Quäkern und Feministinnen zunehmend Methoden der Konsensentscheidungsfindung und bei der Koordination zwischen

Bezugsgruppen bzw. ihren Delegierten »Sprecherinnenrats«-Strukturen eingeführt. Bis zu diesem Zeitpunkt waren das für Anarchisten noch recht fremdartige Strukturen, die sich inzwischen jedoch durchgesetzt haben, wenn sie im Rahmen anarchistischer Organisationsstrukturen auch weiterhin umstritten sind. Mehr dazu im nächsten Kapitel.

Die Entsprechung von Vision und Praxis wird unter Anarchisten nicht nur als eine Frage von Grundwerten und Prioritäten angesehen, sondern auch als Voraussetzung, um revolutionäre Ziele zu erreichen. Damit setzen sich Anarchistinnen und Anarchisten eindeutig von autoritären leninistischen Formen des Sozialismus bzw. von den Parteien dieser Art ab. Dabei handelt es sich leider nicht um eine längst überwundene Problematik, sondern sie ist im radikalen Milieu immer noch präsent und hat ihre Auswirkungen. Denn leninistisch geprägte Parteien und ihre vorgeschobenen Gruppierungen spielen in den antikapitalistischen und Antikriegsbewegungen nach wie vor eine manipulative und oft destruktive Rolle. Dies gilt besonders für Großbritannien, die USA und Italien.

In diesem Zusammenhang argumentieren Anarchisten häufig, dass das schreckliche Versagen des Leninismus weder mit einzelnen Personen zusammenhängt (Stalin, Mao, Pol Pot ...), noch mit widrigen »objektiven« Verhältnissen, die zur »Degeneration« geführt hätten (siehe hierzu Cornelius Castoriadis). Die gesellschaftspolitischen Projekte waren vielmehr wegen der Trennung zwischen dem revolutionären Prozess und dem angestrebten Ergebnis von Anfang an zum Scheitern verurteilt. Die unkritische Reproduktion autoritärer und bürokratischer Strukturen innerhalb der revolutionären Bewegung entsprach dieser Trennung. Zwar bekennen sich Leninisten zu einer Vision des »reinen Kommunismus«, ohne Regierung, ohne Zwang, ohne Unterordnung (siehe Lenin, *Staat und Revolution*), doch ihre Praxis ist die autoritärer Strukturen, die von oben nach unten funktionieren. Dies wird als die effizienteste

Form gerechtfertigt, den Staat zu übernehmen, der dann angeblich von alleine verkümmert und verschwindet. Man kann jedoch ein revolutionäres Projekt nicht mit autoritären Prinzipien aufbauen und dann erwarten, dass sich diese nicht auf das Ganze auswirken werden. Sobald man sich ganz darauf konzentriert, lediglich die Macht im Staate zu erobern und deshalb an autoritären Organisationsstrukturen festhält, während man den Aufbau einer freien Gesellschaft auf »nach der Revolution« vertagt, ist der Kampf schon verloren. Niemand hat das entschiedener ausgesprochen als Emma Goldman im Nachwort zu *Niedergang der russischen Revolution*:

»Alle menschliche Erfahrung lehrt, dass Methoden und Mittel nicht vom angestrebten Ziel getrennt gesehen werden können. Die angewandten Mittel werden durch persönliche Gewohnheit oder gesellschaftliche Praxis Teil des letztendlichen Zwecks; sie beeinflussen ihn, verändern ihn, und schließlich werden Mittel und Zweck eins … die ethischen Werte, die die Revolution für die neue Gesellschaft durchsetzen soll, müssen mit den revolutionären Aktivitäten der sogenannten Übergangsperiode bereits *initiiert* werden. Dies kann als echte und zuverlässige Brücke zu einem besseren Leben nur dann gelten, wenn sie aus demselben Material gebaut ist wie das Leben, das über sie erreicht werden soll.«

So gesehen ist die Verfolgung einer vorwegnehmenden Politik ein mit dem anarchistischen Projekt unmittelbar einhergehender Aspekt, indem die Kollektive, Kommunen und Netzwerke von heute selber das Grundgerüst für die gesellschaftliche Wirklichkeit darstellen, die an die Stelle der heutigen Gesellschaft treten wird. Kollektiv betriebene Graswurzelprojekte sind insofern der Kern, aus dem »innerhalb der Hülle der alten Gesellschaft« die zukünftige entspringen wird, wie es Gustav Landauer formulierte: »Einen Tisch kann man umwerfen und eine Fensterscheibe zertrümmern, aber die sind eitle Wortemacher und gläubige Wortanbeter, die den Staat für so ein

Ding oder einen Fetisch halten, den man zertrümmern kann, um ihn zu zerstören. Staat ist ein Verhältnis, ist eine Beziehung zwischen den Menschen, ist eine Art, wie die Menschen sich zueinander verhalten; und man zerstört ihn, indem man andre Beziehungen eingeht, indem man sich anders zueinander verhält ... *wir* sind der Staat – und sind es so lange, als wir nichts andres sind, als wir die Institutionen nicht geschaffen haben, die eine wirkliche Gemeinschaft und Gesellschaft der Menschen sind.«

Wenn dem so ist, dann müssen die Organisationsformen, die den Kapitalismus, den Staat, die geschlechtsspezifische Arbeitsteilung und so weiter ersetzen sollen, damit die gesellschaftliche Veränderung gelingt, gleichzeitig mit dem Angriff auf gegenwärtige Institutionen bereits angebahnt werden. Darüber hinaus können die Lebenszusammenhänge, die Aktivisten aufbauen, eine Selbstverwirklichung erleichtern, die es wiederum mit sich bringt, dass die Beteiligten sich eher von Entfremdung und eingefleischtem Verhalten freimachen, durch das sie sich und andere unterdrücken.

So schrieb Murray Bookchin 1980 in *Anarchism Past and Present* noch, dass »bereits der Aufbau einer anarchistischen Bewegung von unten als Prozess angesehen wird, bei dem die Fähigkeit zu Partnerschaftlichkeit, Eigenaktivität und Selbstverwaltung und schließlich die revolutionäre Persönlichkeit entstehen, die im Sinne einer authentischen Gesellschaft und von deren Gestaltung agieren kann.« Dies scheint er vergessen zu haben, als er *Social Anarchism or Lifestyle Anarchism* verfasste. Tatsächlich aber handelt es sich keineswegs um narzisstische Attitüden oder die Nabelschau von Aktivisten, sondern um eine überzeugende Art anarchistischer »Propaganda durch die Tat«. Die wirksamste Art anarchistischer Propaganda wird immer die Schaffung und die Demonstration anarchistischer gesellschaftlicher Beziehungen sein – eben die Praxis der vorwegnehmenden Politik. Es fällt Leuten viel leichter, die Vorstellung eines Lebens ohne Chefs oder Führer anzunehmen, wenn sie es erleben und nicht nur Argumente dafür lesen oder hören, auch wenn sie eine solche Erfahrung nur in einem begrenzten Maßstab machen können. In diesem Sinne ist auch Gandhis Feststellung zu verstehen, dass »es die Aufgabe eines Reformers ist, das Unmögliche möglich zu machen, indem er durch sein eigenes Verhalten die Möglichkeit sichtbar macht«. Nicht weniger entscheidend ist es, dass sich Menschen von einer Bewegung viel stärker angezogen fühlen, die ihr eigenes Leben bereichert, als von einer, die von ihnen verlangt, die eigenen Wünsche und Bedürfnisse um der undankbaren Arbeit für eine revolutionäre Organisation willen zu vertagen.

Daher ist die anarchistische Tendenz zur vorwegnehmenden Politik eng verbunden mit dem individualistischen Aspekt des Anarchismus, der in allen seinen Formen präsent ist. Anarchistinnen und Anarchisten beschreiben ihre Aktionen und Organisationsformen auch als Beitrag zu ihrer weitestmöglichen Selbstbefreiung. Sie engagieren sich auch deshalb für eine vorwegnehmende Politik, weil sie selber sich innerhalb befreiter gesellschaftlicher Beziehungen bewegen wollen. Mit den Worten des US-amerikanischen anarchistischen Herausgeber-Kollektivs *Crimethinc* »ist es entscheidend, dass wir nach Veränderung nicht im Namen irgendeiner Doktrin oder großen Sache streben, sondern um unserer selbst willen, damit wir ein sinnvolleres Leben führen können. Dem entsprechend müssen wir zunächst vor allem unseren Lebensinhalt auf revolutionäre Weise verändern und erst nachgeordnet unseren Kampf auf welthistorische Veränderungen ausrichten, die wir selber gar nicht mehr erleben werden. So vermeiden wir das Gefühl der Wertlosigkeit und Entfremdung, das entsteht, wenn man meint, man müsse ›sich für die Sache aufopfern‹. Statt dessen können wir die Früchte unserer Arbeit genießen … in dieser Arbeit selber.«

Das liest sich wie ein Echo situationistischer Ideen, wie etwa Raoul Vaneigem sie 1967 formulierte: Der Kampf für die Befreiung sei im Kern »der Kampf der Subjektivität und der Kräfte, die es korrumpieren, [er] erweitert künftig die Grenzen des alten Klassenkampfes. Er erneuert und verschärft ihn. Die Parteiergreifung für das Leben ist eine politische Parteiergreifung. Wir wollen keine Welt, in der die Garantie, nicht zu verhungern, mit der Gefahr erkauft wird, vor Langeweile zu sterben.« Derselbe Gedanke wohnt auch den rebellischen/illegalistischen/»possibilistischen« Strömungen des Anarchismus inne, wie er etwa in Italien und Griechenland häufig vorkommt und auch gelegentlich in die USA übergesprungen ist. Die Selbstverwirklichung verbindet sich mit dem intelligenten zerstörerischen Angriff auf die Quellen der Unterdrückung des Individuums: »Wir bekämpfen Ausbeutung und Herrschaft, weil *wir* nicht ausgebeutet und beherrscht werden wollen. In unserer eigennützigen Großzügigkeit erkennen wir an, dass unsere eigene Selbstverwirklichung nur in einer Welt möglich ist, in der jede und jeder Einzelne gleichen Zugang zu allem hat, was sie oder er zu ihrer oder seiner Verwirklichung als einzigartiges Wesen benötigt – darum die Zerstörung jeder Autorität, der gesamten gesellschaftlichen Ordnung, um die Möglichkeit zu allem zu eröffnen, was das Leben zu bieten hat.« (Wolfi Landstreicher)

Die persönliche Befreiung und der Angriff auf die unterdrückende Gesellschaftsordnung werden also als sich wechselseitig motivierend betrachtet. Die eigenen Erfahrungen mit den Einschränkungen, die die verwaltete Welt auferlegt, mit der Unterjochung auf den verschiedenen Achsen der Herrschaft und mit dem Zwangssystem, das jeden Ungehorsam überwacht und ahndet – all dies liefert direkte Impulse, aktiv zu werden und sich anders zu verhalten. Zugleich ist sowohl der konfrontative wie der konstruktive Ansatz der direkten Aktion bereits ein befreiender Raum, denn die direkte Aktion eröffnet den Beteiligten besondere Möglichkeiten innerhalb eines grundsätzlich anderen gesellschaftlichen Kontextes. Diese Neudeutung anarchistischer Zielsetzungen im Sinne der Befreiung von direkt erfahrener Herrschaft bedeutete ein Wiederaufleben des anarchistischen Individualismus, der sich nunmehr als Forderung in der Gegenwart artikuliert und weniger als Prinzip, das in einer zukünftigen Gesellschaft vielleicht einmal gelten soll.

Vielfalt und Ergebnisoffenheit

Die Betonung des Hier und Jetzt verbindet sich mit einem dritten wesentlichen Aspekt des heutigen Anarchismus: seiner ausgeprägten Ergebnisoffenheit. Politische Programmatiken werden üblicherweise begriffen, indem man sich ansieht, wogegen sie sich richten, wofür sie sind und wie sie sich den Weg von hier nach dort vorstellen. Der erste und der dritte Aspekt wurden bereits erläutert. Beim zweiten liegen die Dinge etwas komplizierter, denn Anarchisten zögern heute, in allen Einzelheiten darzulegen, was an Stelle der hierarchischen Gesellschaft und der Herrschaftssysteme treten soll. Gegen Ende des 19. Jahrhunderts war die anarchistische Bewegung Schauplatz erbitterter Auseinandersetzungen sich unversöhnlich gegenüberstehender Visionen wie der des anarchistischen Kommunismus, des Kollektivismus, des Mutualismus etc. Heute dagegen kommt der anarchistische Diskurs ohne die Erwartung eines revolutionären Abschlusses der Kämpfe aus und interessiert sich auch nicht für utopische Entwürfe einer »postrevolutionären« anarchistischen Gesellschaft. Nachdem Vielfalt zu einem anarchistischen Kernprinzip geworden ist, wird auch die Befreiung auf ganz unterschiedliche Weisen gedacht und angestrebt. Selbst-Entdeckung in der vorwegnehmenden Politik und Respektlosigkeit gegenüber allen Ikonen sind die Grundlagen einer Praxis, die unvollkommen ist und in der Gegenwart stattfindet. Sie wird als vorrangiger Bereich der Verwirklichung von Anarchie betrachtet.

Anarchisten begreifen Revolution heute weniger – wenn sie diesen Begriff überhaupt in den Mund nehmen – als zukünftiges Ereignis, sondern vielmehr als gegenwärtigen Prozess und potenzielle Dimension des täglichen Lebens. Während Michail Bakunin »eine universelle Revolution« herbeisehnte, »die gleichzeitige revolutionäre Allianz und Aktion aller Völker der zivilisierten Welt«, erklären heutige Anarchisten ihr Vorgehen häufig als eine Aktivität, die jetzt bereits für die Befreiung des Einzelnen und im Kollektiv stattfindet, so Torrance Hodgson aus Neuseeland: »Die Revolution ist jetzt, und wir müssen, so gut es geht, dafür sorgen, dass sich die Wünsche, die wir für die Zukunft hegen, im Hier und Jetzt bereits niederschlagen. Sobald wir das tun, hören wir auf, für abstrakte zukünftige Bedingungen zu kämpfen, und kämpfen statt dessen dafür, dass sich diese Wünsche in der Gegenwart erfüllen … Ob es sich bei dem Projekt um eine Hausbesetzung handelt, ob wir Essen miteinander teilen, einen Sabotageakt durchführen, einen Piratensender betreiben, eine Zeitschrift herausgeben oder eine der herrschenden Institutionen angreifen, wir lassen uns nicht darauf ein, weil wir uns dazu politisch verpflichtet fühlen, sondern weil es Teil des Lebens ist, das wir erschaffen wollen, weil darin bereits eine selbstbestimmte Existenz aufblüht.«

Eine solche Herangehensweise begreift Anarchie als Kultur, als gelebte Realität, die überall in unterschiedlichen Gewändern auftaucht, sich unterschiedlichen kulturellen Klimata anpasst und um ihrer selbst willen verbreitet und entwickelt werden soll, unabhängig davon, ob wir der Auffassung sind, dass es die vorherrschende gesellschaftliche Form werden wird. Die weiterhin bestehende Bedeutung des Utopischen im zeitgenössischen Anarchismus lässt sich so umschreiben: ein unvollkommenes Experiment im Hier und Jetzt, die Erprobung alternativer gesellschaftlicher Beziehungen, ein anhaltendes kollektives Streben, darauf ausgerichtet, zu einer in größerem Maßstab geltenden Praxis zu werden, das sich aber auch in flüchtigen Momenten der Unangepasstheit und des sorglosen Egalitarismus in zeitweise autonomen Zonen zeigen und unterschiedliche Formen annehmen kann: die eines »nachbarschaftlichen Projekts, eines gemeinsamen Essens zu einem bestimmten Anlass, eines Schwarzmarkts ... einer Initiative zum Erhalt eines Viertels, eines Clubs, eines Nacktbadestrands« (Hakim Bey). So werden utopische Formen gesellschaftlicher Interaktion – nichthierarchisch, freiwillig, kooperativ, solidarisch und spielerisch – als Möglichkeiten gesehen, hier und jetzt alternative Lebens- und Umgangsformen zu verwirklichen. Diese Sicht wurde seit Beginn des 20. Jahrhunderts immer nachdrücklicher von Anarchistinnen und Anarchisten vertreten. Für Gustav Landauer »ist Anarchismus nicht eine Angelegenheit der Zukunft, sondern eine der Gegenwart; nicht eine Frage von Forderungen, sondern eine des Lebens«.

Die heutige anarchistische Bewegung, die aus einer enormen Bandbreite von Bewegungen, Kampagnen und Herangehensweisen hervorgegangen ist, besteht aus vielfältigen, sich jeweils ad hoc bildenden Koalitionen, was wiederum eine pluralistische Orientierung befördert. Dabei wird naturgemäß weniger Wert gelegt auf Einheit von Analyse und Zielvorstellungen als auf Vielfalt und Experiment. Während einerseits mehrere Bewegungen gleichzeitig auf übergreifende, das Ganze erfassende Sichtweisen durch Analyse und Praxis hinarbeiteten – so die Tiefenökologie oder gewisse Strömungen des Feminismus –, bewog das Einfließen gerade ihrer Anliegen in den Anarchismus viele Aktivisten, sich von dem Anspruch theoretischer Einheit abzuwenden und einen theoretischen Pluralismus zu befürworten. Dieser ist mit der Bereitschaft verbunden, unterschiedlichen Sichtweisen und Narrativen der Kämpfe gleiche Legitimität zuzubilligen. Das förderte zugleich eine Form des Theoretisierens, die eher von unten nach oben vonstatten ging.

Eine solche Ausrichtung offenbart ihre Nähe zu poststrukturalistischem Denken, und in der Tat hat in den vergangenen Jahren das Interesse an den Entsprechungen und Berührungspunkten von anarchistischer Politik und den diversen intellektuellen Strömungen zugenommen, die mit dem Poststrukturalismus assoziiert werden. Saul Newman beschreibt dieses Unterfangen als »Nutzen der poststrukturalistischen Kritik, um die Möglichkeit politischen Widerstands jenseits von essenzialistischen Garantien auszuloten«. Dabei wird beispielsweise die Formulierung einer grundlegenden Kritik der Autorität versucht, indem man auf Gedanken wie »Foucaults Zurückweisung der Annahme einer ›essenziellen‹ Differenz zwischen Wahnsinn und Vernunft zurückgreift; auf Guattaris Angriff auf die ödipale Repräsentation oder das um den Staat zentrierte Denken; auf Derridas Infragestellung der philosophischen Annahme, dass die Rede gegenüber dem geschriebenen Wort Vorrang habe«. Darüber hinaus wird behauptet, der Anarchismus habe seinerseits einen indirekten Einfluss auf die Entwicklung poststrukturalistischen Denkens gehabt. Die wichtigsten Denker dieser Strömung – Baudrillard, Lyotard, Virilio, Derrida, Castoriadis, Foucault, Deleuze, Guattari – waren alle aktiv am französischen Mai 68 beteiligt, bei dem libertäre Ideen eine zentrale Rolle spielten und in dessen Gefolge diese Theoretiker ihre Gedanken weiterentwickelt haben. So verwundert es nicht, dass der zeitgenössische »Post-Anarchismus« das Verhaftetsein des klassischen Anarchismus in einem essenzialistischen Aufklärungshumanismus ausdrücklich kritisiert und vereinfachende Vorstellungen von gesellschaftlichen Dynamiken für fragwürdig hält. Dieser poststrukturalistische Anarchismus ist zwar weniger in den Debatten der meisten Graswurzelaktivisten spürbar, doch theoretisch ist er durchaus von Bedeutung und wirkt offenbar auch in die anarchistische Praxis hinein.

Dem entspricht es, dass heute unter Anarchistinnen und Anarchisten kaum noch die Erwartung gehegt wird, eine Revolution der gesellschaftlichen, ökonomischen und politischen Verhältnisse werde ein für alle Mal das menschliche Verhalten verändern. Dass die unter grundsätzlich veränderten Bedingungen sich frei entfaltende Anarchie alles hinwegfegt, was Menschen bisher daran hindert, als Gleiche wohlwollend zu kooperieren, dürfte eine fragwürdige Utopie sein. Tatsächlich kann vermutlich nicht ausgeschlossen werden, dass auch unter den günstigsten Bedingungen der Wille zur Macht bestehen bleibt und ein Idealzustand des gesellschaftlichen Lebens nie endgültig erreicht werden kann. Die Einsicht, dass hierarchische und Ausbeutungsmuster immer wieder auftauchen können, und dies selbst in Gesellschaften, die sich dagegen richten, bedeutet, dass für Anarchisten immer etwas zu tun bleibt. Es bedeutet auch eine praktische Infragestellung der Vorstellung von einem Abschluss des revolutionären Projekts nach »geglückter« Revolution.

Moderne anarchistisch inspirierte Werke utopischer Art zeugen von dieser Infragestellung. Eines der bekanntesten Beispiele ist Ursula Le Guins Roman *Planet der Habenichtse* (orig. *The Dispossessed*), vielleicht der ehrlichste Versuch, eine anarchistische Gesellschaft darzustellen. Doch genau aus diesem Grund ist es auch irreführend, dieses Werk als »anarchistische Utopie« zu bezeichnen, denn die Gesellschaft, die darin dargestellt wird, ist alles andere als perfekt oder unproblematisch. Shevek, der Protagonist, wird dazu gebracht, seine anarchistische Gesellschaft auf dem Mond Anarres zu verlassen, nicht, weil er deren anarchistische Grundprinzipien ablehnen würde, sondern weil ihm scheint, dass manche von ihnen in der Praxis nicht mehr angemessen umgesetzt sind, während andere überdacht werden müssten, um individuellen Bestrebungen mehr Raum zu geben. In den 170 Jahren seit ihrer Entstehung, nachdem sich eine anarchistische Massenbewegung vom Heimat-Planeten Urras abgesetzt hatte, sind in der anarrestischen Gesellschaft Fremdenfeindlichkeit, informelle Hierarchien innerhalb aller Verwaltungssyndikate und ein sozialer Kontrollapparat entstanden, der sich auf Gewohnheiten und die Überwachung durch die jeweilige Umgebung stützt. Das alles wirkt zusammen und lässt eine Atmosphäre der Konformität entstehen, in der sich Shevek in der Verwirklichung seines Lebensprojekts, der Entwicklung einer bahnbrechenden Neuerung in der theoretischen Physik, behindert fühlt. Shevek verkörpert die anhaltende Bedeutung von Dissenz, auch nach der Abschaffung von Kapitalismus und Staat. Indem er sich absondert und das »Syndikat der Initiative« gründet, wird er zum Revolutionär innerhalb der Revolution und stößt eine Veränderung in der anarchistischen Gesellschaft an. Gegen Ende des Romans sagt er: »Von Anfang an war mein Bestreben das, worum es für unser Syndikat und auf meinem ganzen langen Weg ging: die Dinge aufzuwirbeln, sie in Bewegung zu halten, manche Gewohnheiten aufzubrechen, die Leute dazu zu bewegen, dass sie Fragen stellen. Dass wir uns wie Anarchisten verhalten.«

Auf diese Weise erneuert Shevek den ursprünglichen Geist von Dissenz und Nonkonformismus, der einst die Schaffung einer anarchistischen Gesellschaft auf Anarres ausgelöst hatte. Wie Raymond Williams feststellt, macht dies *Planet der Habenichtse* »zu einer offenen Utopie – zur Öffnung genötigt, nachdem Ideale erstarrt sind, das Sorgen füreinander in Konservativismus übergegangen ist; sie bewegt sich nunmehr aus eigenem Antrieb und entfernt sich von der erreichten Harmonie, dem Zustand, in dem die klassische Utopie gipfelt, zu dem eines ruhelosen, offenen, risikofreudigen Experiments«.

Der Gedanke, dass Vielfalt, in ihren logischen Konsequenzen ernst genommen, die Möglichkeit einer abschließenden Revolution ad absurdum führt, wird auch durch die anarchistisch gefärbte Vision des in Zürich lebenden Autors »P.M.« in seinem Buch *bolo'bolo* unterstrichen. Auch hier muss der Begriff der Utopie mit Vorsicht angewandt werden, denn dieses Werk gesteht die Instabilität und Vielfalt gesellschaftlicher Beziehungen, die durch den Wegfall aller externen Kontrollen des Verhaltens von Menschen und Gruppen entstehen, nicht nur zu, es befürwortet sie sogar. P.M. kommt zu dem Schluss, dass die meisten modernen Utopien tatsächlich totalitäre, monokulturelle Modelle darstellen, die um Arbeit und Erziehung kreisen. Das Welt-Anti-System hingegen, *bolo'bolo* genannt, ist ein Mosaik, zusammengesetzt aus rund 500 Gemeinschaften, von denen jede so selbstgenügsam wie nur möglich ist und vollkommen autonom darin, ihr Ethos oder ihre »Atmosphäre« (*nima*) zu definieren, sei es eine klösterliche, eine marxistische oder eine sadomasochistische. Ein gewisses Maß an Stabilität ist erforderlich und durch einen minimalen, doch universell gültigen Gesellschaftsvertrag (*sila*) gegeben, der respektiert wird und durch die wechselseitigen Abhängigkeiten besteht. Dieser Vertrag besagt beispielsweise, dass jede(r) einzelne (*ibu*) jederzeit sein *bolo* verlassen kann und für einen Tag in jedem anderen *bolo* das Recht auf eine Essensration (*yalu*), Unterkunft (*gano*) und medizinische Versorgung (*bete*) genießt. Er enthält sogar ein Duell-Reglement zur Konfliktlösung (*yaka*). Doch »es gibt ja für die *nimas* weder humanistische, noch liberale, noch demokratische Gesetze oder Vorschriften und schon gar keinen Rechtsstaat, der sie durchsetzen würde. Niemand kann ein *bolo* daran hindern, Massenselbstmord zu begehen, an Drogenexperimenten draufzugehen, sich selbst in den Wahnsinn zu treiben. *bolos* mit einem Wikinger- oder Hunnen-*nima* können ganze Kontinente terrorisieren, Raubzüge veranstalten, brandschatzen: Freiheit und Abenteuer, so weit das Auge reicht.«

Sicher gehen die meisten Anarchisten nicht so weit, doch was hier angesprochen wird, ist die Annahme, dass jegliche anarchistische Theorie, die das Fehlen von Gesetzen und Autorität, die uneingeschränkte Vielfalt und ein Höchstmaß an Autonomie positiv bewertet, sich auch mit der Möglichkeit eines Wiederauflebens von Herrschaftsstrukturen unter diesen Bedingungen auseinandersetzen muss. Daher ist »der Preis der ewigen Freiheit die ewige Wachsamkeit«, und Anarchismus ist nicht mit irgendwelchen Endzeitvorstellungen oder der Abgeschlossenheit einer Entwicklung zu verwechseln. Vielmehr handelt es sich um einen »endlosen Kampf, denn während die Gesellschaft gerechter wird, wächst auch die Wahrnehmung von Formen von Unterdrückung, die überkommenem Bewusstsein möglicherweise verborgen geblieben sind und in traditioneller Praxis nicht berücksichtigt wurden« (Noam Chomsky). Bestenfalls wäre also eine anarchistische Gesellschaft eine, in der jede und jeder Anarchistin bzw. Anarchist wäre, d.h. jemand, der ständig gegen Herrschaft aufbegehrt, ein Aufbegehren, das in einer anarchistischen Gesellschaft sicher seltener erforderlich wäre als in heutigen Gesellschaften. Doch die dem anarchistischen Projekt inhärente Vielfalt und Freiwilligkeit sorgen dafür, dass es grundsätzlich offen bleibt für Wandel und Herausforderung von innen – und das wirft die entscheidenden Fragen auf.

Kapitel 3

Macht und Anarchie

Un/Gleichheit & Un/Sichtbarkeit in autonomer Politik

> *»Man geht auf dich zu und bittet dich, Fragen für unsere Gruppe zu beantworten, Entscheidungen zu treffen und Ankündigungen zu machen. Du nimmst sogar an, es ist in Ordnung, wenn du Besuchern, Fremden gegenüber unsere Gruppe definierst. Irgendwie wird dein Verhalten von der Gruppe nie infrage gestellt. … Es ist so, als würdest du meinen, weil du dich als Anarchistin bezeichnest, seist du ein für alle Mal rein und unschuldig und der selbstkritischen Reflexion oder der Kritik enthoben. Ihr habt mich diese Bezeichnung – Anarchistin – hassen gelehrt.«*
> Anonym, *»Was es bedeutet, in einem anarchistischen Jungen-Club ein Mädchen zu sein«)*

Es soll nicht verschwiegen werden: Bei aller Dezentralisierung, Autonomie und allem Im-Kreis-Sitzen: Die anarchistische Bewegung ist durchaus nicht frei von Machtfragen. Es gibt Einzelne, die in einer Gruppe ständig mehr Macht ausüben als andere. Man findet sie häufig in verantwortlichen Positionen, in denen sie die Projekte initiieren oder Aktionen leiten. Manche haben mehr Selbstvertrauen, sprechen häufiger und finden eher Gehör als andere oder sind einfach belesener und können sich besser artikulieren. Es gibt auch ganze Gruppen, die innerhalb der Bewegung aufgrund ihrer Klarheit, ihres überzeugenden Auftretens und ihrer Aktivitäten einen starken Einfluss haben.

Manche Kollektive und Netzwerke haben sich zu Cliquen entwickelt, andere sind ständig behindert durch nicht enden wollende Stagnation auf Grund von Fragen des richtigen »Prozederes«. Kritik an den Machtbeziehungen innerhalb der Bewegung verschafft sich immer wieder Luft bei Zusammenkünften, Aktionen und in alltäglichen Gesprächen – und immer wieder geht es dabei um dieselben Probleme, mit denen Feministinnen, Friedensaktivisten und viele andere seit den 1960er Jahren konfrontiert sind. Zugleich müssen sich die engagiertesten Aktivistinnen und Aktivisten, überarbeitet und ausgelaugt wie sie sind, auch noch mit Schuldgefühlen herumschlagen, weil sie »Führer« sind.

Es überrascht nicht, dass diese Problematik so besonders schwer zu bewältigen ist. Schließlich bewegen sich Anarchistinnen und Anarchisten und ihre Verbündeten auf dem weitgehend unbekannten Terrain nicht-hierarchischer Selbstorganisierung und gesellschaftlicher Beziehungen, die die Dominanz grundsätzlich infrage stellen. Dabei bürsten wir unsere eigene Sozialisation gegen den Strich, die wir als Kinder, Schülerinnen und Schüler, Arbeiterinnen und Arbeiter erfahren haben. Prole Cat schreibt dazu: »Wohin wir uns in der kapitalistischen Gesellschaft auch wenden, alles ist hierarchisch organisiert … Die Gewohnheiten und Sichtweisen, die derartige gesellschaftliche Verhältnisse mit sich bringen, verschwinden nicht automatisch, sobald man das Tor zur revolutionären Bewegung durchschreitet. … Die Führer und ihre Gefolgsleute, Nebenprodukt einer autoritären Gesellschaft, sind das Rohmaterial, aus dem wir die freie Gesellschaft aufbauen müssen. … Wir müssen mit unseren egalitären Beziehungen heute schon beginnen, unter uns Angeschlagenen, wenn wir morgen in einer freien Welt leben wollen.«

Die Diskussion über die Macht innerhalb der Bewegung ist in der Tat das, woran eine anarchistische politische Theorie an erster Stelle ansetzen sollte. Denn zentrale Aspekte – Hierarchie, Herrschaft, direkte Aktion, die Befreiung der Bedürfnisse – haben alle mit Macht zu tun. Daher gebührt einem Ausloten des Begriffs der Macht, der Ungleichheit ihrer Verteilung und der Alltagsebene, auf der Machtbeziehungen reproduziert werden, grundlegende Aufmerksamkeit. In diesem Kapitel möchte ich darstellen, was eine Theorie, die sich auf die Praxis gründet, für uns leisten kann, indem sie die Problematiken und Kontroversen entwirrt, die mit dem Thema der Führung und der ungleich verteilten Macht innerhalb der anarchistischen Selbstorganisation verbunden sind. Welches sind die grundlegenden *Fragen* hinter diesen Schwierigkeiten? Wie können Anarchistinnen und Anarchisten das Wirken und die Verteilung verschiedener Arten von Macht in ihren eigenen Netzwerken begreifen? Und wie sind in unseren Zusammenhängen vorhandene Dynamiken der Macht mit anarchistischen Werten und Prioritäten vereinbar?

Ich gehe von dem dreifachen Begriff von Macht aus, den die Ökofeministin Starhawk entwickelt hat. Sie unterscheidet zwischen: »Macht-zu« (die Grundbedeutung von Macht als Fähigkeit, die Wirklichkeit zu beeinflussen); »Macht-über« (Macht-zu, die als Herrschaft in hierarchischen und Zwangszusammenhängen ausgeübt wird); und »Macht-mit« (Macht-zu, die als nicht mit Zwang verbundener Einfluss und als Initiative unter Menschen ausgeübt wird, die sich gegenseitig als Gleiche betrachten). Probleme, die mit der Macht innerhalb der Bewegung zusammenhängen, sollten auf zwei unterschiedliche Quellen zurückgeführt werden: bestehende Ungleichheiten zwischen Aktivisten bezüglich der Macht und die fehlende Transparenz hinsichtlich der dynamischen Ausübung von Macht-mit unter ihnen (d.h. wie sie ausgeübt wird). Um diese Fragen zu klären, führe ich die Quellen der »Macht-zu« innerhalb der Bewegungen auf das zurück, was ich als »politische Ressourcen« bezeichne – materielle Ressourcen ebenso wie Kenntnisse und Fertigkeiten sowie Zugang zu Netzwerken –, all das, was es ermöglicht, an Aktivitäten von Bewegungen teilzunehmen.

Auf diese Weise lässt sich ein erstes Problem angehen: die Benennung konkreter Schritte zur Neuverteilung wenigstens einiger der genannten Ressourcen und somit einer gleichmäßigeren Verteilung des Zugangs zu Einfluss. Dann werde ich mich dem schwierigeren Aspekt der Debatte zuwenden – der Spannung zwischen offener oder verdeckter, formeller oder informeller Einflussnahme, die nicht mit Zwang verbunden ist – dem Phänomen also der »Tyrannei der Strukturlosigkeit«. Indem ich die Bedingungen analysiere, unter denen eine solche Macht in der Bewegung häufig ausgeübt wird, lege ich dar, dass die diffuse und autonome Form der Machtausübung innerhalb anarchistischer Organisationsprozesse es manchmal *unvermeidlich* mit sich bringt, sich der *Rechenschaft zu entziehen* – eine Situation, die durch formale Strukturen und Vorgehensweisen *nicht zu beheben* ist. Angesichts dieser Schwierigkeit schlage ich Elemente einer Kultur der Solidarität um die Macht herum vor, die dazu beitragen können, dass sie reflektierter und verantwortlicher ausgeübt wird.

Drei Arten der Macht

Anarchistinnen und Anarchisten sind wohl kaum »gegen Macht« schlechthin eingestellt. Die verbreitete Fehlannahme, sie seien es, lässt sich leicht anhand der anarchistischen politischen Sprache als unzutreffend nachweisen, in der »Ermächtigung« als anzustrebendes Ziel vorkommt. Ermächtigung wird als Prozess gesehen, durch den Menschen Macht erlangen, sei es, indem sie beispielsweise Zugang zu den Ressourcen und Fähigkeiten bekommen, die erforderlich sind, um eine Veränderung herbeizuführen, oder indem sie etwa das Selbstbewusstsein entwickeln, das sie brauchen, um initiativ zu werden und darauf zu vertrauen, dass ihre Initiative etwas bewirken wird. Auf der anderen Seite trifft es natürlich zu, dass der Anarchismus gerade angetreten ist, »die Macht« oder zumindest doch »die bestehenden Mächte« zu bekämpfen und Widerstand gegen alle Herrschaftssysteme zu leisten, unter denen Menschen grundsätzlich einer Macht unterworfen sind (im Staat, im Kapitalismus, im Patriarchat etc.). Das bedeutet keine »Ablehnung von Macht«, sondern vielmehr eine differenziertere Anwendung des Begriffs. Über welche unterschiedlichen Arten von Macht sprechen wir hier eigentlich?

Eine sehr nützliche Bestimmung von Macht wurde von Starhawk vorgelegt, deren analytische Aufteilung des Begriffs in drei Unterformen der Macht seither in anderen feministischen Arbeiten aufgegriffen wurde (z.B. von Riane Eisler oder Lynne M. Woehrle). Zunächst schlägt Starhawk den Begriff der Macht-über vor, um die Macht durch Herrschaft zu bezeichnen. Dabei handelt es sich um die Art von Macht, »wie sie am Arbeitsplatz, in der Schule, beim Gericht, in Arztpraxen ausgeübt wird. Macht kann durch physische Waffen wirken oder aber, indem die Ressourcen, die wir zum Leben benötigen, kontrolliert werden: Geld, Essen, medizinische Versorgung; oder auch durch die Kontrolle subtilerer Ressourcen: Information, Zustimmung, Liebe.« Die zweite Kategorie, die sie einführt, nennt sie »Macht von innen«; ich möchte sie als Macht-zu bezeichnen. Diese »ähnelt dem Gefühl des Könnens, das wir als kleine Kinder mit jeder neu sich entfaltenden Fähigkeit entwickeln: das Glück, aufrecht zu stehen, zu gehen, die magischen Worte auszusprechen, mit denen wir unsere Bedürfnisse und Gedanken mitteilen … Diese Macht erleben wir bei kreativen Tätigkeiten oder wenn wir eine Verbindung zu anderen Menschen herstellen, beim Pflanzen, Bauen, Schreiben, Putzen, Heilen, Trösten, Spielen, Singen, Lieben.«

Abschließend erwähnt Starhawk eine dritte Form der Macht, die Macht-mit oder »Macht in der Gruppe«. Das ist »die Macht eines starken Individuums in einer Gruppe Gleicher, die Macht, nicht zu befehlen, sondern vorzuschlagen und dabei gehört zu werden, etwas anzustoßen und die Verwirklichung des Initiierten zu erleben«. Diese Aufgliederung in drei Formen von Macht ist für unsere Zwecke sehr hilfreich, denn sie eröffnet uns einen Horizont jenseits *monolithischer* Vorstellungen von Macht und unterscheidet Formen von Macht gemäß ihren jeweiligen politischen Bedeutungen.

Macht-über als Herrschaft

In der akademischen Literatur wird die Macht ganz überwiegend als Macht-über behandelt. Laut der Definition des Soziologen Max Weber ist unter Macht *Herrschaft* zu verstehen und wird als solche mit dem Aufzwingen eines Willens auf einen anderen gleichgesetzt – oder mit jeder »Chance, innerhalb einer sozialen Beziehung den eigenen Willen auch gegen Widerstand durchzusetzen, gleichviel, worauf diese Chance beruht« (Max Weber, *Wirtschaft und Gesellschaft, Grundriss der verstehenden Soziologie*). Ähnlich definiert der US-amerikanische Politologe Robert Dahl Macht als eine Beziehung, in der »A über B in dem Maße Macht hat, wie er B dazu bringen kann, etwas zu tun, was B sonst nicht tun würde«. Es gibt jedoch noch andere Wege, wie ein Mensch gegen seinen Willen oder seine Interessen dazu gebracht werden kann, sich dem Willen eines anderen zu beugen. Politische Theoretiker unterscheiden zwischen vier Arten, wie Macht-über ausgeübt werden kann: als Gewalt, Zwang, Manipulation und Autorität (z.B. Bachrach und Baratz, Dahl). Sie unterscheiden sich darin, *warum* B sich beugt.

Gewalt kommt zur Anwendung, wenn A sein Ziel erreicht, obwohl B nicht bereit ist sich zu beugen, indem A B der Möglichkeit beraubt, zwischen Einwilligung und Nicht-Einwilligung zu wählen. (A will, dass B das Gebäude verlässt, also drängt er oder sie B physisch durch die Tür.)

Zwang wird ausgeübt, wenn B in Reaktion auf As glaubhafte Androhung einer Vorenthaltung (oder einer Strafe) einwilligt. Angesichts einer negativ ausfallenden Kosten/Nutzen-Abwägung, die durch die Drohung gegeben ist, beugt sich B aus eigenem unfreien Willen. (A richtet eine Waffe auf B und verlangt, dass B das Gebäude verlässt.)

Manipulation ist am Werk, wenn A bei der Mitteilung seiner Wünsche an B bewusst lügt oder Informationen unterschlägt. Dieser willigt ein, ohne den Ausgangspunkt oder die genaue Art der Aufforderung, die A an ihn stellt, zu durchschauen. (A bittet B, die Klingel an der Tür zu überprüfen, und sobald B hinausgetreten ist, schließt A ihn aus.)

Autorität wirkt, wenn B sich As Befehl beugt, weil er davon ausgeht, dass A das Recht hat zu befehlen und er selber eine entsprechende Pflicht zu gehorchen. (A ist ein Polizist, der B sagt, er solle das Gebäude verlassen, und B gehorcht.)

Diese Unterscheidungen eignen sich als Faustregeln, und ich werde später auf sie zurückkommen. Es zeichnet sich aber schon ab, wie das Konzept der Macht-über dazu beitragen kann, den anarchistischen Begriff von Herrschaft genauer zu klären. Eine Person wird in dem für die anarchistische Theorie relevanten Sinne beherrscht, wenn sie in systematischer Weise der Macht-über unterworfen ist. Sie befindet sich unfreiwillig in dieser Lage, denn Menschen entscheiden sich normalerweise nicht für die Struktur ihrer Gesellschaft, ihre Berufsaussichten, die gesellschaftliche Klasse, in die sie hineingeboren werden, die Rasse oder das Geschlecht, das ihnen zugeschrieben wird. Es sollte also betont werden, dass die Macht-über in einem dichten sozialen Gewebe von sich überlappenden Regimes der Ausschließung funktioniert und sich nicht auf Eins-zu-Eins-

Interaktionen beschränkt. Macht-über manifestiert sich außerdem in »vorherrschenden Werten, Überzeugungen, Ritualen und institutionalisierten Vorgehensweisen … die systematisch und durchgehend zum Vorteil gewisser Personen und Gruppen und auf Kosten anderer funktionieren« (Bachrach und Baratz). Diejenigen, die profitieren – normalerweise eine Minorität oder Elite –, befinden sich gewöhnlich in einer vorteilhaften Position, die es ihnen ermöglicht, ihre Interessen zu befördern und zu verteidigen. Macht-über ist also auch wirksam, wenn diese Gruppen Werte oder Institutionen schaffen oder fördern, die den Bereich der öffentlichen Wahrnehmung oder Kritik einschränken. Wie Stephen Lukes nachweist, kann »Macht-über« auch ausgeübt werden, indem selbst die ureigensten Bedürfnisse der Menschen beeinflusst, geformt, bestimmt werden und durch die Kontrolle ihrer Gedanken und Wünsche ihre Einwilligung gewonnen wird. In der Tat ist die tiefe gesellschaftliche Manipulation der Werte und Bestrebungen der Menschen ein wiederkehrendes Thema in der Popkultur genau wie in der kritischen Theorie – angefangen bei Filmen wie *The Matrix* oder *Fight Club*, der viele Anarchistinnen und Anarchisten anzusprechen scheint, bis hin zu marxistischen Theoretikern wie Marcuse und Poststrukturalisten wie Michel Foucault. Bekanntlich schrieb Foucault darüber, wie Macht in den Kapillargefäßen gesellschaftlicher Beziehungen – in der kulturellen Grammatik, in praktischen Routinen, gesellschaftlichen Mechanismen und Institutionen – viel subtiler und effektiver wirkt als in ihren offenen Ausdrucksformen rigider Hierarchie und militärischer Gewalt. Es leuchtet ein, dass der Begriff der Herrschaft mehr umfasst als der von Anarchisten häufig benutzte Terminus »Hierarchie«. Hierarchie beschreibt zwar zutreffend die Strukturen vieler gesellschaftlicher Beziehungen, die Herrschaft ausmachen, doch erfasst der Begriff diese nicht vollständig. In hierarchischen Strukturen sind die Statusunterschiede sichtbar, entweder weil sie formalisiert sind (so in der Beziehung zwischen einem Chef und »seiner« Sekretärin), oder weil man ihr Vorhandensein an bestimmten Verhaltensweisen oder Äußerungen erkennen kann. Aber zwischenmenschliche Herrschaft folgt oft einer vertrackten Dynamik, die sich in Disziplinarmaßnahmen reproduziert, wobei sich die Beteiligten ihrer Rollen nicht einmal bewusst sein mögen. Oftmals bleibt der beherrschten Person als einzige Möglichkeit der symbolische Hinweis auf die sicht- oder greifbare Quelle ihrer Unfreiheit.

Diese Einsichten tragen zu einer Kritik der Macht bei, die über die Betonung des strukturellen Aspekts der Hierarchie hinausgeht und neue Wege des Widerstands aufzeigt.

Dementsprechend befassen sich in letzter Zeit entstandene Arbeiten zum Thema Macht innerhalb der Bewegung damit, wie sich gesellschaftliche Herrschaftsmuster in ihr niederschlagen. Dabei stoßen sie auf Dynamiken rassistischen, sexistischen, ältere Menschen diskriminierenden oder homophoben Verhaltens und werfen die Frage auf, warum in führenden Positionen innerhalb aktivistischer Kreise tendenziell mehr Männer als Frauen, mehr Weiße als Nicht-Weiße, mehr nichtbehinderte als behinderte Menschen anzutreffen sind. Ich werde auf diese Diskussion zurückkommen.

Macht-zu als Fähigkeit

Obwohl die Macht-über die am leichtesten festzustellende *angewandte* Macht in der Gesellschaft ist, liegt nicht offen zutage, wie sie entsteht.

Bei allem Gerede über Macht schwingt eine einfache, grundlegende Vorstellung mit: die, dass A in dem Maße Macht besitzt, wie sie oder er bei B eine Wirkung in ihrem/seinem (As) Sinn erzielen kann. Nun können A und B Personen sein. Ist aber B eine Sache, z.B. ein Holzblock, den A von hier nach da bewegt, ist es ebenfalls sinnvoll, diese Handlung als Manifestation von Macht zu bezeichnen – As Macht, die physische Realität zu verändern, eine Wirkung oder ein gewünschtes Ergebnis zu erzielen. Diese Grundbedeutung von Macht nenne ich Macht-zu, und sie kommt z.B. im Spanischen ganz klar zum Ausdruck: *poder* bedeutet als Nomen »Macht«, als Verb »können«.

Macht-über entspringt immer auch aus der Macht-zu seitens der herrschenden Partei. Gewalt kann ohne ein gewisses Maß an physischer Kraft – ein Aspekt von Macht-zu – nicht angewandt werden, selbst wenn es sich nur um die Kraft handelt, die nötig ist, um mit einem Revolver zu schießen. A kann B zu nichts zwingen, ohne die Möglichkeit, B etwas vorzuenthalten – das, was im gegebenen Fall der Zwangssituation zur Debatte steht – oder zumindest B die Illusion vermitteln zu können, dass er es ihm vorenthalten oder entziehen kann. Wenn eine Person nicht die Macht hat zu sprechen, kann sie andere nicht manipulieren. Ein Richter, der weder sprechen noch lesen noch schreiben kann, wäre nicht in der Lage, bei Gericht irgendeine Autorität auszuüben – obwohl er von Rechts wegen diese Autorität »hat«. Daran können wir auch erkennen, dass der Besitz von Macht-zu logisch und zeitlich ihrer Anwendung vorausgeht: Sie ist in dem Maße bereits »da«, wie der Erfolg des Macht Besitzenden hinsichtlich seines Vorhabens, Sachen oder das Verhalten von Personen zu beeinflussen, *vorhergesagt* werden kann.

John Holloway hat die Beziehung zwischen Macht-zu und Macht-über neu durchdacht, indem er die marxistische Entfremdungstheorie in Begriffen der Machtbeziehungen formuliert hat. Für Holloway stehen Macht-zu und Macht-über in einer »dialektischen und Oppositionsbeziehung« zueinander. Ausgangspunkt ist für ihn die Macht-zu, primär verstanden als die Fähigkeit eines Menschen, die materielle Welt durch Arbeit zu verändern. Die sich reproduzierenden kapitalistischen gesellschaftlichen Beziehungen bestehen jedoch in einer unablässigen Überführung von Macht-zu in Macht-über, im Transfer der Kontrolle über menschliche Fähigkeiten, wie er am deutlichsten im Verkauf der Arbeitskraft zum Ausdruck kommt. Das entfremdet die Menschen von ihrem Tun und unterwirft ihre Fähigkeit zu handeln der Herrschaft des Kapitals. Daher schlägt Holloway eine Konzeption gesellschaftlicher Kämpfe vor, in deren Mittelpunkt die Befreiung der Macht-zu von der Macht-über steht:

»Es gibt ›Macht-zu‹ in der Form von ›Macht-über‹, aber ›Macht-zu‹ ist der ›Macht-über‹ unterworfen und rebelliert gegen sie, und die ›Macht-über‹ ist nichts als die Metamorphose von ›Macht-zu‹ und daher absolut von dieser abhängig … Der Versuch, ›Macht-zu‹ auf eine Weise anzuwenden, bei der nicht ›Macht-über‹ ausgeübt wird, kommt unvermeidlich in Konflikt mit der ›Macht-über‹ … ›Macht-zu‹ kann, offen oder latent, falls sie sich nicht durch ›Macht-über‹ überwältigen lässt, nur als ›Macht-gegen‹ oder Gegenmacht existieren.«

Ein solcher Ansatz ist an sich bestechend, aber er ist auf unsere Fragestellung in zweierlei Hinsicht nur eingeschränkt anwendbar. Zum einen bezieht er sich auf die Gesellschaft als Ganze mit ihren durchgehend kapitalistischen Produktionsverhältnissen. In unserem Fall jedoch geht es nicht darum, wie problematische Formen von Macht in der kapitalistischen Gesellschaft funktionieren, sondern darum, was zu problematischen Konzentrationen und Dynamiken von Macht innerhalb von Graswurzelzusammenhängen führt. Die Vorstellung, dass in anarchistischen Kollektiven die gleichen Prozesse ablaufen wie die von Holloway für die kapitalistische Gesellschaft angenommenen, ist abwegig. Das heißt nicht, dass es unter Anarchistinnen und Anarchisten keine Macht-über gäbe (siehe weiter unten), aber es ist kaum davon auszugehen, dass alle abzulehnenden Formen von Macht in anarchistischen Gruppierungen auf dieselbe Weise entstehen und ausgeübt werden, wie dies in der kapitalistischen Gesellschaft als ganzer geschieht.

Das zweite Problem bei Holloway besteht darin, dass im Rahmen seiner Konzeption Macht-zu und Macht-über als die beiden einzigen Elemente präsentiert werden und diese sich antagonistisch gegenüber stehen. Insofern trägt dieses Konzept nichts zur Klärung der Ausübung von Macht-zu in zwischenmenschlichen Beziehungen bei (abzugrenzen von materieller Arbeit), die ganz klar nicht mit Macht-über gleichzusetzen sind. Stell dir vor, ich bitte dich um ein Glas Wasser, und du gibst es mir. Ich habe dich in diesem Fall dazu gebracht, etwas zu tun, was du sonst nicht getan hättest – doch es geht hier wohl kaum um Gewalt, Zwang, Manipulation oder Autorität. Daher muss eine andere Form von Macht angenommen werden, will man sich die ganze Bandbreite menschlicher Interaktionen erklären, bei denen andere Formen von Einfluss eine Rolle spielen als Macht-über.

Macht-mit als Einfluss ohne Zwang

Einfluss, frei von Gewalt, Zwang, Manipulation oder Autorität, ist ein weites Feld der Macht, das üblicherweise nicht untersucht wird. Doch tatsächlich gibt es eine breite Palette von Fällen, in denen Menschen einander dazu veranlassen, etwas zu tun, ohne dass dabei ein Interessenskonflikt oder ein Konflikt zwischen ihrem unterschiedlichen Wollen bestünde – und auch dies sind Fälle, in denen eine Form von Macht ausgeübt wird. Doch sind diese Formen der Macht so weit entfernt von dem, was im Kern die Macht-über bedeutet, dass sie einer anderen Kategorie zugeordnet werden müssen. Das legt es nahe, über eine dritte, kooperative Form von Macht zu sprechen, bei der Menschen ihr Verhalten wechselseitig beeinflussen.

Darum geht es bei der Macht-mit oder bei Macht als Einfluss ohne Zwang. Macht-mit entsteht, genau wie Macht-über, ganz eindeutig durch Macht-zu. Je weniger man fähig ist, Dinge zu tun (Fertigkeiten, Kenntnisse und Ressourcen zu mobilisieren sowie zu kommunizieren), desto weniger kann man andere beeinflussen. Zur Macht-mit zählen viele Interaktionen, bei denen die Beteiligten, ohne zu überlegen, wechselseitig ihren Aufforderungen nachkommen. Noch einmal: Wenn A B um einen kleinen Gefallen bittet (ein Glas Wasser oder ein Auge auf das Fahrrad zu haben), wird B kaum nachfragen, *warum* A um diesen Gefallen bittet. Denn sie teilen kulturelle Codes, die hinter ihren unausgesprochenen wechselseitigen Erwartungen stehen. Dennoch trifft zu, dass A B zu etwas bewegt, was dieser andernfalls nicht getan hätte. Oder, wenden wir uns dem Fall des Überzeugens zu: A fragt B, ob sie nicht etwas gemeinsam tun könnten, und obwohl B zunächst ablehnt, gelingt es A, B durch ehrliche und vernünftige Argumente zu überzeugen, dass dieser mitmacht. Wieder bringt A B dazu, etwas zu tun, was er andernfalls nicht getan hätte, doch dabei kommt es darauf an, ob B einwilligt, obwohl er nach wie vor nicht mit dem, was A von ihm will, übereinstimmt, oder ob er seine Ablehnung durch ehrliche Überzeugung aufgegeben hat. In diesem Fall könnte man sogar behaupten, dass B As *Argumente* unabhängig akzeptiert hat – somit wären diese Argumente an sich der Grund dafür, dass B das tut, was A wünscht (vgl. Stephen Lukes).

Obwohl also Macht-mit eindeutig nicht dasselbe ist wie Macht-über, kann sie doch auch ungleich und/oder missbräuchlich ausgeübt werden – und hier setzt unsere Diskussion an. Anarchistische Debatten zum Thema Macht befassen sich ganz überwiegend mit der Macht-über. Anarchistinnen und Anarchisten analysieren den Missbrauch oder die Ausübung von Macht durch Regierungen und Unternehmen sowie ungleich verteilte Macht entlang den Kategorien von Klasse, Rasse oder Geschlecht. Anarchistische Vorstellungen von gesellschaftlicher Veränderung gehen alle von der Grundannahme aus, dass die Gesellschaft »ohne Machtübernahme« verändert werden kann und sollte – ohne dass wieder ein Apparat aufgebaut wird, der Macht-über ausüben und andere gesellschaftliche Beziehungen von oben aufzwingen würde. Doch die Probleme, mit denen Anarchistinnen und Anarchisten in ihren *eigenen* Gruppen und Netzwerken konfrontiert sind, haben viel mehr mit Macht-zu und Macht-mit zu tun als mit Macht-über. Die obige kurze Darstellung verschiedener Arten von Macht hilft, sich einen Überblick über dieses Problemfeld zu verschaffen und die Diskussion zu strukturieren.

Ich möchte zwei Problembereiche um das Thema Macht in horizontal strukturierten Gruppen unterscheiden. Obwohl diese beiden Bereiche sich häufig überschneiden und einander ergänzen, sollten sie doch, ehe man sie wieder zusammen betrachtet, zunächst auseinandergehalten werden, zumal sie unterschiedliche Hintergründe haben. Auf der einen Seite geht es um die ungleiche Verteilung von Macht-zu unter Aktivistinnen und Aktivisten, die wiederum zu einem unterschiedlichen Zugang zur Macht-mit führt. Dieses Phänomen könnte man als den »statischen« Aspekt der Macht bezeichnen. Es ist relativ einfach zu diskutieren, indem man die Gründe für diese Ungleichheit aufdecken und über Instrumente nachdenken kann, wie sie zu überwinden wäre. Auf der anderen Seite geht es um die Mechanismen der Macht-mit oder den »dynamischen« Aspekt der Macht, wenn sie ausgeübt wird. Das ist ein sehr viel schwieriger zu entwirrendes Problem, und um es zu untersuchen, werde ich die grundlegenden Kennzeichen der Macht ausloten, die sich unter Anarchistinnen und Anarchisten entfaltet, und die anarchistische Bewegung als Schauplatz der Macht analysieren.

Ungleichheit bezüglich der Grundfähigkeit zur Teilnahme ist ein Problem, unabhängig davon, wie diese Partizipation stattfindet oder aufgrund welchen Prozederes kollektive Entscheidungen getroffen werden. Umgekehrt kann auch ein gleich verteilter Einfluss missbraucht werden oder missbräuchlich geschehen. Zunächst betrachte ich das Problem bestehender oder »statischer« Ungleichheit.

Gleichheit und »Politische Ressourcen«

Die folgende Aussage von Murray Bookchin in *The communalis Project* ist ein guter Beleg dafür, wie unerfreulich die Debatte um die Macht werden kann: »Viele Personen in den frühen Gruppen wie der CNT waren nicht nur ›einflussreiche Kämpfer‹, sie waren regelrechte Führer, deren Sicht der Dinge – zu Recht! – mehr Beachtung fand als die anderer, denn sie gründete auf mehr Erfahrung, Wissen und Weisheit, und diese Leute besaßen außerdem die persönlichen Eigenschaften, die erforderlich sind, um andere zu leiten. Eine ernsthafte libertäre Überlegung zum Thema Führung müsste in der Tat anerkennen, dass Führer eine Realität sind und darüber hinaus von entscheidender Bedeutung – was es um so dringender erforderlich macht, die formalen Strukturen und *Regeln* einzuführen, die geeignet sind, Führer zu *kontrollieren* und ihr Handeln zu *modifizieren* sowie sie abzuberufen.«

Was hier vollkommen ausgeblendet wird, ist die Frage der Gleichheit. Es ist *eine* Sache zuzugestehen, dass Führung etwas Nützliches ist, und eine *andere* zu fragen, *wer wann* führt. Bookchins Aussage beschränkt die Problematik der Führung auf den möglichen Missbrauch von Führungspositionen und ihre Verfestigung zu einer Macht, die niemandem mehr Rechenschaft schuldig ist. Aber das geht völlig über die Frage hinweg, ob diese Positionen über lange Zeit mit denselben Personen besetzt sind oder nicht. Man kann aber durchaus Zweifel anmelden, ob eine »ernsthafte libertäre Überlegung« sich zurücklehnen und mit einer solchen Forderung nach einer Meritokratie zufrieden geben kann, die nichts anderes bedeutet als dass wer sich einmal bewährt, auch das Sagen hat und behält. Das blendet nicht nur die Frage der Gleichberechtigung aus, es lässt auch die ganze Bandbreite von Werten außer Acht, die Anarchistinnen und Anarchisten in ihren Gruppen verwirklichen oder anstreben, und die nicht instrumentell oder sekundär sind. Aber gerade dadurch sind diese Gruppen Orte, die die Entfaltung von Menschen fördern und sie stärken und ihnen eine selbstgeschaffene Umgebung bieten, in der Entfremdung und eingefleischte Unterdrückungsstrukturen überwunden werden können.

Ein Fortschritt hin zu mehr Gleichheit erfordert sicher irgendeine Art der Umverteilung. Aber es ist unmöglich, Macht einfach umzuverteilen. Macht kommt von irgendwo her, und an der *Quelle* muss sie umverteilt werden. Deshalb brauchen wir genauere Vorstellungen von den Quellen der Macht in sozialen Bewegungen und von ihrer »Währung« in materieller und gesellschaftlicher Form. Was schafft innerhalb von Bewegungen, die gesellschaftliche Veränderung anstreben, die Fähigkeit, andere zu beeinflussen? Und in welchem Maße kann manches davon (untereinander) angeglichen werden?

Jonathan Purkis hat in seiner Ethnografie der Teilnehmenden der *Earth First!*-Gruppe in Manchester ungleichen Einfluss als Ergebnis von Ungleichheiten des »kulturellen Kapitals« interpretiert und auf Bourdieu zurückgegriffen, wenn er es umschreibt als »die Gesamtheit von erworbenem Wissen, von Kenntnissen und ästhetischem Urteilsvermögen, die es Gruppen oder Einzelnen ermöglichen, sich als bedeutsame gesellschaftliche Kraft hervorzubringen«.

Ein Beispiel hierzu: »Obwohl Phil sich selber als ›Koordinator‹ von *Manchester Earth First!* bezeichnete, war kaum zu übersehen, dass er von anderen politischen Gruppen in Manchester als Führer wahrgenommen wurde. Das schien durch das kulturelle Kapital, über das er verfügte, verstärkt zu werden: ein Fax und elektronische Möglichkeiten bei sich zu Hause,

Freundschaften zu mehreren Gründungsmitgliedern von *UK Earth First!* und eine Anstellung bei einer ›sympathisierenden‹ Organisation. Seine gefestigte Stellung in Manchester brachte es mit sich, dass er, unabhängig von dem, was andere Aktivistinnen und Aktivisten taten, immer ein bisschen weiter war.«

Der Soziologe Mario Diani erklärt, dass sich Führungsrollen in sozialen Bewegungen häufig aus der Verortung von »gewissen Akteuren im Mittelpunkt des Austauschs praktischer und symbolischer Ressourcen« ergäben wie beispielsweise ihrer Möglichkeit und »Fähigkeit, Bündnisse zwischen Organisatorinnen und Organisatoren von Bewegungen zu fördern«. Kurz gesagt, gewisse *politische Ressourcen* sind erforderlich, um im Rahmen anarchistischer Aktivitäten Einfluss zu nehmen. Sie im einzelnen aufzuzeigen, kann uns dabei helfen zu verstehen, wie Einfluss gewonnen wird und innerhalb nominell horizontal strukturierter Gruppen verteilt ist. In Seminaren mit Aktivistinnen und Aktivisten, die ich organisiert habe, ergaben sich immer wieder dieselben Vorstellungen von dem, was »politische Ressourcen« ausmacht: Geld wurde genannt, Platz, Öffentlichkeit, Zeit, Engagement, Spezialkenntnisse, Zugang zu Netzwerken, Status innerhalb der Bewegung etc. Um unsere Überlegungen im Zusammenhang mit diesen Ressourcen zu strukturieren, möchte ich eine Unterscheidung einführen, die hier wichtig ist: die zwischen Nullsummen und Nicht-Nullsummen-Ressourcen. Eine Nullsummen-Ressource ist eine, deren Besitz, Gebrauch oder Verbrauch seitens einer Person es verhindert, ausschließt oder einschränkt, dass eine andere Person dasselbe tut. Ein Bus ist eine Nullsummen-Ressource, da er zu einem bestimmten Zeitpunkt nur einmal an einen bestimmten Ort gefahren werden kann. Mit Geld verhält es sich ähnlich: Wenn ich es für die Sache x ausgebe, kann niemand mehr die Sache y damit kaufen. Ein Können hingegen oder eine Information sind Nicht-Nullsummen-Ressourcen. Ich kann dir Kenntnisse weitergeben, die ich habe, ohne dass sich deshalb meine Kenntnisse verringern, und ich kann dir Informationen geben, ohne dass sie mir deshalb verloren gehen würden. Solche Ressourcen sind Nicht-Nullsummen-Ressourcen, weil wir sie in ihrem Transfer zugleich kopieren. So kann auch die Informationsverbreitung oder -veröffentlichung in dem Maß eine Nicht-Nullsummen-Ressource sein, wie die Information elektronisch zur Verfügung steht (obwohl hier andere Null-Summen-Ressourcen eine Rolle spielen: Computer, Drucker). Auch unwägbare Ressourcen wie Zeit und Engagement sind Teil dieser Logik. Zeit ist eine Nullsummen-Ressource – ich kann meine Zeit nicht simultan einer beliebigen Anzahl von Aktivitäten widmen, und ich kann dir nicht mehr Zeit zur Verfügung stellen, als du hast. Daher bedeutet die Tatsache, dass Menschen unterschiedliche *einschränkende Faktoren* bezüglich ihrer Zeit zu berücksichtigen haben, dass diese Ressource fast immer ungleich verteilt ist. Und schließlich gibt es auch noch Ressourcen wie Engagement, Energie, Vertrauen, Artikulationsfähigkeit und Charisma. All dies sind Persönlichkeitsmerkmale, die durch individuelle Umstände geformt wurden: das Alter, die Biografie, Erfahrungen etc. Diese Ressourcen verbrauchen oder verringern sich durch ihre Anwendung zwar nicht, aber sie sind doch – verglichen mit Kenntnissen oder dem Zugang zu Netzwerken – *schwer bis unmöglich zu kopieren oder weiterzugeben*.

Bei dem skizzierten Modell handelt es sich selbstverständlich nur um eine der möglichen Formen einer Unterscheidung der politischen Ressourcen. Es gibt durchaus noch andere Ressourcen, die jemandem innerhalb von Aktivistengruppen zu Einfluss verhelfen, und andere Unterteilungen sind ebenfalls denkbar. Doch die obige Aufstellung erleichtert es, sich darüber klar zu werden, wie der Zugang zu Macht in nichthierarchischen Gruppen unter den Beteiligten angeglichen werden kann. Eine solche Angleichung würde bedeuten, dass jede und jeder ungehindert die Ressourcen bekäme, die nötig sind, um die Initiative zu ergreifen, wirksam zu sein und sich geschätzt zu fühlen – sowie auch in dem, was jemand tut, anerkannt und unterstützt zu werden. In seiner *Food Not Bombs*-Gruppe, schreibt Chris Crass, hätten sie angefangen, »Führungspositionen innerhalb der Gruppe zu identifizieren, offen über das Thema Macht zu diskutieren und über Strategien nachzudenken, wie wir sie teilen könnten … wir sahen in der Einführung verschiedener Stufen von Verantwortlichkeit Schritte, um die Leute zu unterstützten: Das half ihnen, ganz konkrete Dinge zu erledigen, sich zunehmend einzubringen, ein Gefühl für ihre Möglichkeiten, Kenntnisse und Fertigkeiten zu entwickeln, die sie für die jeweiligen Aufgaben benötigten. … Dabei geht es auch um Ermutigung. Man muss sich klarmachen, dass viele unter großer Unsicherheit leiden, ob sie auch ›gut genug‹ sind, genug Erfahrung oder etwas Sinnvolles zu sagen haben. Sie bezweifeln, dass irgendjemand sie für ausreichend befähigt hält.«

Welche ganz konkreten Instrumente zur Umverteilung jeder einzelnen Ressource gibt es? Fangen wir mit den Nullsummen-Ressourcen an. Hier kommen zwei grundlegende Formen der Umverteilung in Frage: miteinander teilen und vergesellschaften. Die Teilenden überlassen das zu Teilende zur freien Verfügung. Wenn ich einen Bus habe, kann ich ihn dir zur freien Verfügung überlassen, wobei wir übereinkommen oder auch nicht, wozu du das Fahrzeug verwenden wirst. Ich kann eine Nullsummen-Ressource ebenso auch permanent mit einer Person oder einer Gruppe teilen. In dem Fall kommen wir überein, dass der Bus, der ursprünglich mir allein zur Verfügung stand, jetzt auch zum Gegenstand von Entscheidungen anderer wird. Was Geld betrifft, da sind mir mehrere Fälle von Anarchistinnen und Anarchisten bekannt, die ein oder zwei Millionen erbten und mit dem Geld eine Art Stiftung gründeten, die Projekte, Aktionen oder Sozialzentren finanziert.

Eine weitere Form der Umverteilung ist die Vergesellschaftung, bei der das, worüber mehrere Leute individuell verfügten, nunmehr der Gruppe, die aus denselben Menschen besteht, zur Verfügung steht. Über den Gebrauch der jetzt gemeinsamen Ressource wird kollektiv entschieden, während zuvor deren unterschiedliche Bestandteile der freien Verfügung Einzelner unterlagen. Auch hier ist Geld das naheliegendste Beispiel. Mehrere Gruppen können getrennt Spenden sammeln oder auf andere Weise Geld aufbringen und es anschließend für ein gemeinsames Projekt zusammenlegen. Oder wenn fünf von uns Einkünfte haben, können wir zusammen in eine WG ziehen und unser Geld (weitgehend) miteinander teilen. Genauso funktioniert es mit Räumlichkeiten: persönlicher Raum kann geteilt werden, und kollektiver Raum kann geschaffen werden. Wenn an einem bestimmten Ort der einzige Raum für Treffen, das Fertigen von Transparenten u.ä. ein relativ großes Haus ist, in dem eine Aktivisten-WG wohnt, dann bedeutet das, die Bewohner dieser WG haben unverhältnismäßig viel Zugang zu diesen Räumlichkeiten, was es mit sich bringt, dass auch ihr Einfluss in der Bewegung (möglicherweise) unverhältnismäßig groß ist. Eine Möglichkeit, dem entgegenzuwirken, könnte sein, dass sie sich ein kleineres Haus zum Wohnen mieten und das gesparte Geld verwenden, um ein Sozialzentrum einzurichten.

Bei den Nicht-Nullsummen-Ressourcen sieht es mit der Umverteilung etwas anders aus, denn es bedeutet ja, dass die Ressource (eine Fertigkeit, ein Kontakt, eine Datei oder ein grafischer Entwurf) regelrecht von einer Person auf die andere übertragen wird. Der Zugang zu Netzwerken ist eine zentrale aktivistische Ressource, die auf diese Weise »umverteilt« werden kann. Örtliche aktivistische Milieus sind meistens recht gut vernetzt. Die Umverteilung dieser Art Ressource erweist sich also vor allem im Zusammenhang mit großräumigen Aktivitäten als bedeutsam, so wenn es um gleichzeitig stattfindende, inhaltlich zusammenhängende direkte Aktionen an verschiedenen Orten oder um längerfristige Kampagnen geht. Oft aber ist der Zugang zu Netzwerken auch in der tagtäglichen Arbeit entscheidend. Wegen der weitestgehend dezentralen Strukturen aktivistischer Bewegungen hängt die Fähigkeit, Aktionen zu initiieren und durchzuführen, stark von der Fähigkeit ab, mit Personen außerhalb des eigenen Umfelds zu kommunizieren. So kann die Frage des Zugangs zu Netzwerken auch in Begriffen der Quantität und Qualität der Kommunikation betrachtet werden, die jemand mit anderen Aktivistinnen und Aktivisten, insbesondere außerhalb ihrer oder seiner lokalen Umgebung, pflegt.

Zwischen den Gruppen als solchen bestehen keine Kommunikationsverbindungen. Es sind Einzelne innerhalb der Gruppen, die mit anderen aus anderen Gruppen im Gespräch sind, manche mehr als andere. In seiner Ethnografie aktivistischer Netzwerke in Barcelona macht Jeff Juris als wichtigste Knotenpunkte im Netzwerk zum einen »Vermittler« aus, die Informationen innerhalb eines speziellen Netzwerks verarbeiten und verteilen; zum anderen »Schaltstellen«, die innerhalb vielfältiger Netzwerke Schlüsselpositionen einnehmen und Kommunikationsflüsse zwischen verschiedenen Bereichen der Bewegung kanalisieren können. Dabei handelt es sich um wichtige Machtpositionen, die es den Betreffenden ermöglichen, den Fluss, die Richtung und die Intensität von Netzwerkaktivitäten entscheidend zu beeinflussen. Die Verbreitung von Fähigkeiten im Bereich des Netzwerkens kann wesentlich dazu beitragen, den Zugang zu Einflussmöglichkeiten unter Aktivistinnen und Aktivisten anzugleichen. Die Verbundenheit einer Person mit anderen aus unterschiedlichen Gruppen und von verschiedenen Orten wird erheblich durch die Wahrnehmung von und den Zugang zu Kommunikationstreffen verbessert. Das können regionale oder internationale Zusammenkünfte sein, E-Mail-Listen und Internet-Foren. Darüber hinaus ist auch eine Kenntnis der Architektur der relevanten Netzwerke (Wer arbeitet mit wem? Wer arbeitet woran?) eine Ressource, die weitergegeben werden kann. Außerdem entscheidet sich die Qualität von Netzwerkeinbindungen in hohem Maße durch persönliche Nähe, genaue gegenseitige Bekanntschaft und Vertrauen. Diese Qualitäten können beispielsweise dadurch verbreitet werden, dass sich Aktivisten, die sich gegenseitig trauen, mit ebenfalls vertrauenswürdigen Freunden bekannt machen.

All das mag einigermaßen selbstverständlich, wenn nicht sogar trivial erscheinen, doch wenn wir uns der letzten Gruppe von Ressourcen zuwenden, wird deutlich, dass hier die eigentlichen Probleme liegen. Wir haben es mit Ressourcen zu tun, die zum einen keine Nullsummen-Ressourcen, zum anderen aber auch schwer zu übertragen oder weiterzugeben sind. Manche, wie beispielsweise das Engagement für eine Sache oder die Energie, die jemand hat, sind nicht einmal Konstanten bei einem Menschen und unterliegen einem komplexen Geflecht von Faktoren. Das Maß an Engagement ändert sich mit veränderten Prioritäten, Erfahrungen und Umständen, und die Energie, die man aufwenden kann, hängt häufig von der Gesundheit, der Disposition und der Stimmung ab. Doch am schwierigsten ist es, die Ressourcen genau zu bestimmen und mit ihnen umzugehen, die mit persönlichen Eigenschaften wie der Art sich mitzuteilen, dem Selbstbewusstsein, starken Überzeugungen und sogar der äußeren Erscheinung zusammenhängen. Sie alle haben ganz sicher ihren Anteil an der Fähigkeit einer Person, auf andere zu wirken. Das gilt besonders in den intimen Zusammenhängen freundschaftlicher Netzwerke und flüchtiger Bezugsgruppen. Obwohl solche Qualitäten gelegentlich erworben oder bewusst entwickelt werden können, ist die Übertragung von einer Person auf die andere etwas ganz anderes. Es ist schwer vorstellbar, wie sich Anarchistinnen und Anarchisten gegenseitig Workshops über »Charisma Coaching« anbieten oder Seminare organisieren, in denen es um die Weitergabe von Fähigkeiten im öffentlichen Auftreten, persönlicher Ausstrahlung und Pep gehen würde. Ungut an diesen Vorstellungen ist, dass sie sich an die Förderung solcher Qualitäten annähern würden, wie sie in der Geschäftswelt und der offiziellen Politik betrieben wird, wo Macht-mit ganz selbstverständlich mit Macht-über einhergeht.

So scheinen wir uns hier in einer Sackgasse zu befinden. Während viel dafür getan werden kann, sowohl materielle als auch immaterielle Ressourcen umzuverteilen, scheint es bei anderen kaum möglich, Gleichheit zu erreichen. Doch falls sie nicht weitergegeben werden können, lässt sich dann wenigstens das Maß, in dem diese Eigenschaften dazu beitragen, Macht zu generieren, *vermindern*? Warum eigentlich, könnte man sich auch fragen, genießen solche Eigenschaften überhaupt den Status politischer Ressourcen? Gewiss haben diese Eigenschaften bezüglich des Einflusses, den sie einer Person geben, in unterschiedlichen Kontexten, seien sie hierarchisch oder nichthierarchisch, formell oder informell organisiert, unterschiedliches Gewicht.

Das führt uns direkt zum zweiten Thema, dem »Wie« der Macht. Artikulationsfähigkeit, Selbstbewusstsein, Charisma sind nicht nur als persönliche Eigenschaften etwas Besonderes, sie sind es auch, weil sie sehr viel mit Dynamiken der Macht zu tun haben – mit ihrer tatsächlichen Ausübung in der menschlichen Interaktion. Diese Eigenschaften fallen ins Gewicht, wenn es darum geht, die Initiative zu ergreifen, Vertrauen zu gewinnen oder andere zu überzeugen – kurz, am Spiel in der anarchistischen Arena der Macht teilzunehmen. In anarchistischen Netzwerken, wie überall sonst, hängt viel davon ab, wen du kennst. Anarchistische Aktivitäten entfalten sich großenteils in einer diffusen und informellen Weise, werden von Gruppen organisiert, die sich in geschlossenen Treffen zusammenfinden. Dass unsichtbare Macht hinter den Kulissen anarchistischer Netzwerke wirksam sein mag, ist seit Jahren Grund zur Sorge. In diesem Zusammenhang stellen sich ernsthafte Fragen nach Beteiligung und Verantwortlichkeit innerhalb eines dezentralisierten Netzwerks – ein Testfall für eine vorwegnehmende Politik.

Welche Tyrannei?

Der argentinische Aktivist und Theoretiker Ezequiel Adamovsky hat als Teilnehmender die Bewegung autonomer Nachbarschaftsversammlungen beobachtet, die im Anschluss an die Wirtschaftskrise von 2001 in seinem Land entstanden. Im Jahr 2005 berichtet Adamovsky, dass die Teilnahme an den Versammlungen inzwischen stark zurückgegangen ist, und dass sie nur in einem sehr engen lokalen Rahmen vernetzt sind (Interview mit Mara Kaufman). Einer der Gründe dafür liegt laut Mara Kaufman darin, dass das Prinzip der horizontalen Organisationsstruktur, die bei der Entstehung der Versammlungen typisch war, so sehr auf der Ablehnung von Machtstrukturen und einer hierarchischen Arbeitsteilung bestand, dass keine Grundlage für eine stabile Koordination bestand. Dieser Mangel führte zu einem Zerfall etlicher autonomer Initiativen, und Aktivistinnen und Aktivisten wandten sich wieder »alten Gewissheiten« wie dem Aufbau einer Arbeiterpartei zu. Andere isolierten sich in kleinen familiären Zirkeln, ohne sich mit den Kämpfen der Gesellschaft insgesamt verbinden zu können.

Mara Kaufman sieht einen Zusammenhang zwischen dem Zusammenbruch der *assambleas* und dem Fehlen »einer transparenten Aufgabenteilung und klarer demokratischer Methoden der Entscheidungsfindung«: »Die Furcht vor der Delegierung von Verantwortung wird zu einer Art privilegierter Freiwilligkeit: Wer die Verbindungen und die Zeit hat – beides Privilegien –, etwas erledigen zu können, tut es. Aus der beabsichtigten Vermeidung hierarchischer Führungsstrukturen wird eine offene Ablehnung der Macht, die jedoch eine namenlose und unsichtbare Machtstruktur begünstigt, innerhalb derer Charisma oder Beziehungen zu entscheidenden Faktoren für die Entstehung von Führung werden. In der Bewegungspolitik wird der unstrukturierte ›Freiraum‹ zu einem undurchsichtigen Ersatz für demokratische Prozesse.«

Wie das Schlagwort »Lifestyle Anarchismus«, so verfolgt auch das Schreckgespenst »Tyrannei der Strukturlosigkeit« die anarchistische Bewegung. *Die Tyrannei der Strukturlosigkeit* ist ein Essay, den die Soziologin Jo Freeman 1970 unter dem Pseudonym Joreen verfasst hat. Darin argumentiert sie, dass die Frauenbewegung in eine Sackgasse geraten sei, weil sie das Fehlen formaler Strukturen und Verantwortlichkeiten zum unhinterfragten Dogma erhoben habe. Diese Fixierung auf »Strukturlosigkeit« begünstige jedoch die Entstehung und Aufrechterhaltung *in*formeller hierarchischer Strukturen. Das Vakuum, das die fehlenden formalen Kommunikationsstrukturen mit sich brächten, werde durch die bestehenden freundschaftlichen Netzwerke einiger der Beteiligten gefüllt. So entstehe eine Elite von Befreundeten – eine Führungsklasse, die eine In-Group darstelle, während diejenigen, die nicht dazu gehören, außen vor blieben. Um ihren Status zu erhalten, schafften sich In-Groups Kriterien, an denen sie Menschen, die der größeren Gruppe angehörten, messen und deren Partizipation sie auf gewisse Rollen und Kanäle einschränken. Das Fehlen einer formalen Struktur »wird zur Vernebelung, hinter der die Starken oder vom Glück Begünstigten unhinterfragte Hegemonie über andere etablieren ... Die Regeln der Entscheidungsfindung sind nur wenigen bekannt, und die Wahrnehmung des Wirkens von Macht wird, solange die Gruppenstrukturen informell sind, durch die verschleiert, die die Regeln kennen. Diejenigen, die sie nicht kennen und nicht erwählt sind, eingeweiht zu werden, sind zwangsläufig verwirrt oder leben unter dem paranoiden Eindruck, dass irgend etwas geschieht, das sie nicht ganz durchschauen.«

Freeman ist der Auffassung, dass eine Bewegung, die grundsätzlich Veränderung anstrebt, die beschriebene Problematik aber nicht offen diskutiert, sich nicht weiter entwickelt, sondern, den Blick nach innen gekehrt, in sterilen Ritualen gefangen und von Eliten beherrscht bleiben wird. Die Lösung, die sie vorschlägt, ist keineswegs anarchistisch inspiriert. Sie geht davon aus, dass Ungleichheiten als unvermeidlich hinzunehmen sind. Gruppenstrukturen sollten so formalisiert werden, dass die Hierarchien, die sie bilden, demokratisch konstituiert sind. Da sie annimmt, eine Elite werde kaum bereit sein, auf ihre Macht zu verzichten, auch wenn sie herausgefordert würde, »bleibt als einzige Alternative die, der Gruppe eine formalisierte Struktur zu geben, die dafür sorgt, dass die ursprüngliche Macht institutionalisiert wird. ... Wenn die informellen Eliten gut strukturiert sind und in der Vergangenheit relativ viel Macht ausgeübt haben, wird dies zu bewerkstelligen sein.« Im Anschluss daran sollen demokratische Strukturen eingeführt werden. Positionen, die mit Autorität ausgestattet sind und Entscheidungsgewalt haben, werden nunmehr durch Wahlen besetzt, wobei darauf geachtet wird, dass diese Positionen unter Vielen verteilt werden, dass das Rotationsprinzip eingeführt wird und die Verantwortlichkeit gegenüber der Gruppe klar geregelt ist. Informationen werden breit gestreut und häufig gegeben, und jede und jeder hat gleichen Zugang zu den Mitteln und den finanziellen Ressourcen der Gruppe. Damit wird schließlich »die Gruppe derer, die Autoritätspositionen (sic) innehaben, vielfältig, flexibel, offen und in ihrer jeweiligen Zusammensetzung zeitlich begrenzt sein«.

Manche Anarchistinnen und Anarchisten beziehen sich auf *Die Tyrannei der Strukturlosigkeit,* um zu begründen, warum sie formale Organisationsstrukturen von oben nach unten funktionierenden Verbände den diffusen Netzwerken vorziehen, wie z.B. die *Class War Federation*) Viele andere haben bestenfalls eine ambivalente Einstellung gegenüber Freemans Analyse und Vorschlägen. In einer gezielten Zurückweisung unterstreicht die Anarcho-Feministin Cathy Levine, dass die formale Festschreibung von Eliten ein inakzeptables Zugeständnis an die verknöcherten Muster der traditionellen Linken mit ihrem patriarchalischen Weltbild sei. Levine lehnt »einfache Antworten, vorfabrizierte Alternativen« und eine Theorie rundweg ab, die »keinen Raum dafür lässt, dass wir unser eigenes Leben gestalten«, und unterstreicht die Unabdingbarkeit eines radikalen Milieus, in dem die Beteiligten geachtet werden und das ihnen großzügige, umfassende Unterstützung und Förderung bietet. Die groben Mechanismen formaler Strukturen seien da nicht angebracht. Jason McQuinn geht so weit zu behaupten, dass die von Freeman angesprochenen Probleme genau so, wenn nicht in schlimmerer Form in formell strukturierten Organisationen anzutreffen seien: »Es ist sehr viel üblicher (wahrscheinlich, weil es verdammt viel einfacher ist), dass die ›Starken oder vom Glück Begünstigten unhinterfragte Hegemonie über andere‹ etablieren, indem sie formale Organisationen gründen oder übernehmen. Warum sollen sie sich schließlich mit einer aufwändigen ›Vernebelungsstrategie‹ herumschlagen, um eine wacklige Hegemonie über eine kleine, informelle Gruppe zu verbergen, wenn es viel einfacher ist, sich innerhalb von formalen Organisationen in Rollen hineinzumanövrieren, in denen man tatsächlich Macht hat.«

Einmal abgesehen davon, dass Freemans Vorschläge den anarchistischen Prioritäten widersprechen, besteht das offenkundigste Problem darin, dass ihre Einführung kaum praktikabel wäre. Denn formale Strukturen zu fordern läuft darauf hinaus, von der Bewegung eine vollkommene Veränderung ihrer politischen Kultur zu verlangen. Dies würde bedeuten, dass sie sich auf eine ihr zutiefst fremde Weise umformen müsste. Außerdem würden durchrationalisierte Strukturen an die Stelle des Fließens und der Flexibilität treten, die für die Bewegung kennzeichnend sind und den Vorteil haben, dass sie dadurch schnell reagieren und Verbindungen nutzen kann, was bei dezentralisierten netzwerkartigen Organisationsformen erforderlich ist. Es sieht also nicht danach aus, dass eine solche tiefgreifende Veränderung von einer Mehrheit akzeptiert würde. Das aber wäre auch nach den Vorstellungen von Freeman und Bookchin erforderlich, um sie einzuführen.

Im Übrigen, und das ist noch bedeutsamer, klärt Freemans Analyse die Problematik nicht wirklich. Menschen, die innerhalb einer Gruppe oder eines Netzwerks Einfluss genießen, sind nicht unbedingt miteinander befreundet. Es mag durchaus eine Gruppe von Personen als führend erkennbar sein, doch verbinden sie normalerweise ganz unterschiedliche Beziehungen: Manche sind eng und langjährig befreundet, andere organisieren gerne etwas miteinander, treffen sich aber nie privat, und wieder andere können sich vielleicht gar nicht leiden, arbeiten aber trotzdem zusammen. Auch innerhalb einer Führungsclique, in der alle miteinander befreundet sind, kann es Muster von Ausschluss und Vorherrschaft geben. Und schließlich setzen die langjährigen stabilen Eliten, die von Freeman und anderen behauptet werden, voraus, dass die Mitgliederzusammensetzung langfristig gleich bleibt und sich in den Beziehungen untereinander nichts ändert. Doch tatsächlich verhalten sich Freundeskreise selten so; vielmehr ändern sich Freundschaften, Freunde ziehen weg, zerstreiten sich, neue Freundschaften entstehen oder jemand zieht sich zurück. Wie soll eine in ihren Strukturen, in der Größe und in den Innenbeziehungen extrem veränderliche Gruppe die Rolle einer Elite spielen, die die größere Gruppe oder das Netzwerk systematisch koordiniert und manipuliert? Freemans Analyse mag teilweise und für manche Gruppen zutreffen, doch die Darstellung der Freundesclique/Elite als *das* entscheidende Phänomen überzeugt nicht.

Ein weiteres Problem der These von der Tyrannei der Strukturlosigkeit liegt darin, dass sie allzu eng nur auf die Effizienz ausgerichtet ist. Die funktionalistische Herangehensweise – Emile Durkheims oder Talcot Parsons' beispielsweise – behandelt ihren Gegenstand als System und fragt lediglich, wie es funktioniert und wie es auf Veränderungen reagiert. Kriterium für die Einschätzung eines Systems ist sein erfolgreiches Funktionieren, d.h. ob es seinen Zweck erfüllt, egal, worin der besteht. In diesem Rahmen ist folgerichtig das einzige Problem, das Freeman und andere mit den von ihnen identifizierten Eliten in informellen Gruppen haben, dass diese die Effizienz der Bewegung behindern, denn die Zugehörigkeit zu einer solchen Elite sei nicht unbedingt an Kompetenz, Engagement, Talent oder den Beitrag zur Bewegung gebunden. Zweitens behindere sie das Aufkommen neuer, guter Ideen, weil man in erster Linie diejenigen verfolge, die in der eigenen Clique vorherrschten. Und schließlich fühlten sich solche Eliten nicht gegenüber der gesamten Gruppe verantwortlich. All das ist jedoch an keiner Stelle eine *grundsätzliche* Kritik an Eliten.

Legitim ist auf der anderen Seite die Sorge, die Jo Freeman, Mara Kaufman und Murray Bookchin umtreibt: Eine Form von Kontrolle und Sichtbarkeit von Einflussnahme innerhalb antiautoritärer Gruppen scheint unumgänglich. An Aktionen und Projekten teilzunehmen, die hinter deinem Rücken gelenkt werden, gibt dir das Gefühl, unmündig und unfähig zu sein. Sich in eine Situation versetzt zu sehen, die man nicht herbeigeführt hat, und die man nur unwesentlich beeinflussen kann, mag ja in der Armee, am Arbeitsplatz oder in der Schule normal sein – doch im Zusammenhang mit anarchistischer Organisierung geht es um die Ermächtigung des Individuums.

Ehe wir versuchen, unsichtbare Macht zu bewerten und zu beurteilen, sollten wir uns näher ansehen, wie Macht innerhalb der Bewegung fließt, wie sie erzeugt und verstärkt wird. Dafür wenden wir uns den besonderen »Spielregeln« zu, die innerhalb anarchistischer Bewegungen gelten und die von den in anderen öffentlichen Räumen geltenden abweichen. Wie genau wird Macht-mit in der Bewegung ausgeübt? Und welche Schlüsse können wir daraus über ihre Anwendung und ihren Missbrauch ziehen?

Dezentralisierung versus Verantwortlichkeit

Der Begriff der »Dezentralisierung« gilt in der anarchistischen Organisation als entscheidend. Doch was genau bedeutet dieses Prinzip in der Praxis?

Ein Blick darauf, wie in größeren Netzwerken Entscheidungsprozesse ablaufen, mag aufschlussreich sein. Bewusst oder unbewusst, so lässt sich feststellen, werden Entscheidungen auf Netzwerkebene in anarchistischen Zusammenhängen wenig geschätzt. Die Aktivitäten, die stattfinden, gehen ganz überwiegend von Bezugsgruppen, Arbeitsgruppen und einzelnen Netzwerkern aus. So wurde sich bei den zweimonatlichen Treffen des *Dissent!*-Anti-G8-Netzwerks in Großbritannien häufig auf das Prinzip der Dezentralisierung berufen, wenn man sich dagegen aussprach, Entscheidungen auf dem Plenum zu treffen. Oft sagte eine Teilnehmerin oder ein Teilnehmer, das Plenum solle nicht anfangen, die kleineren Gruppen im Einzelnen zu lenken, sondern ihnen zutrauen, dass sie ihre Pläne und Projekte selbstständig vorantrieben, solange sie sich dabei im Rahmen der allgemein akzeptierten Grundprinzipien bewegten. Manchmal kommt es sicher aus Erschöpfung zu solchen Appellen: Plenarsitzungen und die konsensorientierte Entscheidungsfindung in einer so großen Gruppe können sehr langatmig und ermüdend sein. Doch es geht nicht nur um eine Beschleunigung und Erleichterung, wenn Angelegenheiten wie der Transport von Material oder Aktivisten oder die Rechtshilfe an Arbeitsgruppen delegiert werden. Dabei geht es um Fragen, die das ganze Netzwerk betreffen. Mit solch einer Arbeitsgruppe entsteht *ein neuer Knotenpunkt von Macht-mit*. Das Plenum, ein *vorübergehendes Zentrum* kollektiver Macht-mit im Netzwerk, »sät« weitere »Zentren« aus. Dezentralisierung bedeutet also, die Zahl der (virtuellen oder realen) »Orte« oder Zusammenkünfte zu erhöhen, an denen Macht ausgeübt wird, und gleichzeitig die Konzentration von Macht zu vermeiden und/oder bereits existierende Konzentrationen/Zentren auf neue »Orte« zu verteilen, wodurch eine gleiche Beteiligung für immer mehr Aktivisten ermöglicht wird.

Allerdings – und das ist der entscheidende Punkt – findet die Machtübertragung an solche neuen Zentren ungeregelt und ohne Legitimierung statt. In der Praxis sieht das normalerweise so aus, dass sich bereits zum Zeitpunkt des Plenums einige Aktivisten, die die Zeit aufbringen und sich die Mühe machen wollen, eine bestimmte Angelegenheit voranzubringen, zu einer Arbeitsgruppe zusammengefunden haben, der sich weitere anschließen können. Die »Entscheidung« des Plenums für eine »Dezentralisierung« läuft im Grunde auf die Bekanntgabe einer bereits bestehenden Tatsache hinaus. Wenn der Zweck der Gruppe nicht befremdlich klingt oder umstrittene Personen teilnehmen, wird eine solche Bekanntgabe wahrscheinlich ohne Diskussion, allenfalls mit ein paar klärenden Nachfragen, durchgewinkt. Auch über die an der Arbeitsgruppe Beteiligten gibt es keine genaue Übersicht, da sich die Zusammensetzung jederzeit ändern kann. Problematisch daran ist, dass solche dezentralisierten Prozesse dem Prinzip der Rechenschaftspflicht kaum genügen.

Rechenschaftspflicht ist das Anliegen formaler Strukturen, die festlegen, dass Verantwortung eindeutig delegiert und die oder der Betreffende mit einem Mandat ausgestattet und beaufsichtigt wird – und dass ihr oder ihm dieses Mandat wieder entzogen werden kann; Einflussnahme in der Bewegung sollte so sichtbar wie nur möglich sein. Und tatsächlich nimmt ja das Prinzip, jemanden (eine Institution oder ein Unternehmen) zur Verantwortung zu ziehen, in den Diskursen und Aktivitäten der Bewegungen für gesellschaftliche Veränderungen einen zentralen Platz ein. Politiker müssen es sich gefallen lassen, für ihre Entscheidungen zur Verantwortung gezogen zu werden ebenso wie Unternehmen für ihre Vergehen (etwa *Dow Chemicals* für die von ihnen verschuldete Katastrophe in Bhopal). Für Anarchistinnen und Anarchisten, die für die Abschaffung von Unternehmen und Politikern sind, hat dieses Konzept weniger Bedeutung als für andere, doch auch für sie macht es in der Situation zumindest rhetorisch Sinn; denn sowohl gegenüber Unternehmen als auch gegenüber Politikern handelt es sich um eine Forderung an Mächtige seitens derjenigen, die deutlich weniger Macht haben. Doch Rechenschaftspflicht ist kein Prinzip, das Machtbeziehungen demokratischer gestalten würde. Meistens wirkt dieses Prinzip von oben nach unten – Arbeiter sind ihren Bossen gegenüber Rechenschaft schuldig, Soldaten ihren Kommandanten gegenüber etc. Unsere Vorstellungen von Rechenschaftspflicht (zwischen zwei Parteien) laufen darauf hinaus, dass ein bestimmtes Verhalten der einen Partei herbeigeführt werden soll, indem Forderungen gestellt werden, denen durch Sanktionen Nachdruck verliehen werden kann. Dies gilt, wenn jemand »von oben« zur Verantwortung gezogen wird und sich rechtfertigen muss (der Angestellte gegenüber dem Chef). Und es trifft auch zu, wenn Aktivisten und soziale Bewegungen »von unten« Politiker und Unternehmen zur Verantwortung ziehen. So kann A von B zur Verantwortung gezogen werden, wenn und nur wenn B die Möglichkeit hat, A mit Sanktionen zu belegen, falls er mit As Verhalten unzufrieden ist. Und da beginnt für uns das Problem, denn Sanktionen sind in einem dezentralen Kontext kaum anwendbar. In den Diskussionen von Anarchisten über Organisationsprozesse wird das Fehlen von Mitteln zur Durchsetzung ausgeklammert.

Der Begriff der »Durchsetzung«, wie ich ihn hier benutze, bezeichnet eine Sonderform des Zwangs. Dieser, wie weiter oben dargestellt, ist das Erlangen von Einwilligung durch die Androhung eines Entzugs/einer Vorenthaltung. Durchsetzung wiederum ist eine Form des Zwangs, der noch zwei weitere Kennzeichen aufweist. Zum einen handelt es sich um einen rationalisierten und institutionalisierten Zwang. Die Durchsetzung ist eine Form des Zwangs, der gemäß einer formalisierten

Vorgehensweise und gewissen Richtlinien ausgeübt wird. Dazu gehört, dass sowohl das Opfer wie auch der Täter wissen, welches Verhalten von ihnen erwartet wird. Gewöhnlich handelt es sich um einen Zwang, gegen den sich zu wehren die Gesellschaft für illegitim oder illegal hält. Zum anderen handelt es sich bei dieser Art Zwang um einen, bei dem die Drohung permanent aufrechterhalten bleibt. Die Mittel und die Vorgehensweise für die Durchsetzung stehen dem dafür Zuständigen permanent zur Verfügung.

Nebenbei möchte ich hier festhalten: Während Anarchisten die Durchsetzung klar ablehnen, müssen sie nicht unbedingt gegen jegliche Form von Zwang etwas einzuwenden haben. Wenn mich jemand angreift, sei es heute oder in einer »anarchistischen Gesellschaft«, werde ich ihn sicher zwingen (soweit ich dazu in der Lage bin), damit aufzuhören. Eine gesellschaftliche Veränderung wird wahrscheinlich auch Formen nichtdefensiven Zwangs erforderlich machen, beispielsweise gegenüber Besitzern. Selbst in den Jäger-und-Sammler- sowie in den frühen Ackerbau-Gesellschaften, an denen sich viele Anarchisten orientieren, wenn sie nach Vorbildern für nichthierarchische Formen des Zusammenlebens suchen, kommen »diffuse gesellschaftliche Sanktionen« zur Anwendung – meiden, marginalisieren, ausschließen –, deren Androhung oder Anwendung bis zu einem gewissen Grad ein soziales Verhalten erzwingt. Anarchisten selber verhalten sich so. Sie klatschen, weigern sich, mit gewissen Personen zusammen zu arbeiten, oder zeigen öffentlich ihr Misstrauen gegenüber jemandem – alles Formen »diffuser gesellschaftlicher Sanktionen«. Solche Sanktionen sind in dem Maße wirksam, wie es für die Betroffenen schmerzhaft ist, ihre Beziehungen innerhalb der Gruppe zu vergiften oder sie sogar zu verlassen. Der »Preis« mag für Anarchisten, die innerhalb einer Gruppe Gleichgesinnter Probleme bekommen, nicht sehr hoch sein, doch je nachdem, wie wichtig ihnen das Anliegen ist und wie weitgehend der Freundeskreis mit der Gruppe der Genossinnen und Genossen identisch ist, können die Sanktionen der geschilderten Art wirken.

Entscheidend ist jedoch nicht so sehr, dass diffuse gesellschaftliche Sanktionen wirksam sein mögen. Wichtiger ist, dass sie sich jedoch kaum als Grundlage für ein System der Durchsetzung eignen. Es fehlt ihnen die entsprechende Permanenz und Rationalisierung. Im Übrigen gibt es auch so gut wie keine anderen Sanktionen, die innerhalb einer netzwerkartigen sozialen Bewegung angewendet werden könnten. Schließlich haben Anarchisten weder eine Armee noch eine Polizei oder könnten einander auch nicht mit Wirtschaftssanktionen belegen.

Das Fehlen angemessener Sanktionen in anarchistischen Zusammenhängen lässt sie nicht nur nicht wünschenswert, sondern auch strukturell unmöglich erscheinen. Das ist wichtig; denn wo es sowieso keine Durchsetzung gibt, kann nur Anarchie sein. Die zwischenmenschlichen Beziehungen in aktivistischen Netzwerken werden beinahe unvermeidlich anarchistische sein, weil es in diesen Strukturen keine Durchsetzungsmechanismen geben kann.

Ich werfe nicht die Frage auf, ob dieses durchsetzungsfreie Modell in einer anarchistischen *Gesellschaft* funktionieren kann oder nicht und ob es auf alle Lebensbereiche anwendbar wäre (ich denke doch, und zwar unter der Voraussetzung, dass die Mobilität zwischen Gemeinschaften leicht möglich und somit der Preis einer Trennung niedrig wäre). Zweifellos jedoch sind Dezentralisierung und Autonomie nicht nur Werte der zeitgenössischen Bewegung, sondern auch schlichte Tatsachen. Sie sind es, weil durchstrukturierte, permanente Durchsetzung unmöglich ist. Das wiederum heißt, dass die Gesamtheit anarchistischer Aktivitäten auf die freiwillige Assoziation baut.

Haben wir den anarchistischen Prozess erst einmal in dieser Weise gedeutet, wird es auch möglich, sich von dem Fehler zu lösen, der das Denken über diesen Prozess am nachhaltigsten verwirrt: die Begrifflichkeit der Demokratie, mit der er beschrieben wird. Zwar bestehen wichtige Parallelen zwischen den Werten, die Aktivisten in ihrer kollektiven Praxis anwenden, und denen der radikaleren Demokratie-Theorien. Das betrifft insbesondere Konzeptionen von Partizipation, Beratung und Einbeziehung. Trotzdem bestehen zwischen den beiden Konzepten fundamentale Unterschiede. Der Demokratie-Diskurs geht ausnahmslos von der Prämisse aus, dass der politische Prozess letztendlich in kollektiv bindenden Beschlüssen resultiert. Dass diese Beschlüsse durchaus das Ergebnis einer freien und offenen Debatte aller Betroffenen sein können, ändert nichts daran, dass dabei ein alle bindendes Mandat herauskommt. Zu sagen, etwas sei bindend, macht keinen Sinn, wenn jede und jeder einzelne Beteiligte darüber entscheiden kann, ob es für sie oder ihn bindend ist. Bindend heißt auch durchsetzbar, und Durchsetzbarkeit ist eine wesentliche Voraussetzung der Demokratie. Doch das Ergebnis des anarchistischen politischen Prozesses ist grundsätzlich nicht durchsetzbar. Insofern ist er keineswegs »demokratisch«; denn bei der Demokratie geht es ja darum, dass die gleichberechtigte Teilnahme an der Entscheidung gerade die anschließende Durchsetzung der Beschlüsse rechtfertigt – oder die Pille, die geschluckt werden muss, versüßt. Demnach ist Anarchismus nicht die radikalste Form der Demokratie, sondern folgt einem grundsätzlich anderen Paradigma kollektiven Handelns.

Die Konfrontation mit der Unmöglichkeit der Durchsetzung verdeutlicht, dass im anarchistischen Organisierungsprozess der Status der »Entscheidung« unklar ist und als eine Angelegenheit von Beratschlagung und Abmachung gedacht werden kann. Beim konsensorientierten Entscheidungsprozess, der in anarchistischen Zusammenhängen weit verbreitet ist, handelt es sich nicht lediglich um ein vom Feminismus und den Quäkern übernommenes kulturelles Relikt. Er ist für alle dezentral organisierten Bewegungen die naheliegende und sinnvollste Option. Über die Mechanismen der konsensorientierten Entscheidungsfindung ist schon viel geschrieben worden, über ihren Unterschied zur Einstimmigkeit und über ihre Vorzüge, so die nicht kontrovers geführte, geduldige Diskussion, bei der jede Stimme oder alle Belange zu Wort kommen und ernst genommen werden. Dass »blocking« oder ein qualifiziertes Veto vorgesehen sind, wird als Ausdruck des Respekts vor dem Individuum gewertet, und der moderierte Diskussionsprozess wird immer wieder gelobt, weil er kreative Lösungen zur Überwindung von Differenzen bzw. die Koexistenz fördere, die trotz solcher Differenzen möglich ist. Und ein Weiteres ist anzumerken, es betrifft die wichtige *funktionale* Rolle des Konsenses für die Ermöglichung kollektiven Handelns unter den Bedingungen der Nicht-Durchsetzbarkeit. In Gruppen und Netzwerken, deren Zusammenschluss ganz auf Freiwilligkeit beruht, ist auch das Befolgen kollektiver Beschlüsse freiwillig. Konsens ist das einzig Sinnvolle, wenn Minderheiten weder verpflichtet noch durch Sanktionen unter Druck sind; denn der Konsens erhöht die *Wahrscheinlichkeit*, dass eine Entscheidung von denen, die sie getroffen haben, freiwillig umgesetzt wird.

Aus diesem Blickwinkel sehen wir auch die Funktion von Sprechern, Delegierten oder Repräsentanten in der anarchistischen Bewegung anders. Gehen wir davon aus, dass das, was Repräsentanten unter sich entscheiden, von denen, die sie repräsentieren, auch befolgt werden *muss*, dann werden wir selbstverständlich wissen wollen, wer diesen Repräsentanten ihr Mandat gegeben hat, worin es genau besteht und wie weit es reicht. Wir würden es vielleicht für eine gute Praxis halten, wenn Sprecherinnen und Sprecher bei dem Treffen eine erste Positionierung darlegen könnten, über die zuvor in ihrer Gruppe Konsens erzielt wurde, und wenn ihnen von ihrer Gruppe gewisse Richtlinien mitgegeben worden würden, wie weit etwa sie abweichen dürfen. Möglicherweise wären wir auch so streng zu erwarten, dass eine solche Entscheidung nur dann legitimiert wäre, wenn die lokalen Gruppen sie ratifizieren würden. Alle diese Maßnahmen würden in der Tat die Entscheidung demokratischer machen, indem sie das Grundproblem der durchgesetzten Entscheidung abfedern.

Anarchisten hingegen benehmen sich nicht wie besonders gute Demokraten, denn Delegierte zu Sprecherräten werden nur selten mit einem bestimmten Mandat ausgestattet, und gewählt werden sie auch nicht. Normalerweise fahren die zu einem Treffen, die gerade die Zeit und das Geld haben, und bei dem Treffen selber überprüft niemand, welche Gruppen überhaupt repräsentiert sind. Doch die Sprecherinnen und Sprecher haben auf der anderen Seite auch keine Handhabe, Entscheidungen umsetzen zu lassen – weshalb sie auch keine Legitimierung benötigen. Bestenfalls ist ein Sprecherrat eine Gelegenheit, die Köpfe zusammenzustecken und »Entscheidungen« herbeizuführen, von denen die Sprecher *annehmen*, dass die nicht Anwesenden sie aus freien Stücken umsetzen werden. Der Konsens, zu dem ein Sprecherrat gelangt, wird in dem Maße praktikabel sein, wie die Sprecherinnen und Sprecher für den Rest der Bewegung im wörtlichen Sinne »repräsentativ« sind, d.h. dass sie ähnlich denken wie sie, dieselben Themen ansprechen, die sie ansprechen würden, und sie in ihrem Sinne, im Sinne derer, die nicht anwesend sind, lösen werden. Der Konsens, der erzielt wird, ist einfach deshalb nützlich und umsetzbar, weil er nicht eine Entscheidung, sondern etwas erzielt hat, was letztendlich ein Vorschlag bleibt, wobei durch die Diskussion mit hoher Wahrscheinlichkeit sichergestellt ist, dass die Nichtanwesenden ihn akzeptieren, denn ihre Anliegen sind bei der Entwicklung des Vorschlags bereits berücksichtigt worden.

Diese Überlegungen lassen ernsthaft bezweifeln, ob Rechenschaftspflicht und Mandatierung in der anarchistischen Bewegung jemals die Norm werden können. Doch die Schwierigkeit sitzt noch tiefer. Sanktionen hin oder her, B kann A sicherlich nicht in irgendeiner sinnvollen Weise zur Verantwortung ziehen, *wenn er nichts über As Vorgehen weiß*. Worum es letztendlich hier geht, ist die *Unsichtbarkeit* von Einfluss in der anarchistischen Bewegung. Die Dilemmata, mit denen wir uns hier konfrontiert sehen, gehen darauf zurück, dass Anarchisten Macht-mit unsichtbar, im Hintergrund anwenden, und diejenigen, die davon betroffen sind, womöglich nie erfahren, wer die Dinge so, wie sie sie vorfinden, geprägt hat und auf welche Weise es dazu kam. Die Forderung nach formalen Strukturen läuft auf die Forderung nach Transparenz hinaus. Doch was, wenn Unsichtbarkeit unvermeidlich ist? Wichtiger noch: wenn sie sich als politisch *sinnvoll* erweist?

Plenum und Lagerfeuer

Zwei Probleme, die sich im Zusammenhang mit der Sichtbarkeit stellen, machen letztendlich alles Reden über formale Strukturen obsolet und zwingen uns, nach einem anderen Weg zu suchen, wie wir die Fragen nach der Ausübung von Macht-mit in anarchistischen Bewegungen beantworten können. Das erste Problem besteht darin, dass in manchen Fällen Sichtbarkeit *nicht möglich* ist, bei Aktionen nämlich, die unbedingt geheim geplant werden müssen, obwohl Menschen betroffen sein werden, die auf die Vorbereitung keinen Einfluss hatten. Das zweite Problem stellt sich insofern, als Anarchistinnen und Anarchisten unsichtbare Macht innerhalb der Bewegung durchaus *wertschätzen*.

Sehr oft kommt es vor, dass eine kleine Gruppe Aktivisten, jedenfalls zeitweise, sehr viel Einfluss oder Macht ausübt, wobei sie sich nicht den Diskussionen innerhalb der größeren Gruppe stellt, weil diese Einflussnahme geheim geschehen muss. Wenn illegale Aktionen geplant werden, können Anarchisten mit dem Ergebnis übereinstimmen oder auch nicht. Sie können aber von den Organisatorinnen und Organisatoren nicht erwarten, dass diese die Planung transparent machen. Die Aktivitäten von *Reclaim the Streets* (RTS) in seiner Hochzeit sind ein aufschlussreiches Beispiel. RTS, 1991 in zeitlicher Nähe zum Beginn der Bewegung gegen Straßen in London entstanden, war besonders in der Mitte der 1990er Jahre sichtbar und erfolgreich, als es riesige illegale Straßenpartys organisierte. RTS bündelte die Energien der kurz zuvor kriminalisierten Raver-Subkultur und überführte sie in eine Umweltbewegung, die besonders gegen Straßen und Autos mobil machte. Die RTS-Partys sorgten dafür, dass für den jeweiligen Tag weite Gebiete autofrei blieben und der Platz zum Feiern und zugleich für den Protest frei war – eine Kombination, die weiterhin in anarchistischen Massenaktivitäten aufgegriffen wird. Die Partys zogen Tausende an und verbanden mehrere Themen: die Zurückeroberung städtischer Räume aus den Klauen der Immobilienspekulanten; eine Kritik an der Priorität des Autos und am Klimawandel; und die Lust auf spontane, regellose »Situationen« oder in einer jüngeren Terminologie: »temporäre autonome Zonen«, die einen qualitativen Bruch mit der Normalität darstellen (vgl. Situationistische Internationale und Hakim Bey). Am 18. Juni 1999, dem »ersten globalen Aktionstag« gegen den Kapitalismus, befand sich das RTS-Projekt auf dem Höhepunkt. Der Aktionstag fiel zusammen mit dem G8-Gipfel in Köln, als Tausende tanzender Menschen in der City von London den Verkehr zum Erliegen brachten und in über vierzig Städten von Vancouver bis Tel Aviv ähnliche Aktionen stattfanden. John Jordan berichtet, dass »die Straße zur Bühne für ein partizipatorisches rituelles Theater wurde … ›partizipatorisch‹ insofern, als die Straßenparty keine Trennung zwischen Bühne und Publikum kennt, alle gemeinsam schaffen es für alle, es wird in der Unmittelbarkeit des Augenblicks von allen als subversive ›Kameradschaft‹ erlebt, die jeder im Auge des anderen gespiegelt sieht.« Wir wollen gerne annehmen, dass eine RTS-Party, wenn sie erst einmal stattfindet, eine »partizipatorische« Veranstaltung ist. Doch es ist höchst fraglich, ob das auch für die Vorbereitung zutrifft. Die Partys wurden schließlich einzig und allein von einer kleinen Gruppe von RTS-Aktivistinnen und -Aktivisten auf die Beine gestellt, die in einem Büro in einem Londoner Vorort alles bis ins kleinste Detail geplant hatten. Die Tausenden, die an den Partys teilnahmen, tauchten am festgelegten Treffpunkt auf und hatten keine Ahnung, was als Nächstes passierte. Jordan schildert ein solches Szenario: »Tausende ergießen sich aus der U-Bahn-Station Shepherd's Bush, niemand weiß, wohin sie wollen – das Mysteriöse und die Aufregung des Ganzen teilen sich unmittelbar mit. Der Verkehr auf Shepherd's Bush Green kommt zum Stillstand, weil der Menschenstrom immer breiter wird … weiter oben hat die Polizei bereits einen Kreisverkehr abgesperrt … Die Menge weiß, dies ist noch nicht der Platz: Wo ist die Anlage? Dann, wie durch das Wunder einer Art kollektiven Telepathie gesteuert, drehen sich alle um und verschwinden hinter einer Ecke; weiter geht's, eine gewundene Route durch Nebenstraßen, unter Eisenbahnbrücken hindurch, dann hoch, über eine Barriere hinweg, und mit einem Mal sind sie auf einer breiten Autobahn – und *hinter* den Polizeiketten … Die ekstatische Menge wogt dahin, wo der Laster mit der Anlage an der Seite geparkt ist. … Sie jubeln – wir haben eine Autobahn frei gemacht, wir sind viele, wir sind die Macht der Vielen!« (*Wir sind überall*)

Doch es war nicht das Wunder »kollektiver Telepathie«, das dies ermöglichte. Die ganze Zeit waren Aktivisten der RTS-Kerngruppe in der Menge verteilt und lenkten sie mittels einer ausgeklügelten Taktik, ohne dass die Tausenden Teilnehmenden vorher davon gewusst hätten. Die Vorstellung, dass eine Handvoll Aktivistinnen und Aktivisten auf eine Menge, die zwar willig war, einen solchen Einfluss haben konnte, fanden viele Anarchisten erschreckend. Diese Bedenken wurden auch bei anderen ähnlichen Ereignissen laut. (siehe z.B. *Anonymous3*, *Friends of Phil and Toby*, *Squirrellife*) Dabei ist es wichtig festzuhalten, dass niemand zu irgendetwas gezwungen war – du hättest nicht hinzugehen brauchen, und bleiben musstest du auch nicht. Warst du aber erst mal dabei, begabst du dich in eine Situation, in der sich dir kein Raum mehr bot, das, was um dich herum passierte, zu bestimmen. Angriffe durch die Polizei, Verletzungen und Verhaftungen waren bei diesen Ereignissen keine Seltenheit, und den Organisatoren, die diese Situation herbeigeführt hatten, wurde gelegentlich vorgeworfen, sie hätten sich wie unverantwortliche Kader verhalten. Doch hätten sie sich überhaupt anders verhalten können?

Eine erfolgreiche Straßenparty zu organisieren (oder auch eine Gipfelblockade) scheint per se mit Transparenz unvereinbar zu sein. Schon allein organisatorisch wäre eine Diskussion mit einer großen Zahl von Leuten im Vorfeld, die natürlich alle etwas zu sagen haben würden, ein großes Zeitproblem. Außerdem, und das ist das Offenkundige: Angesichts der polizeilichen Überwachung, die mit solchen Ereignissen einhergeht, und der möglichen Repression verbietet sich jeder öffentliche Diskussionsprozess in diesem Zusammenhang. Es sollte auch nicht übersehen werden, dass das RTS-Modell eines ist, bei dem Macht-mit geteilt wird, denn es ist leicht zu kopieren, und so soll es auch sein. In den frühen 2000er Jahren bildeten sich in vielen Städten überall auf der Welt RTS-Gruppen, die damit der Macht der ursprünglichen RTS-Gruppe nichts hinzufügten.

Indem RTS eine neue, inspirierende und sinnvolle Form der direkten Aktion entwickelte, hat diese kleine Gruppe sehr viele Menschen politisiert und dazu beigetragen, die antikapitalistische Bewegung zu einem globalen Phänomen zu machen. Das könnte die Schlussfolgerung nahelegen, dass Transparenz in manchen Situationen eingeschränkt werden muss, auch wenn sie grundsätzlich eingehalten werden sollte.

Auch dagegen gibt es einen schwerwiegenden Einwand. Stellen wir uns einen Augenblick lang eine Aktivistin vor, die erfahren und engagiert ist, viele Freundinnen und Freunde hat, und eine sehr liebevolle, zugewandte Person ist. Sie hat auch Energie und gute Aktionsideen. Sie gehört aber zu denen, gar nicht wenigen, die – vermutlich aufgrund ihrer Sozialisation – Hemmungen haben, in größeren Versammlungen das Wort zu ergreifen. Deshalb zieht sie es vor, ihre Ideen informell, im kleineren, vertrauten Kreis mitzuteilen – »am Lagerfeuer«. Sie weiß, dass sie etwas zu sagen hat und dass es auch von anderen Aktivisten, die sie kennen, so gesehen wird. Deshalb ist es ihr lieber, eine Idee im lokalen Anarchisten-Umfeld im Kreis »ums Lagerfeuer« zu äußern und zu sehen, ob und wie sie aufgegriffen wird. Das fällt ihr leichter, als dafür in einer großen Gruppe zu argumentieren. Weil sie tatsächlich gut durchdachte Ideen hat und man ihr vertraut, hat diese Aktivistin durchaus Macht oder Einfluss. Sie ist eine unsichtbare Führerin.

Die Art, wie sie Macht ausübt, ist alles andere als transparent. Doch es fällt Anarchisten, denen die Kritik am Patriarchat besonders wichtig ist, schwer, dieser Anarchistin den Weg zu verstellen, den sie gefunden hat, um sich selber zu ermächtigen. Wie viele Frauen (und andere, die machtlosen Gruppen angehören), wird diese Aktivistin Macht nur unsichtbar oder gar nicht ausüben. Von ihr zu erwarten, dass sie über ihre emotionalen Grenzen hinwegkommt und sich bei größeren Zusammenkünften selber ermächtigt, wäre nicht nur herablassend, sondern auch sexistisch, denn es klammert gerade die Bedingungen des Patriarchats aus, die diese emotionalen Sperren hervorgebracht haben. Worauf ich hier hinaus will: das Ideal der Sichtbarkeit begünstigt das Plenum, die große Versammlung – das öffentliche Theater der Macht-mit –, während es »das Lagerfeuer« ausschließt, die informelle Machtausübung im Hintergrund. Dabei ist es sehr problematisch, wenn man das Plenum zum einzig anerkannten Ort macht, an dem Dinge angestoßen werden.

Um auf die Diskussion der unterschiedlichen Ressourcen zurückzukommen – man kann durchaus den Schluss ziehen, dass für die Einflussnahme im Rahmen des Plenums genau die Ressourcen erforderlich sind, die sich nur schwer mitteilen oder weitergeben lassen: ein selbstbewusstes Auftreten, Artikulationsfähigkeit in der Öffentlichkeit und Charisma. Mehr noch, diese Ressourcen *werden* häufig erst zu welchen, die in solchen formalisierten Versammlungen der Entscheidungsfindung Ungleichheit *schaffen*. Weil es so schwierig ist, diese Art der Ressource miteinander zu teilen oder weiterzugeben, und weil ihre gegenwärtige Verteilung besonders deutlich gesellschaftliche Herrschaftsmuster spiegelt, sollte der Einfluss, den diese Ressource bietet, dadurch vermindert werden, dass *ihre Bedeutung* weitestgehend reduziert wird. D.h. wir sollten die Gelegenheiten reduzieren, in denen diese Ressource Bedeutung hat und wirkt.

Anarchistische Netzwerke sind in der Tat ein Milieu, das die Auflösung irrationaler Ängste und festgefahrerer Verhaltensmuster und die Selbst-Ermächtigung fördert. Doch so wie die Dinge stehen, wäre es unfair, eine Frau aufzufordern, sie solle doch Selbstvertrauen entwickeln, damit sie Teil des Netzwerks sein könne. Warum sollte sie sich besonders um eine gleichberechtigte Teilnahme bemühen müssen, nur weil sie eine Frau in einem patriarchalischen System ist? Zugleich würde diese Forderung eine Vorrangstellung des Plenums mit sich bringen, und die vielfältigen Formen der Einflussnahme, die Frauen in ihrer Auseinandersetzung mit dem Patriarchat entwickelt haben, verschwänden oder würden delegitimiert. Dasselbe gilt für die Mittel und Wege, die auch viele andere gefunden haben, sich selbst zu ermächtigen. Ich bin der Meinung, dass Anarchisten unbedingt anerkennen sollten, dass diese unsichtbare, in der Tat nicht genau nachvollziehbare und überprüfbare Form der Machtausübung nicht nur in manchen Zusammenhängen unvermeidlich ist, sondern auch durchaus begrüßt werden sollte, weil sie mit einer anarchistischen Weltsicht übereinstimmt.

Das Streben nach Rechenschaftspflicht führt also in eine Sackgasse. Doch damit ist die Problematik der unsichtbaren Macht immer noch nicht aus der Welt. Eine Lösung müsste in jedem Fall zwei Voraussetzungen erfüllen. Zum einen sollte sie nicht in der Weise erfolgen, dass ein Modell entworfen wird, wie Praktiken der Bewegung künstlich zu verändern wären; denn ein solches Vorgehen ist mit der politischen Kultur des dezentralen und autonomen Organisierens unvereinbar. Jede Veränderung der anarchistischen Anwendung von Macht-mit müsste vielmehr selber eine kulturelle Veränderung sein, die sich in einem diffusen Prozess organisch entwickeln kann. Nur ein kultureller Wandel – und nicht Strukturen oder protokollarische Festlegungen – reicht weiter als das öffentliche Theater der Macht und kann Gepflogenheiten und Einstellungen tatsächlich verändern. Zweitens – und das ist eine noch ehrgeizigere Forderung – müsste jede Veränderung der Art, wie Anarchistinnen und Anarchisten über die Macht nachdenken und sie in ihren Organisationsstrukturen anwenden, nicht als Einschränkung der Freiheit, sondern gerade als ihr Ausdruck verstanden werden. Eine solche veränderte Herangehensweise würde die Ermächtigung über informelle Kanäle nicht entmutigen, sondern Menschen gerade darin bestärken und ihnen so die Möglichkeit eröffnen, kreativ zu werden, die Initiative zu ergreifen und tätig zu werden. Gerade weil das gesamte anarchistische Projekt auf reine Freiwilligkeit baut, sollte Veränderung immer aktiv gewünscht sein und nicht als Konzession aufgefasst werden.

Aus diesem Grund sehe ich für diese Problematik nur eine Lösung, nämlich die Entwicklung einer *Kultur der Solidarität*, in die Machtausübung und Einflussnahme eingebettet wären. Solidarität ist eine Beziehung zwischen Menschen und innerhalb von Gruppen und zwischen ihnen. Jean Cohen und Andrew Arato definieren Solidarität als »die Fähigheit von Individuen, aufeinander einzugehen und sich miteinander zu identifizieren, ohne dabei persönliche Vor- und Nachteile abzuwägen, und vor allem ohne Zwang. Solidarität bedeutet auch die Bereitschaft, das Schicksal des anderen zu teilen, nicht weil er zu einer Kategorie zählt, zu der man selber auch gehört, sondern mit ihm als einzigartige und andere Person.« Insofern also Solidarität das Verhalten beeinflusst, tut sie dies im Sinne einer positiven Motivation, nicht als einschränkende Pflicht. Solidarität kann sich darin äußern und aktualisieren, wie Aktivisten Macht und Einfluss ausüben, und sie kann auch aktiv gefördert werden. Eine solidarische Kultur ist auf eine behutsame Ausübung von Macht angelegt, sodass sie Ermächtigung gerade nicht behindert, Aktionen so gestaltet, dass möglichst jede und jeder einbezogen wird, und dass sie leicht nachzuahmen sind. Und eine solidarische Kultur bedeutet in diesem Zusammenhang auch, die Bedürfnisse und Wünsche derer im Voraus mit zu reflektieren, die von den Aktionen unvermeidlich betroffen sein werden, ohne dass es für sie zunächst durchschaubar ist. Solidarität im Rahmen der Ausübung von Macht-mit müsste auch in sinnvoller Weise mit der weiter oben diskutierten Umverteilung politischer Ressourcen verschränkt sein. Das erfordert eine Kultur, in der diese Umverteilung eine Frage der Gewohnheit und nicht ein abzuarbeitender Punkt auf einer Liste von Verpflichtungen ist. Die Veränderung der Kultur – selbst ein Akt der Machtausübung – ist weniger durch verbale Propaganda als vielmehr mittels einer Propaganda der Tat zu erreichen. Menschen können in ihrer eigenen organisatorischen Praxis Veränderungen bewirken, indem sie die Initiative ergreifen und das Teilen von Ressourcen sowie die behutsame und überlegte informelle Einflussnahme zur Gewohnheit machen. Sie können dieses Anliegen verdeutlichen und so hoffentlich andere anregen, sich diese solidarische Kultur auch zu eigen zu machen. Wenn sich eine solche Praxis verbreitet, werden Solidarität und das Teilen von Ressourcen zu Selbstverständlichkeiten im Verhalten werden, über die man gar nicht mehr nachdenkt. Eine solche Lösung ist zwar unvollkommen, doch im Gegensatz zu einer radikalen Abkehr vom informellen Organisieren – die die »Lagerfeuer-Initiative« vollständig ersticken würde – einigermaßen realistisch.

Kapitel 4

Peace, Love und Mollies

Noch einmal: Anarchismus und Gewalt

> *»Ist Gewalt in unserem Herzen, ist es besser, Gewalt auszuüben, als sich den Mantel der Gewaltlosigkeit umzuhängen, um unsere Impotenz zu verhüllen. Gewalt ist immer der Impotenz vorzuziehen. Ein gewalttätiger Mensch kann noch gewaltlos werden, für den Impotenten besteht solche Hoffnung nicht.«*
> Mahatma Gandhi

Unter Anarchistinnen und Anarchisten ist die politische Gewalt kaum noch ein Thema. Und tatsächlich ist es etwas befremdlich, diese Debatte wieder aufzunehmen, während im Nahen und Mittleren Osten und anderswo – von Darfur über Palästina bis in den Irak – allwöchentlich Menschen durch Autobomben, Schusswaffen und primitive Macheten umkommen. Da scheinen ein paar Stöcke und Steine keine große Sache zu sein. Und so ist das, was zu Beginn des anarchistischen Revivals die Gemüter erhitzt hat, inzwischen stillschweigend zu den Akten gelegt, nicht etwa, weil die Frage abschließend geklärt worden wäre – sie scheint vielmehr derart verwirrend und emotional aufgeladen zu sein, dass viele Aktivisten von dem Thema einfach genug haben. Seither sind sich Anarchisten darüber einig, dass sie sich nicht einig sind und ebenso wenig mit einem Teil ihrer zaudernden Verbündeten im breiteren Kontext der globalen Bewegung für Gerechtigkeit übereinstimmen. An die Stelle der frustrierenden Debatte ist die Forderung nach einer »Vielfalt der Taktiken« getreten: allen – vom Schwarzen

Block bis zu pazifistischen Christen, von der Clowns-Armee bis zu den gepolsterten Weißen Overalls – sollte der Raum zugestanden werden, ihre Pläne so umzusetzen, wie sie es für richtig halten, ohne dass sie sich gegenseitig dabei auf die Füße treten oder im Nachhinein denunzieren. Dieser Ruf nach einer Vielfalt unterschiedlicher Vorgehensweisen hat sicher seine praktischen Vorteile. Jedenfalls befreit er Aktivisten von der Bürde, bei jeder großen Mobilisierung eine Einigung über zulässige Taktiken zu erzielen, die kaum möglich ist. Aber die Umsetzung der Vielfalt gelingt auch nicht immer, und das Fehlen von Bewegungsfreiheit hat bei manchen Protesten zu Problemen geführt und immer wieder auch zu unsolidarischem Verhalten, jedenfalls in den Augen mancher. Im Grunde ist der fragwürdige Kompromiss wohl um den Preis einer Leugnung der Spannungen erzielt worden, die unter der Oberfläche nach wie vor bestehen.

Deshalb möchte ich mich diesem Thema doch noch einmal zuwenden und zunächst, bezugnehmend auf jüngere anarchistische Diskussionen über Gewalt und die Ereignisse, die sie ausgelöst haben, zwei Punkte hervorheben. Zum einen scheint mir das Dilemma, mit dem wir konfrontiert sind, zu einem wesentlichen Teil daher zu rühren, dass der Anarchismus – eine Bewegung, in deren Geschichte Gewalt unübersehbar eine Rolle spielte – sich nach einem langen »Winterschlaf« in einem aktivistischen Kontext wiederfand, in dem ein Ethos der Gewaltfreiheit selbstverständlich geworden ist. Und zum anderen haben Anarchisten die Tabuisierung des Themas, wie sie in diesem Milieu naheliegt und die Debatten einschränkt, ebenfalls internalisiert. Deshalb haben sie es versäumt, zwei durchaus unterschiedliche Fragen auseinanderzuhalten: Was *ist* Gewalt? und: Kann Gewalt *gerechtfertigt* werden?

Diesen Fragen werde ich im Folgenden nachgehen, wobei ich mich jedoch am Ende nicht »für« oder »gegen« Gewalt aussprechen werde. Meine bescheidenere Absicht ist es vielmehr, die Dilemmata aufzuzeigen und zu klären, mit denen jede und jeder Einzelne und jede Gruppe konfrontiert ist, sobald es um die Entscheidung für oder gegen bestimmte Aktionsformen geht. Abschließend werde ich einige Überlegungen dazu anstellen, dass und wie gewaltsame Aktionen sowohl ermächtigend als auch Ermächtigung verhindernd wirken können. Außerdem werde ich die Rache als Motiv für Gewalt beleuchten und schließlich die notwendigen Voraussetzungen klären, die aus anarchistischer Sicht gegeben sein müssen, um einen bewaffneten Kampf in Betracht zu ziehen.

Eine verworrene Debatte

Wenn Anarchisten im 19. oder frühen 20. Jahrhundert über politisch motivierte Gewalt sprachen, hatten sie dabei gewöhnlich eines von zwei Szenarien vor Augen: entweder eine bewaffnete Erhebung der Massen oder die Ermordung von Staatoberhäuptern oder kapitalistischen Bossen. Heute dagegen drehen sich die Diskussionen um die – keinesfalls tödlich oder körperverletzend intendierte – Gewaltanwendung bei Protesten: Gewalt gegen Sachen und in der Auseinandersetzung mit der Polizei, gewöhnlich auf der Straße und bei Demonstrationen gegen Gipfeltreffen von Regierungschefs oder internationalen Wirtschaftsorganisationen. Diese Art der Gewalt begleitete die massenhaften Mobilisierungen seit dem »coming out« der anarchistischen Bewegung im Jahr 1999 (am 18. Juni der *Carnival Against Capital* und am 30. November die Blockierung des Welthandelsgipfels in Seattle). Das emblematischste dieser Ereignisse war vielleicht das Wochenende der G8-Proteste im Juli 2001 in Genua, wo ein Demonstrant durch Polizeigewalt getötet wurde und Hunderte bei Straßenkämpfen oder bei einem Polizeiüberfall auf eine Schule verletzt wurden, in der Aktivisten schliefen.

Was bei vielen dieser Ereignisse von der Öffentlichkeit vor allem wahrgenommen wurde, waren die Aktivitäten der Schwarzen Blöcke. Ein Schwarzer Block ist ein taktischer Zusammenschluss von Bezugsgruppen und Einzelnen, der ad hoc entsteht. Die meisten Beteiligten sind weitgehend schwarz gekleidet und verhüllen häufig ihr Gesicht, zum einen, um sich zu schützen und nicht identifizierbar zu sein, zum anderen weil sie auf diese Weise die Symbolik der Anonymität übernehmen, die von den EZNL eingeführt wurde. Als Taktik geht diese Vermummung auf die deutsche Antifa zurück, sie wurde in den USA erstmals 1991 bei den Protesten gegen den Golfkrieg angewandt. Bei Massenprotesten greift der Schwarze Block typischerweise die Niederlassungen symbolischer Unternehmen (Banken, Fast-Food-Ketten, multinationale Unternehmen der Erdölindustrie) an. Häufig ist er auch an Angriffen auf die Polizei beteiligt, indem er Barrikaden baut, Polizeiketten durchbricht, Steine oder sogar Molotowcocktails wirft.

Doch selbst im Rahmen der härtesten Straßenkämpfe greifen Anarchisten nicht zu den Waffen, wie sie es vor hundert Jahren getan hätten und haben. Die gewaltlose Revolution ist ein Konzept, das es damals noch nicht gab. Tolstois libertärer christlicher Pazifismus, die erste quasi-anarchistische Doktrin der Gewaltfreiheit, ist die Ausnahme, die die Regel bestätigt; man hat sich die »Revolution«, falls es so etwas geben sollte, immer als eine reichlich blutige Angelegenheit vorgestellt. Dabei sollte nicht übersehen werden, dass sich nicht nur bei den Anarchisten in dieser Hinsicht etwas geändert hat, sondern ganz allgemein in egalitären Bewegungen. Die revolutionären Bestrebungen von Marx, Lenin oder Luxemburg waren ohne massenhafte Aufstände nicht denkbar. Erst gegen Ende des 20. Jahrhunderts rückte Gewaltfreiheit als Grundsatz in der Weltsicht fortschrittlicher gesellschaftlicher Bewegungen in den Vordergrund. Doch dies geschah zu einer Zeit, als die anarchistische Bewegung bereits weitgehend verschwunden war. Damals machten die Bürgerrechts- und die Antikriegsbewegung, angeregt durch das Beispiel von Mahatma Gandhi und Martin Luther King, die gewaltfreie Idee populär. Und später waren die Bewegungen, an die sich der zeitgenössische Anarchismus anschloss, entweder bereits fest in dieser Tradition des Bürgerrechts-Pazifismus verwurzelt – so die Frauenbewegung gegen Atomkraft – oder hatten sich Taktiken zugewandt, durch die sie sich selber gefährdeten, dabei aber kaum die Frage der Gewalt aufwarfen – zum Beispiel wenn in direkten Aktionen die Natur geschützt wurde.

Die anarchistische Bewegung wachte also in einer Umgebung auf, in der eine Kultur gewaltfreier Radikalität ganz allgemein und selbstverständlich anerkannt war. Spannungen konnten nicht ausbleiben. Auf der einen Seite stand die gewaltbereite Vergangenheit der anarchistischen Bewegung, und es gab nicht wenige Aktivistinnen und Aktivisten, die die Konfrontation in den Städten suchten. Dem stand das Tabu politisch motivierter Gewalt gegenüber, das für die meisten Aktivisten, die sich für eine andere Globalisierung einsetzten, außer Frage stand; sie sahen in friedlichen Protesten die einzig legitime Form politischer Auseinandersetzung.

In den Debatten nach Seattle spielte diese Kontroverse eine wichtige Rolle. Viele Anarchisten, die wegen ihres Verhaltens bei Protesten scharf kritisiert wurden, bewegten sich auf die vorherrschende Ideologie der Gewaltfreiheit zu und versuchten, »Gewalt« bei ihrem Vorgehen, so weit es ging, zu reduzieren. So wurden bereits in Seattle die Demos und Sitzblockaden, um die WHO-Delegierten zu behindern, strikt unter der Vorgabe organisiert, dass sie gewaltfrei zu sein hätten. Trotzdem zertrümmerte ein Schwarzer Block in der ersten Blockade-Nacht die Fenster und den Eingangsbereich von mehreren Bankfilialen, von Bekleidungsläden, denen Ausbeutung in Sweatshops vorgeworfen wurde, sowie einem McDonald's und anderen vergleichbaren Unternehmensvertretungen, vermied dabei jedoch die direkte Auseinandersetzung mit der Polizei. Nach den Protesten gab eine Bezugsgruppe, die sich an den Angriffen beteiligt hatte, folgende Erklärung heraus:

»Wir stellen fest, dass die Zerstörung von Eigentum kein gewalttätiger Akt ist, außer wenn sie Leben angreift oder Schmerz verursacht. So gesehen ist Privateigentum – und besonders Firmeneigentum – weit gewalttätiger als irgendein Akt, der sich dagegen richtet. ... Wenn wir ein Fenster einschlagen, geht es uns darum, die dünne Haut der Legitimität zu zerreißen, die privates Eigentum umgibt ... Zerschlagene Fenster können mit Hilfe von Brettern (und unter weiterer Zerstörung unserer Wälder) provisorisch geschlossen und später wieder ersetzt werden, doch die Erschütterung von ›unerschütterlichen‹ Annahmen wird hoffentlich noch eine Zeit lang nachwirken.« (*ACME-Kollektiv*)

Die Propaganda der Tat, die in der Zerstörung von Eigentum besteht, wird hier als ein gewaltloser Akt aufgefasst, da sie sich gegen unbelebte Gegenstände richtet, die nichts empfinden. Zugleich wird der Kapitalismus selber, für den der Gegenstand der Zerstörung steht, als gewalttätig gekennzeichnet. ACMEs Rhetorik zielt darauf ab, die Gewalttäterschaft von sich selber abzuwälzen und dem Kapitalismus anzulasten. Indem die Gruppe mit dem Finger auf die ungleich umfassendere Gewalt zeigt, die durch die bestehende Ordnung permanent begangen wird, relativiert sie die Gewalt mancher anarchistischer Aktionen. Damit hält sie zugleich denen, die sich mit dem Staat identifizieren und das Vorgehen der Anarchisten kritisieren, vor, dass sie selber manche Formen von Gewalt (beispielsweise die legale Gewalt von Armee oder Polizei) befürworten. Somit lenken diese Anarchisten die Diskussion vom Thema Gewalt auf die Frage der Legitimität jener Institutionen.

Eine solche Argumentation, die den gewaltsamen Charakter anarchistischer Aktionen zu leugnen oder zu relativieren sucht, wurde seinerzeit in einer einflussreichen Streitschrift – *Beyond the Corpse Machine* von Ashen Ruins – kritisiert. Der Autor vertritt die Auffassung, dass Gewalt keinesfalls romantisiert oder fetischisiert werden darf, dass andererseits aber viele Anarchisten unter den Einfluss einer reaktionären Rhetorik der Gewaltfreiheit geraten seien, die von »staatsverherrlichenden Grundannahmen und den Ängsten der Mittelschicht umnebelt« sei. Alles lässt sich mit Hilfe der vorherrschenden Gewaltfreiheits-Doktrin als *nicht gerechtfertigt* abstempeln, wenn man es als Gewalt bezeichnet (wie immer diese definiert werden mag). In ihrem unkritischen Eintreten für ein Ethos der Gewaltfreiheit, so sein Argument, gingen Anarchisten sogar soweit, jenes grundsätzliche Stillhalten, das die staatstragende Linke – von liberal bis kommunistisch – kennzeichne, zu befürworten und den sozialen Frieden zu würdigen – »Werte, die genauso gut auch die des Kapitalisten oder des Politikers sein können«. Anarchisten hingegen sollten nicht davor zurückschrecken, die Verhätnisse zum Tanzen zu bringen:

»Anstatt zu argumentieren, das Einschmeißen von Fenstern sei keine Gewalt – was der gesunde Menschenverstand normaler Leute sowieso nicht nachvollziehen kann (manchmal zweifle ich am gesunden Menschenverstand mancher Anarchisten) – sollten wir vielleicht diese Spitzfindigkeiten beiseite lassen und zugestehen, dass es allerdings eine Form von Gewalt ist, ein Fenster zu zerschlagen, und warum wir sie für angebracht halten. Halten wir etwa das Niederwalzen palästinensischer Wohnhäuser für gewaltfrei? Wenn andererseits das Einschlagen einer Fensterscheibe nur ein symbolischer Akt und keine Gewalt sein soll, was wollen wir dann eigentlich damit sagen? Wenn wir das Einwerfen des Fensters somit als absoluten Grenzfall eines angemessenen Ausdrucks von Dissens proklamieren, läuft unsere Argumentation dann nicht in absurd widersinniger Weise darauf hinaus zu sagen, dass dieses gewalttätige System mit Hilfe einer ganzen Reihe von Taktiken einschließlich und bis hin zum Einwerfen von Fenstern bekämpft werden muss (was übrigens keine Gewalt darstellt)? Weiter darf es aber nicht gehen. Soll das tatsächlich die Grenze unseres Widerstands sein? Traurig, wenn unsere Motivation so schwach ist und Gewaltfreiheit das Höchste ist, an das unsere Wut angesichts der Todesmaschinerie Amerikas heranreicht.«

Ashen Ruins' Kritik ist Teil einer umfassenderen Argumentation, die mit der »aufständischen« Strömung zeitgenössischen anarchistischen Denkens verbunden ist und mit ihrer Betonung der immer vorhandenen Möglichkeit einer revolutionären Erhebung an Bakunin denken lässt (siehe hierzu Alfredo Bonanno, *Anonymous7*). Diese Strömung nimmt an, dass in den entwickelten Gesellschaften untergründig eine Stimmung der oft gewaltbereiten (oder auch gewaltlosen) Revolte weit verbreitet ist: in den Gefängnissen, in Form gelegentlicher Gewaltausbrüche gegenüber der Polizei in ärmeren Gemeinden, im Vandalismus, in »asozialem Verhalten« und anderen Äußerungen, die als kriminell eingestuft werden. Diesen rebellischen Verhaltensweisen wird von Anarchisten unterstellt, sie seien, wenn auch unbewusst, antiautoritär, da sie spontan seien und sich gegen institutionalisierte Organisationen richteten. Ashen Ruins fordert Anarchisten auf, den untergründigen Revolten mit aktiver Solidarität zu begegnen. Er hält das für einen wesentlichen Bestandteil revolutionärer Praxis, dies umso mehr als die liberale wie die kommunistische »Linke« Angst davor hat und unfähig ist, diese Rebellion zu begreifen, da für sie Gewalt ein kulturelles Tabu ist. Sie wird mit dem Unkontrollierbaren, dem Abnormalen und dem Kriminellen assoziiert und löst bei den Vertretern der Linken unbewusste Ängste aus. Ihr wesentliches Interesse als Angehörige der Mittelschicht besteht darin, ihre gesellschaftliche Position nicht aufs Spiel zu setzen, weshalb sie nicht bereit ist, tatsächlich für eine klassenlose Gesellschaft einzutreten.

Gestützt werden diese Überlegungen auch durch die Analyse des Soziologen Zygmunt Bauman, der eine solche Einstellung gegenüber der Gewalt allgemeiner als Teil eines hegemonialen gesellschaftlichen Diskurses der Moderne interpretiert. Bauman zeigt, dass die diskursive Verbindung von Gewalt und Abnormalität bzw. Kriminalität dazu dient, normalisierte und legitimierte Gewaltanwendung zu verschleiern, die mindestens genauso schwerwiegend sein kann. So wird häufig von polizeilicher Gewalt erst dann gesprochen, wenn die Polizei den Rahmen ihres Auftrags überschreitet und »übertriebene Gewalt« anwendet, nicht aber, wenn sie sich bei der Gewaltanwendung im Rahmen ihres Auftrags bewegt (was ohne Weiteres bedeuten kann, dass sie ihren Knüppel oder sogar die Schusswaffe einsetzt). Bauman führt dieses Paradox auf eine speziell in der Moderne entwickelte Ambivalenz im Zusammenhang mit Macht, Gewalt und Zwang zurück. Er behauptet, dass die vorgeblich humanistischen Ansprüche der Aufklärung am Werk sind, wenn die Moderne als Prozess wahrgenommen wird, durch den Gewalt und Brutalität allmählich aus den gesellschaftlichen Beziehungen verschwinden. Um diese Sicht aufrechtzuerhalten, muss jedoch von der Tatsache, dass die Gewalt keineswegs verschwunden, sondern nur anders verteilt ist, abgelenkt werden. Folter, öffentliche Exekutionen oder die ungezügelte Gewalt regulärer Truppen mögen in modernen westlichen Gesellschaften nicht mehr vorkommen, doch werden diese Formen von Gewalt nach wie vor in Stellvertreter-Konflikten in der postkolonialen Welt angewandt, und innerhalb westlicher Gesellschaften sind sie durch Gewaltanwendungen ersetzt worden, die unblutiger und »sauberer« und dennoch kaum weniger grausam sind: Exekutionen durch tödliche Injektion, Brutalität in den Gefängnissen, Zerstreuung von Menschenmengen mittels chemischer Waffen etc. Um den Eindruck aufrechtzuerhalten, dass Gewalt in den gesellschaftlichen Beziehungen abnimmt, wird das Wort selber mit den Adjektiven legal/illegal, legitim/illegitim, normal/unnormal aufgespalten in »gute« und »schlechte« Gewalt, wobei die positive nicht als solche bezeichnet wird, sondern als Maßnahme im Sinne von Bestrafung bzw. Durchsetzung von Recht und Ordnung. Die »schlechte« Gewalt hingegen wird als solche benannt und verurteilt. Darin kommen Furcht und Erschrecken als Reaktion auf das Unerwartete und das Unkontrollierbare zum Ausdruck. Ich möchte mich diesen Überlegungen anschließen und dafür plädieren, dass Diskussionen über Gewalt diesen Kontext berücksichtigen sollten, um nicht unkritisch in die vorherrschenden Diskursmuster zu verfallen.

Nebenbei sei bemerkt, dass die Spannungen bei der Einschätzung gewaltsamer Protestformen sich als der letzte Tropfen erwiesen, der das Fass zum Überlaufen brachte und dazu führte, die unbehaglichen Koalitionen von Globalisierungskritikern, die sich seit Seattle gebildet hatten, zu sprengen. Viele Graswurzel- und Direkte-Aktions-Gruppen, von denen sich die meisten nicht ausdrücklich als Anarchisten definierten, fühlten sich schon seit einiger Zeit mit den NROs, Gewerkschaften und politischen Parteien und deren reformistischen Programmen, hierarchischen Organisationsformen und politischem Opportunismus unwohl. Inzwischen hetzten die Medien im Vorfeld jedes Protests gegen »Gewaltbereite« und »Randalierer«. Nicht wenige Sprecher von NROs oder kommunistischen Parteien heulten mit den Wölfen und beklagten sich, die Anarchisten würden »die Botschaft der Proteste verzerren«. Dies führte dazu, dass viele Graswurzelaktivisten, die durchaus keine Befürworter von Gewalt waren, den Denunzianten die Solidarität aufkündigten. Ganz besonders nach Genua kamen Aktivistinnen und Aktivisten zu dieser Haltung gegenüber NROs, Parteien u.a., denn deren pauschale Verurteilung der Anarchisten wurde von vielen als Ausdruck einer nicht nachvollziehbaren unsolidarischen und unsensiblen Einstellung wahrgenommen, waren doch Hunderte Aktivistinnen und Aktivisten verletzt oder traumatisiert, manche von ihnen saßen im Knast. Und einer von ihnen war ermordet worden. In der unsolidarischen Reaktion der etablierten Kräfte unter den Protestierenden sah man eine Komplizenschaft mit der offensichtlichen Teile-und-Herrsche-Strategie der G8-Führer, die, unterstützt durch die Mainstream-Medien, die Demonstranten in »gute« und »böse« auseinander dividierten (siehe hierzu Richard Moore). Daraufhin lehnten es viele Graswurzelaktivisten ab, anarchistische Gewalt zu verurteilen, was wiederum ihre Haltung eines Ethos der Gewaltfreiheit, wie sie es bisher in ihren Diskursen vertraten, aufweichte. An dessen Stelle trat der Ruf nach der Vielfalt möglicher Taktiken, auch um über den Zustand der scheinbar unversöhnlichen Positionen hinwegzukommen und Übereinstimmung und Solidarität auf der Ebene der horizontal organisierten Gruppen zu erreichen, die direkte Aktionen bevorzugten. Starhawks Aktionsberichte, die in *Webs of Power* nachzulesen sind, illustrieren diesen Fortschritt. Manche von ihnen hat sie nach den Blockaden des IWF/der Weltbank in Prag im September 2000 geschrieben. Sie positioniert sich eindeutig für die Gewaltfreiheit als Grundsatz, wenn sie beispielsweise schreibt: »Es ist ein gewalttätiges System, (aber) ich glaube nicht, dass man es mit Gewalt überwinden kann«; oder: »sobald du einen Stein aufhebst … hast du dir die Bedingungen zu eigen gemacht, die uns von einem System diktiert werden, das uns immer wieder versichert, Gewalt sei die einzige Lösung.« Doch nach den Protesten in Quebec gegen das *Free Trade Areas of the Americas*-Abkommen im April 2001 hat sich ihre Haltung verändert. In dem Artikel *Jenseits von Gewalt und Gewaltfreiheit* räumt sie ein, dass man durchaus gute Argumente für einen »hoch-konfrontativen« Kampf anführen kann und dass die Bedingungen, auf denen sie zuvor in der Debatte bestanden hatte, zu einer Zeit beschränkend wirken, »in der wir auf unbekanntes Terrain vorstoßen und eine Politik entstehen lassen, die noch nicht festgelegt ist«. In Genua ist Starhawk bereit, sich als Schwester der »black-blockers« zu bezeichnen, die »den Zorn, die Ungeduld und den Kampfgeist vertreten, ohne den wir verkümmern würden«. Hier wird ganz deutlich, dass es ihr darum geht, das Wort »Gewalt« ebenso wie »gewaltfrei« zu vermeiden. Damit versucht Starhawk, eine Debatte hinter sich zu lassen, die sie für politisch behindernd hält, weil mit dem aufgeladenen Begriff belastet.

Auch die dritte globale Konferenz des PGA-Netzwerks in Cochabamba, Bolivien, kehrte das Wort »Gewalt« (wie sein Gegenteil) erfolgreich unter den Teppich. Im September 2001 einigte sich das Plenum der Konferenz darauf, den Ausdruck »gewaltfrei« aus dem vierten Grundsatz zu streichen. Dort hatte es ursprünglich geheißen, PGA rufe zu »gewaltfreier direkter Aktion und zivilem Ungehorsam« auf. Stattdessen wurde nunmehr die Formulierung »die Stärkung des Respekts vor dem Leben« eingesetzt. Laut einem Teilnehmer (El Viejo) bestand »das Problem mit der alten Formulierung zum einen darin, dass das Wort ›Gewaltfreiheit‹ in Indien (wo es den Respekt vor dem Leben bezeichnet) eine ganz andere Bedeutung hat als im Westen (wo es auch die Respektierung des Privateigentums bezeichnet). Dieses grundlegende Missverständnis hat sich in den Medien – und sogar in der Bewegung – einfach nicht ausräumen lassen. Die nordamerikanische Bewegung hatte den Eindruck, der Ausdruck könne so ausgelegt werden, dass er eine Vielfalt von Taktiken ausschließen würde. Auch die lateinamerikanischen Organisationen hatten sich gegen den Begriff ausgesprochen … (da) ›Gewaltfreiheit‹ ein breites Feld der Widerstandserfahrungen dieser Länder abzuqualifizieren schien.«

Die Konferenz hatte am 16. September 2001 begonnen, und es war noch nicht zu übersehen, wie es mit den gesellschaftlichen Mobilisierungen nach den Angriffen auf das Pentagon und das World Trade Center weitergehen würde. Doch die Kriege gegen Afghanistan und den Irak ließen erneut die Proteste aufflammen, jetzt vor dem Hintergrund eines extrem gewalttätigen Vorgehens seitens des Staates. In einer solchen Situation schienen die Klagen über gewaltsame Proteste in der Öffentlichkeit abzuflauen, und viele Aktivisten fühlten sich offenbar nicht mehr genötigt, ihr Vorgehen als gewaltfrei zu verteidigen. Als Luca Cassarini von den nichtanarchistischen *disobedienti* (ehemals den *Weißen Overalls*) anlässlich des bevorstehenden Besuchs von George W. Bush in Rom nach möglicher Gewalt gefragt wurde, sagte er: »Wenn für einen Kriminellen vom Kaliber eines George W. Bush der rote Teppich ausgerollt wird, dann ist Wut die richtige Reaktion« (BBC Nachrichten, 28. Mai 2004), und fügte hinzu, dass »sich die italienische Öffentlichkeit wohl kaum an ein paar zerbrochenen Fensterscheiben stören wird, wenn es um hunderttausend zivile Tote im Irak geht«. Zugleich waren die Kräfte der Mainstream-Linken, die so gerne anarchistische Gewalt beklagten, in einer unangenehmen Situation: Wie konnten sie gleichzeitig Teile des bewaffneten palästinensischen oder irakischen Widerstands unterstützen? Waren sie nur Pazifisten, solange es um ihren eigenen Hinterhof ging? Dazu fiel ihnen nur ein, dass Palästinenser und Irakis schließlich gegen eine illegale Besatzung Widerstand leisteten, und dass die Armeen der USA und Israels nicht dasselbe seien wie eine legitime heimische Polizei, eine Argumentation, mit der Anarchisten selbstverständlich nicht einverstanden waren.

Die Häufigkeit von Kriegen ließ allmählich Argumente, die die Gewaltlosigkeit als anarchistische Tugend zu retten versuchten, immer irrelevanter werden, und das Thema rückte insgesamt in den Hintergrund.

Doch nach wie vor sind in diesem Zusammenhang Fragen zu klären und ist über Perspektiven nachzudenken. Zunächst möchte ich mich kritisch mit den Debatten zum Thema auseinandersetzen, um nach der Darstellung einiger ihrer Schwächen die ursprüngliche Frage beantworten zu können: Was *ist* Gewalt?

Abklären der Definitionen

Ein erster Schritt, um die Komplexität und Verschwommenheit des Gewaltbegriffs zu reduzieren, kann darin bestehen, die metaphorischen Bedeutungen des Wortes beiseitezulassen und die Diskussion auf die Bedeutungen von Gewalt einzuschränken, die in unserem Zusammenhang relevant sind: diejenigen, die sich auf die zwischenmenschliche Interaktion beziehen. Und hier gilt: Immer wenn Gewalt in diesem Zusammenhang erwähnt wird, geschieht dies in einem negativen Sinne – Gewalt in der Interaktion zwischen Menschen gilt allgemein als schlecht. Und selbst da, wo Gewalt weitgehend als gerechtfertigt angesehen wird (z.B. als Selbstverteidigung bei einem lebensbedrohlichen Angriff), wird sie intuitiv als etwas Negatives, Problematisches wahrgenommen, auch wenn sie dazu dient, Schlimmeres abzuwenden. Was genau macht die Gewalt zum Übel, selbst wenn sie gerechtfertigt werden kann?

Der politische Theoretiker Ted Honderich hat sich um eine Definition bemüht, die für die Diskussion des moralischen Dilemmas der »Linken« im Zusammenhang mit politisch inspirierter Gewalt nützlich ist. Ein Gewaltakt ist für ihn »der Einsatz beträchtlicher oder zerstörerischer physischer Kraft gegen Menschen oder Dinge, eine Kraftanwendung, die gegen eine Norm verstößt«. Ein Mangel dieser Definition besteht darin, dass nichtphysische Akte keine Berücksichtigung finden. Ein zweites Problem liegt in der Tatsache, dass die negative Bewertung von Gewalt einfach vorausgesetzt wird, wenn es heißt, sie verstoße gegen eine Norm. Welche Norm? Wessen Norm? Honderich führt aus, die Formen von Gewalt, auf die er sich beziehe, seien etwa »Rassenunruhen, Lokale und Läden anzünden oder mit Brandsätzen angreifen, Entführungen von Personen oder Verkehrsmitteln, jemanden verletzen oder töten«. Aus diesen Beispielen wird deutlich, dass für ihn der entscheidende definierende Faktor bei der »politischen« Gewalt der

Umstand ist, dass sie sich gegen die Regierung richtet, die »Norm«, die er anspricht, also das Strafrecht ist. »Politische« Gewalt ist demnach Kraftanwendung, die »gesetzlich verboten ist und darauf abzielt, die Regierungspolitik, das Regierungspersonal oder das Regierungssystem und somit die Gesellschaft zu verändern«.

Honderich liefert somit eine maßgeschneiderte Definition politischer Gewalt, bei der Illegalität die Stelle der Norm einnimmt (die verletzt wird) und dies den Akt zu einem politischen macht, was schließlich darauf hinausläuft, dass er deshalb als *Gewalt* definiert wird. Doch Illegalität an sich kann nicht der entscheidende Faktor dafür sein, dass man einen Akt als Gewalt (und verurteilenswürdig) definiert, außer staatliche Autorität genösse *a priori* irgendeinen moralischen Status. Um die negative Aufladung des Begriffs zu begründen, bedarf es also eines anderen Arguments. Ein solches deutet Honderich später an, wenn er von Elend oder Not als Kosten der Gewalt spricht – so etwas wie ein großes Unbehagen oder eine Bedrängnis, möglicherweise vorübergehend und nicht unbedingt körperlich. Peter Iadicola und Anson Shupe kritisieren Theorien der Gewalt, die diese auf abweichendes Verhalten beschränken, das sie gesellschaftsunabhängig betrachten, während Gewalt zur Aufrechterhaltung der gesellschaftlichen Ordnung (daher legitime und notwendige Gewalt) ausgeklammert wird. Solche traditionellen Ansätze, die von den beiden Autoren als »Ordnungs«-Theorien bezeichnet werden, gehen im Übrigen davon aus, dass Gewalt eher angeboren als erlernt ist. Auf der anderen Seite betonen sie das grundsätzlich »Konflikthafte« der gesellschaftlichen Verhältnisse; darin scheinen sie an der marxistischen Betonung der den Klassen-, Geschlechter- und ethnischen Beziehungen grundsätzlich innewohnenden Konflikte orientiert zu sein und folglich die Unterscheidung zwischen Gewalt als Verbrechen oder als Strafe abzulehnen, weil sie parteilich sei.

Iadicola und Shupe liefern eine Definition der Gewalt als

»jegliches Vorgehen oder strukturelle Arrangement, das dazu führt, einen oder mehrere Menschen physisch oder nichtphysisch zu schädigen«. Dabei unterscheiden sie a) persönliche Gewalt »als Gewalt, die zwischen Menschen auftritt, die *außerhalb* ihrer Rolle als Agenten oder Repräsentanten einer gesellschaftlichen Institution handeln«; und b) gesellschaftliche Gewalt als 1) »Gewalt von Individuen, deren Handlungen von den Rollen bestimmt sind, die sie in einem institutionellen Rahmen spielen« und als 2) strukturelle Gewalt oder Schaden, der »im Zusammenhang mit der Etablierung, der Aufrechterhaltung, der Ausdehnung oder Reduzierung des hierarchischen Einordnens von Kategorien von Menschen in der Gesellschaft« verursacht wird.

Demnach kann strukturelle Gewalt sowohl im Sinne der Hierarchie als auch gegen sie ausgeübt werden. Die Autoren führen weiter aus, dass Handlungen oder strukturelle Arrangements, die Schaden zufügen, willentlich aufrechterhalten, reproduziert oder geduldet sein müssen, um unter die Kategorie Gewalt zu fallen. Dabei ist in jedem Fall von Gewalt zu sprechen, unabhängig davon, ob zu schaden das primäre Ziel ist oder ob die Schädigung eher als vorhersehbares Nebenprodukt entsteht. Nach dieser Definition kann ein Gewaltakt gerechtfertigt sein oder auch nicht; er kann entweder das physische oder das psychische Wohlergehen beeinträchtigen oder auch beide; und er kann sowohl vom Täter wie vom Opfer (oder von beiden) als »Gewalt« aufgefasst werden oder auch nicht. Diese Formulierung vermeidet kulturellen Relativismus und versammelt alle Formen rassistischer und sexistischer Gewalt, auch wenn sie in einer Gesellschaft als vollkommen normal angesehen werden, unter dieser Definition.

Eine solche Definition von Gewalt, die sich nicht am Legitimitätsprinzip festmacht, ist dennoch unzureichend. Auch wenn der kulturelle Relativismus vermieden wird, ist sie doch nicht frei von anderen Formen des Relativismus. In diesem Zusammenhang soll ausdrücklich darauf hingewiesen werden, dass eine strikt antirelativistische Position tatsächlich nicht haltbar ist. Es ist eine Position, die bedeutet, dass der durch eine Handlung zugefügte Schaden nur durch einen unparteiischen Beteiligten verifiziert werden kann.

Wenn die Autoren ihre Definition als »universell *im Gegensatz zu* relativ« qualifizieren, deutet dies darauf hin, dass sie nicht zwischen uneingeschränktem und eingeschränktem Relativismus unterscheiden. Der eingeschränkte Relativismus geht davon aus, dass es für Menschen unmöglich sei, vollständig aus sich »auszusteigen« und sich auf einen neutralen Standpunkt zu stellen oder sich vollkommen an die Stelle eines anderen zu versetzen und die menschliche Existenz objektiv zu betrachten. Doch insoweit es gemeinsame kulturelle oder auch biologische menschliche Zusammenhänge und Erfahrungen gibt, umreißen diese auch die Grenzen, innerhalb derer es so etwas wie Wahrheit geben kann, und das bewahrt uns vor dem Extrem eines radikalen Relativismus. Ein solcher eingeschränkter Relativismus gesteht manchen subjektiven Wahrheiten einen unabhängigen Status zu, wenn die Forderung nach externer Verifizierung mit anderen, grundlegenderen oder wichtigeren Belangen oder Überlegungen unvereinbar ist.

Eine solche Überlegung ist die schwer festzumachende Natur psychischer Schädigung. So zeigen Forschungen über Posttraumatische Belastungsstörung (PTDS), dass eine betroffene Person psychisch geschädigt sein kann, ohne eindeutige Symptome aufzuweisen oder »sachliche« Angaben dazu machen zu können. Auch mit vorhandenen Symptomen kann es häufig schwer sein, diese auf ein bestimmtes Ereignis zurückzuführen, so wenn das Opfer Einzelheiten oder das ganze traumatisierende Erlebnis verdrängt hat. Die Verifizierung erfordert also komplexere Interpretationen und wahrscheinlich das Einbeziehen auch einer subjektiven Wahrheit, die »objektiv« nicht ganz ausleuchtbar sein mag. Iadicola und Shupe plädieren also dafür, in manchen Fällen dem Opfer schlicht zu glauben. Sie halten es für angebracht, jemandem, der sich als Opfer präsentiert oder von dem vermutet wird, dass er es sein könnte, das, was er zu fühlen behauptet, auch abzunehmen. Das bedeutet auf der anderen Seite: zu glauben, dass das Verhalten einer Person die andere traumatisiert hat. Bei einer kompromisslosen Forderung nach objektiver Verifizierung dagegen genießt eine subjektive Äußerung keinerlei Glaubwürdigkeit.

Ich möchte an dieser Stelle noch einmal auf die Szene von den G8-Blockaden in Stirling, Schottland, zurückkommen, die ich einleitend geschildert habe und die auch gefilmt wurde (*resist.nl* 2005). Ein Schwarzer Block bewegt sich auf einer Straße auf eine Spezialeinheit der Polizei zu, die dort eine Kette bildet: Es sind Polizisten in gepolsterten Schutzuniformen und mit großen transparenten Schilden. Die Protestierenden wollen die Polizeikette durchbrechen und machen sich auf zur nahen Autobahn. Man hört Rufe, ein paar Gegenstände werden geworfen, treffen nicht oder treffen den Schild eines Polizisten. Dann kommt der selbst gebastelte Rammbock aus großen Autoreifen zum Einsatz, mit dem Demonstranten durch die Polizeikette brechen wollen. Andere werfen wieder alles Mögliche auf die Polizisten, beschimpfen sie und jubeln. Jemand haut mit einem Golfschläger auf den Schild eines Polizisten. Angenommen, die Aufnahmen geben wieder, was tatsächlich geschah, und angenommen, die Polizisten sind durch ihre Ausbildung auf eine solche Situation vorbereitet oder haben Ähnliches schon zuvor erlebt, dann ist nicht anzunehmen, dass hier den Beteiligten physischer oder psychischer *Schaden* zugefügt wird. Dennoch trifft zu, dass die Protestierenden ganz offensichtlich Gewalt anwenden. Inwiefern?

Hier wird tatsächlich ein ritualisierter Schlagabtausch aufgeführt, bei dem beide Seiten wissen, mit welchen Variablen sie rechnen können. Demonstranten und Polizei, beide haben diesen Ablauf gedanklich durchgespielt und sich wahrscheinlich darauf vorbereitet. Warum hat die Polizei die Protestierenden durchgelassen? Man könnte sich vorstellen, dass ein Einsatzleiter die Order ausgegeben hat, dass in so einer Situation Zurückhaltung geübt werden solle, wie es den Richtlinien, die man ihm mitgegeben hat, entspricht. Tatsächlich reagiert er auf die Kosten-Nutzen-Abwägung, die durch die Aktionen der Demonstranten vorgegeben werden, so wie es ihm vorgeschrieben wurde. Er ist zum Beispiel zu dem Schluss gekommen, dass die Protestierenden hier und zu diesem Zeitpunkt nicht aufzuhalten sind, außer durch einen Gegenangriff, der kostspieliger ausfallen würde (hinsichtlich möglicher Verwundungen bei den Polizeikräften oder auch bezüglich des Ansehens der Polizei), als die Anforderung weiterer Polizeikräfte, die versuchen würden, sich an einer anderen Stelle den Protestierenden entgegenzustellen. Genauso wahrscheinlich ist es aber, dass die Polizisten selbstständig handeln, dabei dieselbe Kosten-Nutzen-Abwägung vornehmen, nachdem sie bei ihrem Training gelernt haben, sie mehr oder weniger spontan anzuwenden und in ihr Vorgehen zu integrieren. Auf dieser Grundlage generieren sie eine selbstorganisierte Antwort auf das Vorgehen der Demonstranten, die darauf hinausläuft, diese durchzulassen.

In jedem Fall haben die Protestierenden den Polizisten ein Verhalten entlockt, das deren Interessen zuwiderläuft – sie haben sie *gezwungen*. Das ist eindeutig ein Fall von Macht-über, doch es reicht für sich genommen noch nicht aus, um von Gewalt zu sprechen. Wo allerdings der Austausch gewaltsam wird – ist die »Währung«, in der kommuniziert wird: maskierte Gesichter, offensives Vorgehen, Verbalinjurien. Das ist Gewalt, denn obwohl die so Angegangenen weder geschädigt werden noch Angst haben mögen, fühlen sie sich doch ganz gewiss (zumindest zu einem gewissen Grad) *angegriffen* oder *gefährdet*. Es ist ganz sicher eine besondere Situation: Es würde unweigerlich zu physischer Schädigung kommen, wären die Polizisten nicht durch ihre spezielle Einsatzuniform und die Schilde geschützt. Doch auch so wird in dieser Inszenierung etwas deutlich gemacht: die mögliche Verwundbarkeit und der Übergriff auf oder Eingriff in die unmittelbare physische Sphäre. Schließlich besteht der Horror der Folter in der allzu großen Nähe, der Intimität zum Folternden.

Daher möchte ich folgende Definition vorschlagen: *Ein Akt ist als Gewalt zu bezeichnen, wenn ihn derjenige, gegen den er sich richtet, als Angriff oder absichtliche Gefährdung erlebt.* Diese Definition umfasst alle Formen von Gewalt, die Honderich als »politisch« fasst, aber auch Gewalt in der persönlichen (= politischen) Sphäre. Sie lässt sich auch auf institutionelle oder strukturelle Gewalt ausdehnen, und auf gemeinsamen Grunderfahrungen von Menschen aufbauend, umfasst sie ganz eindeutig auch emotionale oder psychische Formen der Gewalt. Für sich genommen macht diese Definition keinen politischen Unterschied: Sie trifft auf den Demonstranten, der niedergeknüppelt wird, ebenso zu wie auf den Polizisten, auf den ein Regen von Molotowcocktails niedergeht; auf den Gefangenen, der zur Exekution geführt wird, ebenso wie auf den Tyrannen, der mit einer Kugel in der Brust stirbt. Gewalt wird auch nicht unbedingt mit physischem Krafteinsatz verbunden, sondern nur mit der Herbeiführung einer Erfahrung der Verletzung oder Überschreitung – häufig bewusst, oft aber ohne große Sensibilität dafür, was die oder der Betroffene erlebt. Eine solche Definition ist auch nicht kulturrelativistisch, denn unsere intimen Erfahrungen von Gewalt im Alltag teilen wir vermutlich in ihren Grundformen mit allen Menschen. Sicher gibt es hinsichtlich der durchschnittlichen Häufigkeit und Intensität der Gewalterfahrungen Unterschiede zwischen Einzelnen, zwischen Klassen und Kulturen, doch das, was im Kern als Gewalt erfahren wird, scheint weitgehend auf alle Menschen zuzutreffen. Auch wer relativ behütet lebt, kann eine Beziehung herstellen zwischen seinen Erfahrungen von Verletzung oder Übergriffen und denen von Menschen, die dergleichen viel häufiger und in massiverer Form erleben müssen.

Die oben vorgeschlagene Definition schlägt sich deutlich auf die subjektive Seite. Bei einer Klärung, ob tatsächlich von einem Angriff oder einer Gefährdung gesprochen werden kann, würden aber immer noch – im Sinne eines eingeschränkten Relativismus – körperliche Symptome und/oder bekannte Umstände für die Verifizierung von Bedeutung sein.

Eine Situation als ganze kann eine Manifestation von Gewalt sein, unabhängig davon, ob Verletzung oder Übertretung geplant war oder das Nebenprodukt einer Aktion ist, die innerhalb des größeren Zusammenhangs geschieht – worauf es ankommt, ist die Frage, ob Menschen sie als Angriff erleben oder sie als Gefährdung auffassen, *während sie geschieht*. Wenn Anarchisten mitten in der Nacht eine Tankstelle verwüsten oder dies mittags tun, während die Tankstelle geschlossen ist und die Nachbarn den Protestierenden Wasser bringen und geplünderte Lebensmittel mit ihnen teilen (so geschehen bei den G8-Protesten von 2003 in Lausanne, vgl. *Anonymous6*) – dann ist die Aktion keine Gewalt. Wenn aber der Junge an der Kasse der Tankstelle sich bedroht fühlt, weil Anarchisten am Rand einer Demo losziehen, um die Tankstelle anzugreifen, dann ist das allerdings Gewalt, auch wenn die Anarchisten allen (und auch dem Jungen an der Kasse) versichern, dass niemand auch nur im Traum daran gedacht hat, ihn zu verletzen. Auch wenn ein Passant den Eindruck hat, die Anarchisten würden ihn angreifen wollen, ist das eine Gewaltsituation. In beiden Fällen ist nichts darüber ausgesagt, ob die Gewalt gerechtfertigt ist oder nicht, nur, dass sie sich manifestiert.

Die Grenzen der Rechtfertigung

Wenn wir die Rechtfertigung anarchistischer Gewalt diskutieren, sollten wir zunächst den Rahmen der Debatte klarstellen, d.h. als Erstes die Frage: *Wer rechtfertigt was wem gegenüber?* Gehen wir aus von der Annahme, es handle sich um eine Anarchistin, die eine gewaltsame Aktion (nach der obigen Definition) rechtfertigen möchte. Wenn der Adressat selber Anarchist ist, läuft die Diskussion Gefahr, allzu sehr auf gemeinsame Ansichten zu bauen, somit selbstbezogen, tendenziell unkritisch und möglicherweise blind gegenüber den Bedenken von Menschen außerhalb der Bewegung zu sein. Wenn der Adressat allerdings jemand ist, der grundsätzlich mit der anarchistischen Sicht der Dinge nicht übereinstimmt, dürfte die Diskussion sinnlos sein – nimmt man an, dass die Ziele von Anarchisten sowieso nicht gerechtfertigt sind, dann können es auch die Mittel – egal ob gewaltsam oder nicht – nicht sein. Nehmen wir also einen Adressaten an, der ein Alliierter ist, nicht direkt Teil der Bewegung, aber jemand, der mit den allgemeinen anarchistischen Zielvorstellungen weitgehend einverstanden ist.

Diese Person würde mit den Aussagen von Gimli Probleme haben: »Dass wir uns in der gewaltsamen Auseinandersetzung mit unseren Unterdrückern wieder mit unserem wilden Selbst verbinden, ist ein wesentlicher und oft übersehener Aspekt des Projekts einer Wiederverwilderung … Keine andere Spezies verlässt sich auf Institutionen, um Streit zu schlichten oder von ihnen ›geschützt‹ zu werden. Diese Institutionen zu zertrümmern und selber die Verantwortung für unser Leben zu übernehmen, ist nicht nur zentral für die Anarchie, sondern auch Teil der gesellschaftlichen Dekonstruktion zurück zur Wildnis. … Zahllos sind die Beispiele für diesen Prozess, doch ihnen allen ist eines gemein: die vollkommene Missachtung aller rechtlichen, moralischen und physischen Grenzen angemaßter Autorität … jedes zerschlagene Stück Technologie, jeder verprügelte Fernsehreporter, jede niedergebrannte Bank … jeder verwundete Soldat, jeder ins Knie geschossene Verantwortliche … jeder kastrierte Vergewaltiger, jeder geköpfte König … und jeder tote Bulle ist ein Teil der Wiederverwilderung.«

Diese (»postlinke« oder eher noch »primitivistische«) anarchistische Einstellung lehnt moralische Überlegungen rundweg ab, weil sie in ihnen ein Relikt hierarchischer Zivilisation und Domestizierung sieht, die dem Instinkt und der Wildheit im Wege stehen; dagegen wird die Wildheit als die ursprüngliche und unterdrückte menschliche Existenzweise präsentiert. Gewalt gegen die bestehende Ordnung wird als Wert an sich, als Verwirklichung von Begehren und als Verbindung zur Animalität des Menschen verstanden.

Diese Argumentation ist in mancherlei Hinsicht fragwürdig. Das Abfackeln einer Bank oder die Ermordung eines Politikers mögen bei ihrer Ausführung ein Gefühl von »Wildheit« und »Unmittelbarkeit« auslösen, aber tatsächlich sind sie kein bisschen »wild«; sie erfordern sorgfältige Planung, Timing und Berechnung. Die »ungezähmte Bestie« in dir ist wohl kaum in der Lage, Landkarten zu lesen, eine Sprengladung vorzubereiten oder ein Fluchtauto zu steuern. »Wildheit« als Blankoscheck für die Verherrlichung von Aktionen, die tatsächlich von einem eindeutig zivilisierten Wesen ausgehen, ist eine zu einfache Ausflucht und Ablenkung von Widersprüchen, die einfach bestehen.

Noch problematischer an einer solchen Argumentation ist vielleicht, dass sie sich der Diskussion entzieht. Denn unreflektierte wilde Gewalt ist per definitionem etwas, das nicht rational diskutiert werden kann, es gehört ins Reich des Irrationalen. Und wenn Anarchistinnen und Anarchisten auch gute Gründe haben mögen, vorgefundene moralische Kategorien als repressiv anzusehen und sie für Instrumente zu halten, die herrschenden Gruppen dienen, schließt das doch die Diskussion von Gewalt nicht aus, eine Diskussion, die – unter Beteiligten mit gemeinsamen Grundüberzeugungen – prüft, was zu rechtfertigen ist und was nicht.

Das Ausweichen ins Reich des Irrationalen ist also nicht hinnehmbar. Rational diskutieren lässt sich beispielsweise durchaus, ob Gewalt grundsätzlich mit anarchistischen Werten und Prinzipien unvereinbar ist. April Carter setzt sich mit zwei typischen Versionen dieses Arguments auseinander:

»Anarchistische Werte sind schon aufgrund der anarchistischen Achtung vor der Souveränität des Individuums und dem Festhalten an den uneingeschränkten Rechten jedes Individuums inhärent und notwendig mit Gewaltanwendung unvereinbar. Eine anarchistische Gesellschaft würde selbst eine einzige Exekution nicht zulassen, geschweige denn Massenexekutionen oder Kriege gegen andere Gesellschaften ... Anarchistinnen und Anarchisten misstrauen politischen Fiktionen, denen bestehende Freiheiten geopfert werden, wie viel mehr müssen sie erst einem Stil des (instrumentellen leninistischen) Denkens misstrauen, das die finale Vernichtung der Freiheit rechtfertigt – den Tod.«

Auf den ersten Blick wirkt diese Argumentation sympathisch, doch letztendlich ist sie nicht haltbar, denn sie beruht auf einer Überdehnung von Prinzipien. Sollte sie zutreffen, müssten Anarchisten auch eine rein defensive Gewalt mit Todesfolge gegen einen lebensbedrohlichen Angriff ausschließen. Doch das Recht auf Leben, meinen viele, kann eingeschränkt werden, wenn nur so ein extrem bedrohlicher Angriff abzuwehren ist. Selbst wenn Anarchisten in den Begriffen individueller Selbstbestimmung und individueller Rechte (Kategorien aus der Sprache der Aufklärung und des Liberalismus) denken würden, käme es ihnen kaum in den Sinn, diese als »uneingeschränkt« zu bezeichnen. Niemand bekommt beispielsweise das »Recht« zugesprochen, andere auszubeuten oder zu misshandeln, ein Verhalten, das nichts mit der anarchistischen Vorstellung von Freiheit zu tun hat, die sozialistisch und kommunitär orientiert ist. Anarchismus lässt sich also nicht mit einem Pazifismus vereinbaren, der absolut gesetzt und als unabdingbar erklärt wird.

Eine ähnlich unkritische Erwartung an anarchistischen Purismus kommt in einer zweiten Version des Arguments zum Ausdruck. Hier knüpft Carter an die in der Tat anarchistischen Prinzipien entsprechende Ablehnung zentralisierter Strukturen und von Parteien an: Anarchisten »meiden die korrumpierende Verbindung mit der Politik in all ihren konventionellen Formen, lehnen selbst die Unterstützung progressiver Parteien oder die Teilnahme an Wahlen ab, auch wenn das mögliche Ergebnis noch so bedeutsam sein mag ... wenn es jedoch um Gewalt geht, sind viele Anarchisten dazu bereit, ein wenig Gewalt einzusetzen oder zu tolerieren, um schlimmere, staatliche Gewalt zu verhindern; oder sogar viel Gewalt anzuwenden, um die anarchistische gesellschaftliche Vision zu verwirklichen. Es hat den Anschein, als sei es für sie schlimmer, ein Kreuzchen auf den Wahlzettel zu setzen, als eine Kugel auf jemanden abzufeuern ... aus dem utopischen Wesen des Anarchismus folgt logisch der ebenso utopische Pazifismus im Sinne einer Ablehnung jeglicher Form organisierter Gewalt.«

Auch hier wird ein Popanz aufgebaut. Anarchisten arbeiten sehr wohl mit nichtanarchistischen Organisationen, mit NROs und sogar mit Parteien zusammen, so beispielsweise mit den Grünen, wenn es um ganz bestimmte Kampagnen und Mobilisierungen geht. Bei den Wahlen von 2004 in den USA entschlossen sich einige Anarchisten, ihre Prinzipien aufzuweichen und John Kerry zu wählen, nicht aus irgendwelchen positiven Gründen, sondern lediglich um eine zweite Amtszeit mit Bush zu verhindern, die sie für ein weit größeres Übel hielten. Es ist möglich und auch sinnvoll, solche Kompromisse zu machen. Diskutiert werden muss, wo jeweils die rote Linie zu ziehen ist. Das gilt für die Ablehnung staatlicher Politik ebenso wie für die Frage der Gewalt.

Worum es Anarchistinnen und Anarchisten eigentlich geht (und was von Carter nicht angesprochen wird), ist die Frage, ob Gewalt jemals mit Strategien zusammengehen kann, die selber im Kern bereits eine anarchistische Gesellschaft vorwegnehmen. Anders gesagt: Wie passt Gewaltanwendung mit einer vorwegnehmenden Politik zusammen, einer Politik, die auf die Herbeiführung einer grundsätzlich anderen Gesellschaft abzielt? Im Unterschied zu anderen revolutionären Bewegungen distanzieren sich Anarchisten von der Position, dass der Zweck die Mittel heilige. Sie können nicht behaupten, dass Gewalt, egal auf welchem Niveau, gerechtfertigt sei, nur weil sie dazu beitrage, eine freie Gesellschaft herbeizuführen. Sie gehen vielmehr davon aus, dass Zweck und Mittel sich immer substanziell gleichen sollten.

Aber trifft es tatsächlich zu, dass Anarchisten unbedingt eine gewaltfreie Gesellschaft und nichts als das anstreben? Eine solche Gesellschaft wäre auch denkbar unter einem hypothetischen totalitären Regime, das mit der Androhung drakonischer Maßnahmen für Friedhofsruhe sorgt. Anarchisten streben selbstverständlich etwas grundsätzlich Anderes an: eine *freiwillig* gewaltlose Gesellschaft ohne Staat.

Im Übrigen ist die Gewalt, die Anarchisten in erster Linie abschaffen wollen, die der gewaltsamen Durchsetzung staatlicher Maßnahmen und Gesetze und allgemein institutionelle Gewalt – Formen von Gewalt, die Anarchistinnen und Anarchisten sicher selber nicht benutzen.

Was nun ein nichtinstitutionalisiertes, sporadisches und diffuses Vorkommen von Gewalt angeht, trifft es nicht zu, dass die anarchistische Vorstellung von den anzustrebenden gesellschaftlichen Verhältnissen solche Gewalt ausschließt. Wenn und solange alle Beteiligten freiwillig übereinkommen, dass es sie nicht geben soll, wird es diese Gewalt nicht geben, doch die Zielvorstellung, sie ein für alle Mal zu eliminieren, ist nicht nur illusionär – es wird sie auch in einer Welt ohne Staaten und bewaffnete Gruppen geben –, sondern auch nicht in Übereinstimmung zu bringen mit dem Prinzip der grundsätzlichen Unabgeschlossenheit des Prozesses auf dem Weg zu einer anarchistischen Gesellschaft (siehe Kapitel 2).

Heute ist die vorwegnehmende Verwirklichung eines anarchistischen Modells freiwilliger Gewaltfreiheit eindeutig nicht umzusetzen, weil der Staat dem entgegensteht und systematisch Gewalt einsetzt, die Idee einer universellen Übereinkunft über die Gewaltfreiheit also vereitelt.

Jedenfalls bezüglich der Gewalt ist eine vorwegnehmende Politik heute nur *innerhalb* anarchistischer Zusammenhänge zu verwirklichen. Die kann geschehen, indem wenigstens in der Bewegung selber gesellschaftliche Beziehungen ohne Gewalt und stattdessen mit den Mitteln friedlicher Konfliktbearbeitung, der Mediation oder – bei unüberbrückbaren Differenzen – der Trennung angestrebt werden.

Schließlich ist es auch nicht ganz abwegig zu behaupten, dass anarchistische Gewalt gegenüber dem Staat tatsächlich eine Vorwegnahme anarchistischer gesellschaftlicher Beziehungen ist. Denn Anarchisten würden auch immer erwarten, dass selbst in einer »anarchistischen Gesellschaft« die Menschen bereit wären, diese, notfalls mit Gewalt, zu verteidigen, sollte es den Versuch geben, soziale Hierarchien wieder einzuführen oder sie anderen aufzuzwingen. Gewalt, die sich gegen die (Wieder)Einführung einer hierarchischen gesellschaftlichen Ordnung wendet, ist also heute ebenso eine angemessene Reaktion, wie sie es in einer Gesellschaft ohne staatliche Strukturen wäre.

So viel zur Behauptung, Gewalt könne von Anarchisten *niemals* gerechtfertigt werden. Doch es bleibt die Verantwortung von Anarchisten zu begründen, welche Gewalt tatsächlich gerechtfertigt werden kann und mit welchen Argumenten.

Wenn Anarchisten von Gewalt sprechen, machen sie eine ganze Reihe von Unterscheidungen: zwischen individueller Gewalt und organisierter Gewalt von Gruppen; zwischen Gewalt als Akt und Gewalt, die einer Institution innewohnt; und selbstverständlich zwischen der Gewalt des Staates und revolutionärer Gewalt. Von letzterer heißt es, sie könne gerechtfertigt werden, weil sie sich von staatlicher Gewalt qualitativ unterscheide. Es sei eine andere Art Gewalt, sie werde in einem anderen Geist angewandt, ihr Ausmaß und wogegen sie sich richte, unterschieden sich grundsätzlich. April Carter untersucht solche Unterscheidungen, indem sie staatliche Gewalt und die archetypischen Formen anarchistischer Gewalt – die Ermordung eines Tyrannen und den bewaffneten Aufstand – einander gegenüber stellt. Sie weist darauf hin, dass in beiden Fällen die anarchistische Gewalt auf eine begrenzte Technologie zurückgreift, eine »heroische« Form der Gewalt ist, bei der die Beteiligten (anders als ein General oder ein Richter) unmittelbare Risiken eingehen, und dass sie in ihrem Ausmaß begrenzt und (anders als das wahllose Töten in den meisten kriegerischen Auseinandersetzungen) gezielt eingesetzt werden kann. Doch es fragt sich, was diese Feststellungen Carters zur Rechtfertigung anarchistischer Gewalt beitragen. Dass jemand einer Übermacht gegenübersteht und schlecht bewaffnet ist, rechtfertigt sein Vorgehen noch nicht, selbst wenn er für ein »gutes« Ziel kämpft.

Ein anderes Beispiel für diese Art der selbstgefälligen Argumentation und Rhetorik, die dazu dient, die Diskussion in eine unverfängliche Richtung abzulenken, besteht in der Dehnung des Arguments von der Selbstverteidigung – eine weit verbreitete Ausrede für anarchistische Gewalt. Wenn Anarchisten heutzutage Steine, Flaschen und Molotowcocktails auf die Polizei werfen, rechtfertigen sie das häufig als Selbstverteidigung, wobei es ihnen dabei nicht nur um sie selber gehe, sondern möglicherweise auch um einen befreiten Raum, den sie verteidigen, etwa den durch einen Protest entstandenen vorübergehenden Freiraum oder einen, der längerfristig befreit ist (wie ein besetztes Haus, das vor der Räumung steht). Der Ausgangspunkt dieses Arguments wirkt zunächst überzeugend, denn die Selbstverteidigung, und sei es unter Gewaltanwendung, genießt annähernd universelle Anerkennung als legitime Reaktion. Doch sie stellt auch eine problematische Rechtfertigung dar, weil das Argument auch folgendermaßen gedehnt werden kann, so schreibt Errico Malatesta 1921: »Der Sklave befindet sich immer in einer legitimen Verteidigungshaltung, seine Gewalt gegenüber dem Fabrikherren, dem Unterdrücker ist jederzeit moralisch zu rechtfertigen. Einschränkend wirken lediglich Abwägungen, wie dabei menschliche Aufwendungen und menschliches Leiden möglichst sinnvoll und sparsam eingesetzt werden können.«

Diese Dehnung des Begriffs der Selbstverteidigung als Rechtfertigung für jede Art von »Präventivschlag« hat einen Beigeschmack von Unlauterkeit. Ihm liegt die Gleichsetzung von Kapitalismus und Sklaverei zugrunde, wobei der Unterschied zwischen dem Metaphorischen und dem real Existierenden verschwimmt. Dies wird dem Umstand nicht gerecht, dass Sklaverei im wörtlichen Sinne heute immer noch neben kapitalistischen Formen der Ausbeutung in weiten Teilen der Welt existiert (siehe ASI 2005). Die Ausbeutung des Arbeiters, der keine andere Wahl hat, als seine Arbeitskraft unter strukturell ungerechten Bedingungen zu verkaufen, unterscheidet sich erheblich von der eines Sklaven, der nicht die geringsten Rechte hat und unmittelbar physischer Gewalt ausgesetzt ist, falls er nicht arbeitet oder zu fliehen versucht. Diese Unterschiede wegzuwischen, zielt darauf ab, jeden Vertreter des Kapitals oder des Staates als Sklavenhalter abzustempeln, eine bequeme Methode, »Klassenfeinde« zu entmenschlichen und so den Angriff auf Personen akzeptabel erscheinen zu lassen.

Einen wichtigen Gesichtspunkt spricht Malatesta jedoch im zweiten Satz an. Gewalt gegenüber einem Unterdrücker ist eben nicht »immer« gerechtfertigt, sondern nur, wenn alles daran gesetzt wird, den Aufwand, der Menschen im Zusammenhang damit abgenötigt wird, und ihr Leiden möglichst gering zu halten, anders gesagt, den »Respekt vor dem Leben zu erhöhen«, wie es manche ausdrücken. Um eine bestimmte, mit Gewalt verbundene Aktion zu rechtfertigen, müssten wir also unbedingt über ihre Konsequenzen nachdenken. Robert Paul Wolff weist in diesem Zusammenhang darauf hin, dass »die auf der Hand liegende und zutreffende Grundregel lautet, dass man zur Gewalt greift, wenn andere weniger schädliche oder kostspielige Mittel versagt haben, vorausgesetzt, dass die Abwägung zwischen dem Guten und dem Schlechten, das dabei bewirkt wird, positiver ausfällt als die entsprechende Abwägung bei den anderen Alternativen, die sich anbieten«. Ist diese Grundregel geeignet, Anarchistinnen und Anarchisten ein Kriterium an die Hand zu geben, mit dem sie in jeder Situation entscheiden können, ob sie Gewalt anwenden?

Obwohl sie so klar und deutlich zu sein scheint, lässt sie doch noch wesentliche Fragen offen. Zunächst einmal die Frage, wie genau »Gewalt anwenden« gemeint ist. Denn diese Begrifflichkeit ist geeignet, fast jede Form politischen Vorgehens zu umschreiben, nicht zuletzt die juristische. Jeder Appell an den Staat, jede Form von Druck auf ihn, um ihn zur Unterstützung bestimmter Anliegen zu bewegen, ist implizit oder explizit ein Vorstoß dahingehend, seine Gewaltpotenziale für die eigene Seite nutzbar zu machen. Um es mit einem historischen Beispiel zu illustrieren: Der US-amerikanischen Bürgerrechtsbewegung wird oft zugute gehalten, dass sie sich gewaltfreier Mittel bedient habe, doch tatsächlich wurde die Abschaffung der gesetzlich geregelten Rassentrennung durch eine ganze Reihe eindeutig gewaltsamer staatlicher Interventionen durchgesetzt, insbesondere durch die Entsendung der Nationalgarde zur Überwachung der Aufhebung der Rassentrennung an den Schulen in manchen Südstaaten. Ähnlich sind auch rechtliche Schritte zum Schutz von Naturgebieten eindeutig Gewaltmittel: Erhält ein Rodungsunternehmen eine rechtliche Verfügung, die es dazu verpflichtet, sich aus einem Waldgebiet zurückzuziehen, so wird es dazu durch die Androhung einer Strafe gezwungen, hinter der letztendlich der bewaffnete Arm der Regierung steht. In letzter Konsequenz mag der Staat in solchen Fällen nicht tatsächlich physisch eingreifen, doch als Drohung steht das entsprechende Gewaltpotenzial bereit und kann eingesetzt werden, falls die juristisch bestätigte Forderung nicht erfüllt wird. Wählen wir also den Rechtsweg, legen wir damit nicht fest, dass Gewalt ausgeschlossen wird – wir überlassen lediglich dem Staat die Entscheidung darüber. Solche Überlegungen scheinen darauf hinauszulaufen, dass kaum noch etwas übrig bleibt, was man tatsächlich als »gewaltfreie Aktion« bezeichnen kann. Möglicherweise kommen überhaupt nur noch sehr passive Formen des Eingreifens infrage.

Das zweite Problem hängt damit zusammen, dass die Rechtfertigung, so wie ihre Bedingungen oben angedeutet wurden, vom Erfolg gewaltsamer Aktionen abhängt. Gewalt könnte ein angebrachtes Mittel sein, wenn durch sie etwas erreicht wird; gelingt dies aber nicht, ist sie ganz sicher nicht gerechtfertigt. Doch dies, wie Wolff vorschlägt, abzuwägen und vorherzusagen, dürfte in vielen Fällen schwer möglich sein. Es ist unmöglich, mit einiger Sicherheit vorherzusehen, welche Auswirkungen im Einzelnen eine Aktion haben wird, da die vielen Faktoren, die dabei eine Rolle spielen, unüberschaubar sind. Eine Aktion, bei der auch Gewalt ausgeübt wird, kann zu Verletzungen von Menschen führen, die man nicht treffen wollte; sie kann zu verschärfter staatlicher Repression führen; sie kann die gewünschten Ziele erreichen oder auch nicht. Honderich diskutiert fünf mögliche Szenarien von Gewalt, die durch eine egalitäre Agenda motiviert ist, wobei der Erfolg ebenso unterschiedlich ausfällt wie die staatliche Repression. Die Wahrscheinlichkeit, ob am Ende problematische oder angestrebte Folgen überwiegen, lässt sich seiner Ansicht nach nicht kalkulieren, denn »meistens können wir die relevanten Wahrscheinlichkeiten nicht mit der Präzision einschätzen, die für eine rationale Überlegung erforderlich ist. Sicher bleibt eine Abwägung zwischen Alternativen notwendig und sinnvoll, und mit großer Sicherheit gibt es auch so etwas wie eine richtige Beurteilung. Doch dass diese mit rationaler Eindeutigkeit getroffen werden kann, ist unwahrscheinlich.« Weiter, fürchte ich, reichen die Diskussionen über die Gewalt und ihre Rechtfertigung nicht. Eine vollkommen abgesicherte Antwort auf die anarchistischen Widersprüche in der Frage der Gewalt – beispielsweise, ob sie »eine radikale Botschaft vermittelt« oder aber »nur die Öffentlichkeit vor den Kopf stößt« – wird man wohl nicht geben können. Letztendlich liegen Abwägung und Entscheidung, ob man zur Gewalt greifen bzw. daran teilnehmen sollte, beim Individuum. Die hier dargestellten Diskussionen und Argumentationen mögen die Debatte darüber entwirren und Anhaltspunkte für solch eine Entscheidung liefern. Darüber hinaus kann nur dringend geraten werden, mit kühlem Kopf abzuwägen und eine leichtfertige Rhetorik zu vermeiden, die dazu dient, sich selbst zu bestätigen. Und schließlich kann und sollte man sich auf das Prinzip der »Vielfalt der Taktiken« einlassen. Diese soll die Debatte über Gewalt nicht zum Schweigen bringen, sondern dazu anregen, sie konstruktiv und immer unter Berücksichtigung der Tatsache zu führen, dass die mögliche Verletzung von Menschen nicht auf die leichte Schulter genommen werden darf.

Ermächtigung, Rache und bewaffneter Kampf

Der anarchistische Anspruch einer vorwegnehmenden Politik könnte bedeuten, dass wir die Frage aufwerfen: Kann die Erfahrung von Gewalt selber befreiend, ermächtigend und radikalisierend auf die daran Beteiligten wirken?

Tadzio Müller unterscheidet in seiner Analyse, die er als Beteiligter schrieb, zwischen der »kollektiv beflügelnden Wirkung« spontaner und dabei taktisch effektiver Gewaltmomente und dem Gefühl der Ent-Mächtigung, das mit der Wiederholung ritualisierter Konfrontation verbunden ist. Ein Beispiel für Erstgenanntes erlebte er bei einer Blockade gegen den G8-Gipfel in Evian. Die Blockade in der Nähe der französischen Stadt Annemasse, wo viele Aktivistinnen und Aktivisten zelteten, hatte eigentlich symbolisch und nicht konfrontativ sein sollen. Sie war als Blockade der Hauptstraße nach Evian geplant. Die Polizei hatte, nachdem sie von den Protesten wusste, bereits beschlossen, dass auf dieser Straße keine Delegationen zum Gipfel gefahren werden sollten; stattdessen würden die Delegierten und ihre Stäbe von Lausanne aus über den Genfer See gebracht werden. Die symbolische Blockade wurde von *attac*, einer reformistischen Koalition, die sich für die Besteuerung von Finanztransaktionen einsetzt, strikt unter dem Motto der Gewaltfreiheit organisiert. Doch es kam alles anders, als sich der Demonstrationszug dem Punkt näherte, wo blockiert werden sollte, und mit einem nichtprovozierten Tränengas-Angriff empfangen wurde:

»Nachdem sich die Aktivistinnen und Aktivisten zunächst fünfzig bis hundert Meter zurückzogen, um sich von dem Schrecken zu erholen, begannen einige Maskierte unter ihnen, die nicht direkt mit *attac* verbunden waren, Barrikaden zu bauen, während andere die Polizei mit Steinen bewarfen. Bald danach kam eine der Aktivistinnen, die sich mir bei dem Marsch mit ihren Ängsten anvertraut hatte, mit einen Arm voll Holz für eine der Barrikaden an mir vorbei und forderte mich auf mitzumachen: fast alle beteiligten sich.«

In dieser Situation waren Aktivisten ohne Erfahrung mit Konfrontationen in der Lage, an neue und ihnen bisher fremde Aktionsformen anzuknüpfen. Später erzählten sie, dass sie so etwas wie einen Bruch erlebt hätten, durch den Dinge, die sie vor dem Zusammenstoß für »unmöglich« gehalten hatten, jetzt möglich geworden waren. Solche beflügelnden Erfahrungen wirken ermächtigend, so Müller, weil sie plötzliche Veränderungen im fest gefügten Bewusstsein der Aktivistinnen und Aktivisten auslösen können. Und sie wirken weiter als nur innerhalb des Kreises der unmittelbar Beteiligten, weil diese Erlebnisse in den Netzwerken der Bewegung weiter getragen werden. Beim EU-Gipfel in Saloniki wenige Monate später dagegen erwartete jede und jeder, die oder der in der Stadt ankam, Randale. Bereits seit Wochen hatten Aktivisten Mollies, Schleudern und Schilde gesammelt. Die Straßenkämpfe begannen unmittelbar nachdem die Demo den Universitätsbereich verlassen hatte. Steine und Molotowcocktails wurden geworfen, es wurde mit Tränengas geschossen, und Geschäfte wurden angezündet. Nach wenigen Stunden war alles vorbei, und die Protestierenden kehrten in den sicheren Hafen der Universität zurück. Viele Teilnehmer hatten den Eindruck, das Ganze sei ein abgekartetes Spiel gewesen. Tadzio Müller dazu: »Was die Militanten in Griechenland initiierten, … war … trotz all der nihilistischen Graffiti und des radikalen Gehabes, das auf dem besetzten Campus zur Schau gestellt wurde, nichts anderes als eine reine Reproduktion und die (Wieder-)Aufführung von Traditionen, Gewohnheiten, Ritualen und Machtstrukturen. So gesehen war dies eher eine konservative als eine radikale Rebellion.«

Wie Sian Sullivan weiter ausführt, wirft diese Art unreflektiert militanten Vorgehens auch aus feministischer Sicht schwerwiegende Probleme auf, denn »es heroisiert körperliche Kraft, den Machismo (im Verhältnis sowohl zu anderen Männern als auch zu Frauen) und emotionale Härte … nicht unähnlich dem Machismo der männlich dominierten polizeilichen Einsatzkräfte mit ihrer Körperpanzerung. Berücksichtigt man außerdem die Berichte von Frauen über sexuelle Belästigungen, die sie auf dem anarchistischen Camp in Saloniki erlebt haben … liegt es nahe, von einer in bestimmten Bereichen des militanten Spektrums entstehenden Dynamik zu sprechen, die darauf hinausläuft ›gute‹ politische Gewalt umzubiegen und ›zurück‹ zu normalisieren in die banale und entmächtigende Gewalt des alltäglichen Sexismus.«

So kann also Gewalt einerseits ein Wert an sich sein, vorausgesetzt allerdings, dass die Beteiligten durch sie Befreiung und Radikalisierung erleben. Vermutlich ist es das hochfliegende Gefühl der Selbstbefreiung, das gesucht wird, vor allem der Wunsch, die ursprünglichen Erlebnisse von Bruch und Aufbruch bei den frühen Mobilisierungen (z.B. Seattle) und ihren Zauber wieder zu erleben, kollektive Erinnerungen, die eine wesentliche Rolle bei den anhaltenden Protesten gegen diverse Gipfel gespielt haben. Doch was anhand der Beispiele auch deutlich wird: Das Potenzial für diese Art einschneidender Erfahrung steht in umgekehrtem Verhältnis zu ihrer Vorhersehbarkeit und Planbarkeit. Die überraschende und unerwartete Qualität solcher Ereignisse macht sie erst zu dem, was sie dann sind oder werden – für viele Beteiligte eine Wende. Setzt man Gewalt bewusst ein, um diese befreiende Erfahrung herbeizuführen, ist dies wahrscheinlich kontraproduktiv und kann leicht zur ritualisierten Reproduktion von Verhaltensmustern führen, die alles andere als belebend oder befreiend wirken.

Eine zweite Frage, die ich zur Diskussion stellen möchte, ist die der Rache – kann sie ein sinnvolles Motiv für anarchistische Gewalt darstellen? Um dem nachzugehen, wende ich mich zunächst der Erschießung von König Umberto I. von Italien durch den Anarchisten Gaetano Bresci zu. Bei Protesten im Jahr 1898 in Mailand gegen die hohen Brotpreise eröffneten Soldaten das Feuer auf die unbewaffneten Demonstranten, die sich weigerten, den Platz vor dem Stadtpalast zu verlassen, und töteten Hunderte von ihnen. König Umberto verlieh daraufhin dem General, der den Befehl erteilt hatte, einen Orden und lobte ihn für seine »mutige Verteidigung des Königshauses«. Bresci, ein italo-amerikanischer Anarchist, beschloss, den König für diesen symbolischen Akt zu töten. Er fuhr über den Atlantik, und am 29. Juli 1900 näherte er sich dem König, als dieser Monza besuchte, und schoss drei Mal auf ihn. Umberto starb an seinen Wunden, und Bresci wurde zu lebenslanger Schwerstarbeit verurteilt. Ein Jahr darauf fand man ihn tot in seiner Zelle. Wahrscheinlich hatten ihn seine Wärter umgebracht.

Brescis Tat war, wie zahlreiche andere anarchistische Attentate, eindeutig durch Rache motiviert, was in der anarchistischen Bewegung der damaligen Zeit lebhafte Debatten auslöste. Emma Goldman schrieb mehrere Artikel, in denen sie Brescis Tat verteidigte, und ihre Wortwahl wirft ein bezeichnendes Licht auf den problematischen Stellenwert der Rache für Anarchisten. Sie behauptet, anarchistische Täter seien besonders zartfühlende Menschen, die gerade deshalb aus Empörung angesichts schwerer sozialer Ungerechtigkeit zu solchen Verzweiflungstaten getrieben würden:

»Ihre Seelen, aufs Äußerste gespannt wie die Saiten einer Geige, weinen und ächzen um eines Lebens willen, das so gnadenlos, so grausam, so schrecklich unmenschlich ist. Ungeübte Ohren hören nichts als Misstöne. Aber die, welche ein Gefühl für den gequälten Aufschrei haben, erfassen seine Harmonie; sie hören in ihm die Erfüllung des bewunderungswürdigsten Augenblicks menschlicher Natur.«

Doch Entschuldigungen, die aus dem Täter ein Opfer machen, werden einer mit kühlem Verstand sorgfältig geplanten Tat wie der Brescis eigentlich nicht gerecht. Sie gehen auch nicht auf das Problem ein, dass Rache immer wieder individuelle Anschläge motiviert hat, die für den Täter und die Bewegung schwere Konsequenzen nach sich zogen, während es höchst unwahrscheinlich blieb, ob sie auch zu einer bleibenden gesellschaftlichen Veränderung beitragen würden. Anders als die meisten anderen Fälle von Gewaltanwendung kann dieses Vorgehen normalerweise aufgrund rationaler Überlegungen als unsinnig bezeichnet werden. Die Ermordung von führenden Politikern, Wirtschaftsbossen oder Militärs greift das System in seiner Struktur nicht an, in die sie eingebettet sind – so wird lediglich eine Person aus ihrer Rolle entfernt, nicht die Rolle selber abgeschafft. Es gibt auch Ausnahmen von dieser Regel, so wenn es um einen echten Autokraten geht, von dem das gesamte Regierungssystem abhängt (z.B. jemand wie Hitler). Sonst aber ist ein solches gezieltes Attentat auf eine Führungsperson eher sinnlos und verantwortungslos.

Nach wie vor stellt sich jedoch auch die Frage, ob Rache als Rechtfertigung für eine überlegte Aktion gelten kann, ohne dass die psychische Disposition des Täters entschuldigend herangezogen wird. Es gibt Beispiele, die belegen, dass die Frage manchmal mit Ja beantwortet werden kann, so das folgende:

»Datum: Dienstag, 27. Januar 2004

Von: Biotic Baking Brigade@bbb bioticbakingbrigade.org

Archiv: http:/biotech.indymedia.org/or/2004/02/2254.shtml

Thema: Biotech Baking Brigade gibt Biotechniker die Torte

Am 21. Januar hielt Paul Rylott, führender Gentechniker in der Saatgut-Abteilung von Bayer, auf einer Konferenz über Management und Vorhersage von Krisen in der Lebensmittelindustrie eine aufrüttelnde Rede darüber, wie die Konsumenten-Reaktionen auf die Biotechnologie zu kontrollieren sind. Als er sich in der Konferenzpause am Büffet anstellte, sorgte ein höfliches ›Mr Rylott?‹ dafür, dass er sich umwandte und sein Gesicht in einen (vergammelten) Schokocremekuchen eingetaucht fand, der mit angesäuerter, übel riechender Schlagsahne überzogen war. Dazu ertönte der Ruf ›Das für die Genmanipulation!‹, bevor die angreifende Partei floh.

Die vor Überraschung erstarrte Menge wurde noch mit einigen Flugblättern versorgt. Dann flohen alle am Protest Beteiligten, ehe die Bullen eintrafen.

Die Aktion ist Teil einer britischen Kampagne gegen Bayer und die Vermarktung gentechnisch veränderter Lebensmittel. In diesem Rahmen wurden bereits folgende Aktionen durchgeführt: massenhafte Verschickung von Junkmails, Sabotage, u.a. durch das Verkleben von Türschlössern, Spraying, Einschlagen von Fenstern, das Verwüsten von Golfplätzen, Bürobesetzungen, Lärmdemos und Feldbefreiungen.«

Gemäß der oben gegebenen Definition ist es zweifellos Gewalt, wenn man jemandem eine Torte aufs Gesicht drückt – Rylott hat es sicher als Angriff erlebt. Die Anarchisten haben den Tortencoup als Racheakt gemeint (»Das für die Genmanipulation«!) und sich dabei ohne Frage gefreut. Ich möchte also behaupten, was – verglichen mit dieser Aktion – an Brescis Tat beunruhigt, ist nicht die Rache als Motiv, sondern nur die Tatsache, dass sie mehr Schaden anrichtet als Gutes bewirkt. Rache kann tatsächlich als Motiv für Aktionen mit Gewaltanwendung Sinn machen, doch sollten wir uns klar machen, dass sie keineswegs tödlich oder ernstlich verletzend zu sein braucht, um unser Bedürfnis nach Rache zu befriedigen. Das Eindecken mit einer vergammelten Torte ist schließlich nichts Anderes als ein simuliertes politisches Attentat. Das Opfer soll lächerlich gemacht und gedemütigt, aber auch eingeschüchtert werden. Von jetzt an wird er wissen, dass die Torte ebenso gut auch ein Messer oder eine Kugel hätte sein können.

Hier schließen sich Überlegungen zu einem Thema an, über das sich Anarchisten lieber früher als später klar werden sollten: tödliche Gewalt im Rahmen bewaffneter Erhebungen. Diese bleiben insoweit spekulativ, als es dabei ja um ein umfassenderes revolutionäres Szenario geht. Dennoch kann man manche Dinge besprechen, jedenfalls in Bezug auf den globalen Norden.

Zunächst einmal sind die extrem überproportionale militärische Macht des Staates, seine Überwachungsmöglichkeiten und Möglichkeiten der sozialen Kontrolle ins Auge zu fassen, und es muss schlicht festgestellt werden, dass diese Übermacht nicht in irgendeiner Schlacht besiegt werden kann. Anarchisten werden vermutlich nie über die Mittel verfügen, die nötig sind, um gegen Panzer, Minen, Flugzeuge etc. anzutreten. Das bedeutet: Soweit sich dazu überhaupt etwas sagen lässt, ist es Bedingung für jedwede revolutionäre gesellschaftliche Veränderung, dass Polizei- und Armeekräfte in ihrer Mehrheit *desertieren* oder ihre Einheiten *verlassen*. Das wiederum erscheint nur im Rahmen einer bereits bestehenden breiten Mobilisierung einer entschlossenen Bevölkerung denkbar, die in der Lage ist, wichtige Mitglieder des bewaffneten Arms der Regierung auf ihre Seite zu ziehen. Ein Aufstand der Massen mag also unter bestimmten Umständen immer noch Erfolg versprechend sein, doch ist er auf eine sehr tragfähige Basis in der Bevölkerung angewiesen.

Diese Überlegungen bedeuten, dass in der gegenwärtigen Situation ein bewaffneter Kampf nur kontraproduktiv sein kann. Was Anarchistinnen und Anarchisten jedoch unter den gegebenen Bedingungen erwägen können, ist die Möglichkeit, die Bedingungen für seinen Erfolg zu herzustellen. Das derzeitige Anwachsen der anarchistischen Bewegung bringt es mit sich, dass Energien frei werden, um – neben der Präsenz von Dissens auf den Straßen und den Aktivitäten, die die gesellschaftlichen Kosten der Exzesse von Staat und Wirtschaft erhöhen – offensiv städtische und ländliche Projekte aufzubauen, bei denen es um eine nachhaltige Lebensführung, den Aufbau von Gemeinschaften und die Entwicklung von Fertigkeiten, Fähigkeiten und von Infrastruktur geht. Dies wird gewöhnlich unter dem Begriff der »Aushöhlung« des Kapitalismus gefasst, doch man kann es auch als das Schaffen einer soliden gesellschaftlichen Basis für weitere Kämpfe und eine (mögliche) Erhebung begreifen. In einer solchen Situation wäre ein bewaffneter Kampf nicht die Sache einzelner Desperados, sondern von Gemeinschaften, die sich bereits einen bedeutenden autonomen Bereich innerhalb der bestehenden hierarchisch organisierten Gesellschaft geschaffen hätten. Der bewaffnete Kampf könnte sich unter diesen Umständen gegen einen letzten, gewaltsamen Versuch des Staates richten, diese befreiten Bereiche zurückzuerobern, oder er wäre möglicherweise Teil eines umfassenderen Szenarios des gesellschaftlichen Zusammenbruchs aufgrund einer massiven Krise durch ein globales Ölfördermaximum und den Klimawandel. Während also der bewaffnete Kampf in absehbarer Zeit nicht anstehen mag, könnte er doch mit den weitgehend gewaltfreien und »konstruktiven« anarchistischen Errungenschaften verwoben sein.

Kapitel 5

Maschinenstürmer, Hacker und Gärtner

Anarchismus und Technologie

> *»Viele dieser Königslosen ritten auf Pferden, und manche von ihnen schmiedeten Gerätschaften aus Eisen, aber das machte (die Hyksos) nicht zu einer zivilisierteren Bevölkerung als die Vorfahren der Ojibwa, die das Kupfer nutzten und an den Großen Seen lebten; Pferde und Eisen wurden erst dann zu Produktivkräften, zur Technologie der Zivilisation, als sie Teil von Leviathans Arsenal wurden.«*
> Fredy Perlman, *Against His-tory, against Leviathan!*

Im Verhältnis heutiger Anarchisten zur Technologie herrscht eine merkwürdige Ambivalenz. Auf der einen Seite sind Anarchisten an zahlreichen Kampagnen beteiligt, bei denen es ausdrücklich darum geht, Widerstand gegen die Einführung neuer Technologien zu leisten: von der Bio- und der Nanotechnologie bis hin zu Überwachungs- und Kriegstechnologien. Eine typische Anarchistin könnte vor Sonnenaufgang gentechnisch veränderte Pflanzen ausreißen, am Morgen über E-Mails und die Webseiten unabhängiger Medien von der Aktion berichten, dann ein Mittagsschläfchen halten, am Nachmittag ein bisschen im Gemeinschaftsgarten werkeln und am Abend Teilzeit als Programmiererin arbeiten.

In diesem Kapitel möchte ich zwei Fragen nachgehen: Können wir eine Technologiekritik formulieren, die in sich kohärent und theoretisch haltbar und zugleich mit zentralen politischen Anliegen von Anarchisten vereinbar ist? Und: Auf welche Arten politischer Aktion verweist eine solche Kritik, wenn wir die Strategien berücksichtigen, die viele Anarchisten bereits heute verfolgen?

Es geht mir um eine anarchistische Technologie-Politik in einem weiteren Sinne oder mit einer breiten Basis, denn das Hauptproblem bei der Diskussion dieser Thematik besteht in ihrem quasi automatischen Zusammenfallen mit einer bestimmten Strömung anarchistischen Denkens, dem Anarcho-Primitivismus. Dabei handelt es sich um eine bestimmte Sichtweise oder Mentalität, die unter Anarchisten recht verbreitet ist, besonders in den nordwestlichen USA, aber auch anderswo. Diese Tendenz hat eindeutig Wurzeln in der auf die Umwelt bezogenen direkten Aktion – wie es aus den Titeln bekannter Publikationen abzulesen ist: *Green Anarchy* (US), *Green Anarchist* (GB) – und kann in einer ganzen Reihe von Buchpublikationen und Essays nachgelesen werden (z.B. bei Fredy Perlman, John Zerzan, John Moore, David Watson, Derrick Jensen). Stark vereinfachend könnte man die Hauptmerkmale einer anarchoprimitivistischen Sichtweise folgendermaßen zusammenfassen:

- sehr starker politischer, ökologischer und spiritueller Antagonismus gegenüber industrieller Entwicklung, Technologie und Hypermoderne
- Liebe zur unberührten Natur, ökofeministisches Bewusstsein und naturverbundene, nichtwestliche Spiritualität
- eine »maximalistische« anarchistische Kritik an der auf Hierarchien beruhenden Zivilisation und ihrer Geschichte (»His-tory«) von Dominanz und Zerstörung seit den Anfängen von Domestizierung, Landwirtschaft und Staat
- eine Wiederentdeckung und Wertschätzung der Jäger- und Sammlergesellschaft als Ort primitiver – egalitärer, friedfertiger, müßiggängerischer, ekstatischer und mit den Kreisläufen der Natur verbundener – Anarchie

Diese Strömung, für die ich durchaus Sympathien hege, ist derart kontrovers innerhalb anarchistischer Zirkel, dass sie sich schon allein deshalb nicht gut als Ausgangspunkt für eine breiter angelegte Diskussion von Anarchismus und Technologie eignet. Wenn ich also dieses Thema möglichst aus seiner Verwicklung in die anarcho-primitivistischen Sichtweisen lösen möchte, dann nicht, um diese zu diskreditieren, sondern um Raum für eine möglichst unbefangene Diskussion zu schaffen.

Anarchisten und Technologie

Wie bereits oben angedeutet, ist die Beziehung von Anarchisten und Technologie widersprüchlich, teils leidenschaftlich ablehnend, teils, wie es scheint, sehr entspannt.

Die Ablehnung lässt sich besonders gut am Beispiel der Kämpfe gegen gentechnisch modifizierte (GM-)Pflanzen erläutern, die während der gesamten 1990er Jahre besonders heftig waren. Der erste dokumentierte Fall der Zerstörung von GM-Pflanzen trug sich 1987 in den USA zu, als *Earth First!*-Aktivisten 2000 genetisch veränderte Erdbeerpflanzen ausrissen (siehe *SchNews* 2004). Die erste Aktion dieser Art in Europa fand 1991 in den Niederlanden statt. Spätestens 1993, als 500 000 Bauern in Bangalore zum Abschluss einer Demonstration den indischen Hauptsitz des Saatgutmultis *Cargill* zerstörten, begriffen Anarchisten im Norden, welche Dimension die militant geführten Kampagnen der Bauernbewegungen in Lateinamerika und Südasien gegen gentechnisch veränderte Nutzpflanzen inzwischen erreicht hatten, und welche Gelegenheiten zu internationaler Solidarität rund um den Globus sich daraus ergaben. Deutsche Autonome besetzten Felder, um den Versuchsanbau von Gentech-Pflanzen zu verhindern, was auch tatsächlich zu einer Einstellung von einem Drittel der Versuche und zur Zerstörung vieler weiterer führte. In Großbritannien spielten Anarchisten eine wichtige Rolle innerhalb des über dreißig Gruppen umfassenden Gentechnik-Netzwerks, das sowohl Kampagnen organisierte als auch direkte Aktionen durchführte. Mehrere Jahre in Folge zerstörten »Feldbefreier« in nächtlichen Überfällen Versuchsanpflanzungen von gentechnisch verändertem Mais, Zuckerrüben und Raps zur Ölgewinnung, bis schließlich die Regierung Blair 2004 Pläne zum kommerziellen Anbau von Gentech-Nutzpflanzen in Großbritannien aufgab.

Doch der Widerstand gegen gewisse Technologien umfasst weit mehr als nur GM.

Zwei der bedeutendsten »Vorfahren« der heutigen anarchistischen Bewegung, der Feminismus und die Umweltbewegung, waren in den 1980er Jahren auch hinsichtlich der direkten Aktion Vorläufer und wandten sich ebenfalls gegen fragwürdige technologische Fortschritte: Ersterer bekämpfte besonders heftig die Nutzung der Atomkraft, sei es zur Energiegewinnung oder als Waffentechnik. Die Letztere setzte sich kritisch und mit direkten Aktionen mit dem technischen Fortschritt, unter anderem im Bereich Genetik, Chemie und Transport auseinander. In letzter Zeit waren Anarchistinnen und Anarchisten an der Kampagne gegen die Einführung von biometrischen Personalausweisen in Großbritannien beteiligt und besetzten in Grenoble gemeinsam mit anderen ein Gelände, auf dem ein Nanotechnik-Zentrum entstehen sollte. Die politische anarchistische Kultur zeigt auch eine starke Neigung zum »einfachen Leben« bzw. einem »low-tech«-Lebensstil. Dazu gehört Bioanbau im kleinen Maßstab und Radfahren anstelle der vorherrschenden Autokultur.

Auf der anderen Seite lassen sich viele Beispiele dafür nennen, dass die Bewegung technologische Systeme – bis hin zu deren Weiterentwicklung – in die eigene Arbeit und die Organisation integriert. Anarchisten nutzen ausgiebig die Kommunikationsmöglichkeiten durch E-Mail und Mobiltelefon; Internetseiten, oft mit Diskussionsforen, haben eine wichtige Funktion bei der Bekanntgabe und Koordination von Ereignissen. Die Bewegung verfügt außerdem über eine ganze Reihe medialer Vernetzungspunkte wie das globale Indymedia-Netzwerk, deren Kollektive häufig netzgestützte Treffen abhalten und Verfahren zur Online-Konsensfindung entwickelt haben. Das Internet dient außerdem als gigantisches Archiv zur Dokumentation gesellschaftlicher Kämpfe durch die Akteure selber.

Anarchisten gehen allerdings bei der Integration und sogar der Entwicklung von Informations- und Kommunikationstechnologien noch einen Schritt weiter. Die bei Indymedia genutzte Software zur gemeinsamen Texterstellung wurde und wird direkt von Aktivistinnen und Aktivisten entwickelt. Auch an der Bewegung für die unabhängige Software-Entwicklung sind Anarchisten maßgeblich beteiligt. Viele Anarchisten sind begabte Software-Entwickler, die überwiegend GNU/Linux und andere Open-Source-Anwendungen nutzen, um Programme für soziale Bewegungen zu entwickeln. In Europa betreiben Aktivistinnen und Aktivisten derzeit mehr als dreißig HackLabs, Gemeinschaftseinrichtungen mit Rechnern und Internetzugang, die zugleich als Knotenpunkte für die Organisation politischer Aktivitäten dienen.

Historisch gesehen lässt sich bei Anarchisten eine ähnliche Ambivalenz gegenüber der Technologie feststellen: Während sie einerseits durch ihre Erfahrungen im Zeitalter der Industrialisierung bittere Kritik äußerten, sahen sie, von einem beinahe naiven Optimismus beseelt, in der Entwicklung der Wissenschaft ungeahnte Möglichkeiten für eine nachkapitalistische Gesellschaft. Anarchistische Aktivisten und Autoren, die in der Arbeiterbewegung des 19. Jahrhunderts verwurzelt waren, machten sich keine Illusionen über die Verdrängung der Arbeiter durch die Maschinen und die Auflösung der Selbstständigkeit des Produzenten, als Heimarbeit und Handwerk durch einen Produktionsprozess obsolet wurden, bei dem Tempo, Arbeitsschritte und Ergebnis der Arbeit durch die Maschinen diktiert werden. Pierre Joseph Proudhon jedenfalls scheint keine großen Sympathien für den technologischen Fortschritt gehegt zu haben:

»Egal welches der Fortschritt der Mechanisierung auch sei – und sollten auch Maschinen erfunden werden, die hundertmal herrlicher sind als die *Mule Jenny*, die Strickmaschine oder die Zylinderpresse; und sollten auch Kräfte entdeckt werden, die hundertmal mächtiger sind als der Dampf – so würden diese Dinge doch keine andere Wirkung zeitigen, als die Arbeit zu vervielfachen, die Bevölkerung wachsen zu lassen, die Ketten der Sklaverei schwerer zu machen, das Leben immer weiter zu verteuern und den Graben zu vertiefen, der sich zwischen der Klasse, die befiehlt und genießt, und der Klasse auftut, die gehorcht und leidet.«

Doch viele Anarchisten sahen im industriellen Fortschritt auch eine Wohltat – jedenfalls, wenn er mit einer Veränderung der gesellschaftlichen Beziehungen einherginge. Obwohl Kropotkin grundlegende Beiträge zu einer wissenschaftlichen Ökologie leistete und Sympathien für das mittelalterliche Gemeinwesen hegte, bezeichnete er doch »den Fortschritt moderner Technik, die auf wunderbare Weise die Produktion von allem, was zum Leben nötig ist, vereinfacht«, als einen Faktor, der das verstärkte, was er als verbreitete gesellschaftliche Tendenz hin zum Sozialismus ohne Regierung ausmachte. Seine Überzeugung, dass die Technologie in der Lage sei, die Arbeitsbedingungen zu verbessern, veranlasste ihn zu der Vorhersage, nach der Revolution würden »Fabrik, Schmiede und Mine genauso gesund und großartig sein wie das schönste und modernste Universitäts-Labor«. Er stellte sich die Verbreitung von Geräten und eine zentralisierte Service-Industrie vor, die die Frauen von ihrer Sklaverei im Haushalt befreien und alle möglichen unangenehmen Arbeiten überflüssig machen würde. Diese Auffassung klingt auch bei Murray Bookchin in seinem ganz überwiegend techno-optimistischen Werk *Post-Scarcity Anarchism* wieder an, das 1974 erschien.

Nach dem Ersten Weltkrieg sprachen sich weiterhin bekannte Anarchistinnen und Anarchisten, so Malatesta, Goldman und Rocker, für eine befreite industrielle Moderne aus, die jedoch unter der Kontrolle durch die Arbeiter bzw. deren Organisationen stehen sollte. Laut Rudolf Rocker sollte »die Industrie kein Selbstzweck sein, sondern ein Mittel, um dem Menschen seine materielle Subsistenz zu ermöglichen und ihm den Segen einer höheren intellektuellen Kultur zugänglich zu machen. Wo die Industrie alles und der Mensch nichts ist, beginnt das Reich eines skrupellosen ökonomischen Despotismus.« Im Allgemeinen sahen Anarchisten im mechanisierten industriellen Prozess das unter kapitalistischen Bedingungen vorherrschende System. Mit der Überwindung des Klassensystems, so ihre zuversichtliche Erwartung, würde auch eine Befreiung der Produktionsmittel von ihrer entfremdenden Rolle innerhalb des Systems von Privateigentum und Konkurrenz einhergehen.

Die meisten früheren Anarchisten teilten also die Auffassungen über die Technologie, die auch heute offizielle und Alltagsdiskussionen durchziehen. Dass technologischer Fortschritt anzustreben und wünschenswert ist, gilt als selbstverständlich; Technologie wird für neutral gehalten, eine Sammlung von Geräten und Nutzungen, die zum Guten oder zum Schlechten angewandt werden können, selber aber ohne politische oder moralische Wertigkeit sind.

Macht und Maschine

An den Rändern des gesellschaftlich vorherrschenden technologischen Optimismus gab es durchaus auch kritische Stimmen, die auf die zunehmende technologische Unterwerfung der Natur und die dadurch entstehende Entfremdung in der modernen Gesellschaft aufmerksam gemacht haben. In *Technics and Civilizaton* zeichnet Lewis Mumford 1934 die historische Entwicklung der Technologie von der mittelalterlichen Uhr bis in die Gegenwart nach und behauptet, dass moralische, wirtschaftliche und politische Erwägungen die technologische Gesellschaft geprägt haben, die schließlich zu einer spirituell verkümmerten Zivilisation geworden sei, in der nur noch die Produktivität zähle. Mumford setzt der Vorstellung von der unvermeidlichen Dominanz der Maschine seine Vision einer »Ästhetik« der Maschine entgegen, die direkt auf der Naturbeobachtung und der Balance zwischen Funktion und Form beruhe und in einer rationalen, basis-kommunistischen Gesellschaft übernommen und positiv gewendet werden könne, in der es um »den schönen Körper, den verfeinerten Geist, das unverfälschte Leben, hochgestimmtes Denken, genaue Wahrnehmung, sensible Emotionalität und ein Zusammenleben geht, das all das ermöglicht und fördert«. In den 1960 Jahren erschienen drei weitere Werke, die in dieselbe Richtung wiesen. Im Sinne seiner Seins-Philosophie argumentierte Martin Heidegger, dass das Wesen der Technologie nicht in ihren Mitteln läge, sondern darin, für den Menschen alle Wesen zu objektivem, berechenbarem, quantifizierbarem und verfügbarem Rohmaterial zu machen, das nur insofern geschätzt werde, als es zur Förderung menschlicher Macht beitrage. Damit bestand die wirkliche Gefahr der Technologie in Heideggers Augen in der Entwicklung, durch die die Maschine die menschliche Existenz verändert und sie von der tieferen Erfahrung des Seins entfernt.

In *The Technological Society* legte Jacques Ellul eine »soziologische Studie des Problems der *Technique*« vor – wobei damit die Summe aller Techniken gemeint ist, aller Mittel zu allen unhinterfragten Zwecken, das »neue Milieu« der zeitgenössischen Gesellschaft. Alle individuellen Techniken sind ambivalent, dazu gedacht, guten Zwecken zu dienen, doch auch

Beiträge zur Gesamtheit von *Technique*. Anders als Mumford nahm Ellul an, das künstliche Milieu habe sich verselbstständigt und sei nicht mehr aufzuhalten.

Herbert Marcuse äußerte sich in *Der eindimensionale Mensch* ähnlich fatalistisch, der technologische Fortschritt habe, anders als es die traditionellen marxistischen Vorstellungen nahelegten, blühende kapitalistische Gesellschaften hervorgebracht, die sich durch eine gefügige Öffentlichkeit und eine grenzenlose Fähigkeit, Dissens zu zähmen, auszeichneten.

Diese Werke sind unter Anarchisten bekannt, und besonders Ellul wird häufig von primitivistischen Autoren zitiert. Doch jede der Quellen, auf die ich hier verweise, gehört in einen sehr spezifischen philosophischen Kontext und ist zu sehr in diesem befangen, als dass sie sich eignen würde, eine Basis für eine umfassende anarchistische Technologiepolitik abgeben zu können. Jüngere Kritiker bieten da einen klareren Ausgangspunkt.

Anarchisten wären wahrscheinlich überrascht, wenn sie erführen, dass die zeitgenössische akademische Literatur zum Thema Technologie sehr politisch ist. Unter diesen Autoren herrscht Einigkeit darüber, dass Technologie nicht »neutral« ist. »Seit die sozio-politische Dimension des Designs durch Langdon Winner und andere aufgezeigt wurde, gibt es nur wenige, die noch an der These von der Neutralität der Technologie festhalten« (Tayler Veak). Die Neutralitäts-These ist nicht haltbar, weil sie unberücksichtigt lässt, wie sehr die technische oder Form-Design-Struktur der Umgebung, in der Menschen leben, ihre Verhaltensweisen und ihre Beziehungen bestimmt. Wie Langdon Winner in *The Whale and the Reactor* darlegt, »sind Technologien nicht nur Hilfsmittel bei menschlichen Tätigkeiten, sondern auch wirkmächtig darin, diese und ihre Bedeutung zu formen und zu verändern«:

»Bereits während eine Technologie entwickelt und zum Einsatz gebracht wird, finden bedeutende Veränderungen in den menschlichen Verhaltensmustern und Institutionen statt … der

Aufbau eines technischen Systems, das Menschen als Teil seines Betriebs einbezieht, bringt die Umstrukturierung gesellschaftlicher Rollen und Beziehungen mit sich. Oft ergibt sich dies aus den Bedienungs- oder Nutzungsbedingungen des neuen Systems: Es lässt sich nicht anwenden, ohne dass menschliches Verhalten sich seiner Form und seinem Prozess anpasst. Daher entwickelt allein schon die Nutzung der Maschinen, der Techniken und Systeme, die uns zur Verfügung stehen, bestimmte Formen von Aktivitäten und Erwartungen, die bald zu unserer ›zweiten Natur‹ werden.«

Hier wird die Politisierung der Diskussionen um die Technologie – anders als im üblichen gesellschaftlichen Diskurs – vertieft geführt. Wenn politische Fragen im Zusammenhang mit technologischen überhaupt aufkommen, dann fast ausschließlich als Angelegenheit von Regierungspolitik und nur am Rande der Kosten-Nutzen-Analyse oder der Nebenwirkungen für die Umwelt. Eine grundlegende Politisierung der Debatte findet statt, sobald davon ausgegangen wird, dass Technologien spezifische gesellschaftliche Organisationsformen und kulturelle Interaktionen ausdrücken und reproduzieren und wenn das Augenmerk »auf die Dynamiken übergreifender sozio-technologischer Systeme gelenkt wird, auf die Reaktionen moderner Gesellschaften, auf gewisse technologische Imperative und auf die Art, wie menschliche Bestrebungen in der Anpassung an technische Mittel tiefgreifend verändert werden«.

Technologien passen gesellschaftliche Beziehungen in materielle Realität ein. Das wird an der materiellen Abhängigkeit moderner Gesellschaften von einer überallhin reichenden stabilen Infrastruktur sichtbar. Wie weit diese Abhängigkeit geht, zeigt sich in »der systemischen, gesamtgesellschaftlich ausgeübten Kontrolle über die Variablen, die der natürlichen Umgebung innewohnen« (Paul N. Edwards). Um in diesem Kontext und allen gesellschaftlichen Interaktionen zu funktionieren, ist ein hohes Maß an »technologischer Geläufigkeit«, von der alltäglichen bis zur spezialisierten Ebene, gefordert, eine Geläufigkeit, die in der Tat zur Voraussetzung für die Mitgliedschaft in dieser Gesellschaft wird. Infrastrukturen wirken laut Edwards »wie Gesetze: Sie schaffen sowohl Gelegenheiten als auch Begrenzungen; sie fördern manche Interessen auf Kosten anderer. Innerhalb der vielfältigen, miteinander verbundenen Infrastrukturen moderner Gesellschaften zu leben, bedeutet, seinen Platz innerhalb gigantischer Systeme gefunden zu haben, die uns Möglichkeiten eröffnen und Grenzen setzen.« Infrastrukturelle Zusammenbrüche werden entweder als menschliches Versagen oder als technische Fehler behandelt, doch nur wenige »stellen die Abhängigkeit unserer Gesellschaft in ihrer Konstitution (von diesen Infrastrukturen) infrage … Infrastruktur funktioniert tatsächlich, indem sie Hardware und interne soziale Organisation nahtlos mit umfassenderen gesellschaftlichen Strukturen verbindet.«

Winner führt mehrere Beispiele für Technologien an, die mit der Absicht entwickelt wurden, Herrschaft auszuüben: darunter die nach 1848 in Paris eingeführten breiten Boulevards, die Aufstände der Bevölkerung und Barrikadenkämpfe erschweren sollten; pneumatisch betriebene Maschinen zur Eisenbearbeitung, die eingeführt wurden, um die Facharbeitergewerkschaften in Chicago zu zerschlagen; und in den 1950er Jahren ein System von niedrigen Brücken über gewissen Straßen in Long Island, wodurch verhindert wurde, dass das reiche, weiße Jones Beach mit dem Bus erreicht werden konnte – eine Maßnahme, die dazu diente, die arme Bevölkerung aus dieser Gegend fernzuhalten. Jedenfalls haben technische Arrangements vorhersehbare und oft auch beabsichtigte gesellschaftliche Konsequenzen.

Auf der gesellschaftlichen Makroebene ergibt sich die Anforderung der Integration einer neuen Technologie in einen bestehenden sozio-technologischen Komplex. Daher ist diese Technologie von vornherein durch die in dieser Gesellschaft herrschenden Interaktionsmuster geprägt. Diese Tendenz wird unvermeidlich die Technologie in ihrer Form und die Zwecke, für die sie eingesetzt wird, beeinflussen. Aufgrund der ungleichen Verteilung von Macht und Reichtum in der Gesellschaft ist bereits der technische Entwicklungsprozess selber durch und durch tendenziös und zeitigt regelmäßig Ergebnisse im Sinne bestimmter gesellschaftlicher Interessen.

Man muss kein Anarchist sein, um zu sehen, dass die Einschränkungen, die der bestehende sozio-technologische Komplex und seine Infrastrukturen mit sich bringen, in spezifischer Weise ausbeuterisch und autoritär sind. Arbeitsplatztechnologien vom Fließband mit Robotertechnik bis hin zum computerisierten Großhandel ordnen die Arbeitenden dem Rhythmus und den Aufgaben unter, die durch die jeweilige Programmierung vorgegeben sind. Dadurch werden die Gelegenheiten für die Arbeitenden stark eingeschränkt, selbstständig zu urteilen oder den Produktionsprozess zu gestalten. Die kapitalistische Ausrichtung der modernen Gesellschaft ist auch in den Einstellungen derer zu spüren, die die technologische Entwicklung prägen. Heute üben große Wirtschaftsunternehmen in jedem Entwicklungsstadium einer Technologie – sei es die Forschung, der Entwurf oder die Einführung – erheblichen Einfluss aus. In jedem entwickelten Land gibt die Industrie Milliarden für Forschung und Entwicklung aus: in den Forschungsabteilungen der Firmen selber, durch die Finanzierung von Programmen an den Universitäten oder in Öffentlich-Privaten Partnerschaften. Die Universitäten ihrerseits werden ermutigt bis gedrängt, ihre Forschung einem kommerziellen Nutzen zuzuführen, wobei durch die Privatisierung und durch direkte Finanzierung unter gewissen Bedingungen seitens der Regierungen Druck in diese Richtung ausgeübt wird. Da die Universitäten bestrebt sind, die Entstehung lukrativer Unternehmen anzustoßen, ist es aus ihrer Sicht nur folgerichtig, die wirtschaftliche Relevanz der Forschung zu berücksichtigen. Überraschen sollte auch nicht, dass eine Gesellschaft, in der Hierarchie und Kapitalismus die Grundlage bilden, darauf ausgerichtet ist, Feinde, Bürgerinnen und Bürger, Immigrantinnen und Immigranten und wirtschaftliche Konkurrenten zu überwachen. Unter diesen Umständen ist es unvermeidlich, dass Technologien wie starke Mikroprozessoren, Breitbandkommunikation, biometrische Datenerfassung und Gesichts- oder Stimmerkennungssoftware in den Dienst staatlicher und wirtschaftlicher Überwachungserfordernisse gestellt werden, ganz unabhängig davon, wie sie auch anders verwendet werden mögen.

In Großbritannien nehmen Vertreter großer Unternehmen regelmäßig an Sitzungen von Gremien wie dem akademischen Forschungsrat teil, der über große Summen von Fördergeldern entscheidet, und beeinflussen so die politischen Entscheidungsprozesse hinsichtlich der Technologieentwicklung. Inoffiziell gibt es darüber hinaus Lobby-Gruppen, die von der Industrie unterstützt werden, so die *British Royal Society* unter anderem von *BP*, *Esso*, *Rolls-Royce*. Und zwischen den Führungsetagen von Wirtschaft, Universitäten und Regierung bestehen für Funktionen, die für den Bereich Wissenschafts- und Technologiepolitik relevant sind, »Drehtüren«. Ähnlich verhält es sich in allen anderen entwickelten Ländern.

Unter solchen Bedingungen überrascht es nicht, dass die Entscheidungen über den Wert einer technischen Entwicklung »nicht einfach eine Frage der technischen oder auch wirtschaftlichen Einschätzung ist, sondern eine politische. Eine Technologie wird für sinnvoll erklärt, wenn sie den bestehenden Machtverhältnissen entspricht« (David F. Noble). Technologische Entwicklung verstärkt demnach strukturell die Perpetuierung und Erweiterung der bereits allgegenwärtigen Zentralisierung, Rationalisierung und Konkurrenz, die westliche Gesellschaften kennzeichnen. So gesehen »findet permanent ein gesellschaftlicher Prozess statt, bei dem sich wissenschaftliche Erkenntnis, technologische Entwicklung und wirtschaftlicher Profit in eingefahrenen Bahnen wechselseitig verstärken, Bahnen, denen unübersehbar der Stempel politischer und wirtschaftlicher Macht aufgeprägt ist« (Langdon Winner).

Mit anderen Worten, die hypothetische Frage, ob Technologie je in die »richtigen« Hände gelangen kann, beantwortet sich zunächst einmal mit der Feststellung, dass sie jedenfalls in einer hierarchischen Gesellschaft immer in den »falschen« Händen war und sein wird.

Während ich mich bisher mit dem bestehenden sozio-kulturellen Komplex befasst habe, in den neue Technologien eingeführt werden, kann Technologie noch in einem weiteren, direkteren Sinn »politisch« sein, und darum soll es im Folgenden gehen. Folgt man dieser Argumentation, so sind viele Technologien *inhärent* politisch, insofern als bestimmte technische Systeme ihnen entsprechende menschliche Beziehungsmuster voraussetzen oder doch stark begünstigen. Dies kann auf die unmittelbare Umgebung zutreffen, in der das System zur Anwendung kommt, oder aber auf die Gesellschaft als Ganzes. In manchen Fällen tritt das ganz deutlich zutage. Die Existenz einer Atomwaffe beispielsweise macht die Einführung einer zentralisierten, streng hierarchisch geordneten Befehlskette erforderlich, um zu regeln, wer unter welchen Bedingungen und zu welchem Zweck auch nur in ihre Nähe kommen darf. Für die wirtschaftlichen Infrastrukturen, die alltäglich funktionieren – von Eisenbahnen und Ölraffinerien bis hin zu landwirtschaftlichen Massenprodukten und Mikrochips – gilt ein trivialeres Argument: Ein zentralisiertes, hierarchisches Management ist für diese großen Strukturen im Sinne der Effizienz geboten, und selbstverständlich ist das im hegemonialen Diskurs über die Technologie das entscheidende Kriterium.

Auf der anderen Seite lassen sich Technologien anführen, die inhärent dezentrale Strukturen und Regionalität nahelegen. Sonnen- und Windenergie beispielsweise sind sehr gut mit einer dezentral organisierten Gesellschaft und einer lokalen, unabhängigen Energieversorgung kompatibel, zumal Produktion, Betrieb und Wartung der Anlagen keine hochgradige Spezialisierung erfordern. Viele »große, technologisch komplexe Systeme«, so Winner, scheinen »in hohem Maße mit einem zentralisierten, hierarchischen Management kompatibel« zu sein.

Laut Winner ergeben die gesellschaftlich abgeleiteten und die inhärent politischen Qualitäten von Technologien zusammengenommen die »technische Verfassung« einer Gesellschaft: tief verwurzelte gesellschaftliche Muster, die mit der Entwicklung moderner industrieller und postindustrieller Technologie Hand in Hand gehen. Zu dieser »Verfassung« gehören neben der Abhängigkeit von zentralisierten und hierarchischen Strukturen eine Tendenz zu immer größeren Zusammenschlüssen, die zunehmende Eliminierung einer ganzen Reihe von Aktivitäten, die in diesem Modell keinen Platz haben, und die ausdrückliche Macht sozio-technischer Organsiationen über die politische Sphäre.

Der Technologie-Kritik durch Winner, Edwards und andere, die den weit verbreiteten Glauben an die Neutralität der Technik und an den Fortschritt erschüttert, sind noch die Überlegungen von Xabier Barandiaran, eines Anarchisten von der HackLab-Szene, hinzuzufügen. Barandiaran trifft eine grundsätzliche Unterscheidung zwischen *technique* als »besondere Anwendung eines bestimmten Wissens auf ein zuvor umrissenes Problem« und Technologie als »rekursive Anwendung einer ganzen Reihe von Techniken und Mechanismen auf einen Realitätsbereich«. Im Unterschied zur *technique* (zu der die Anwendung von Werkzeugen zählt), »generiert, entgrenzt und strukturiert« Technologie »einen realen (elektronischen, wissenschaftlichen, gesellschaftlichen …) Bereich, denn es ist eine rekursive Anwendung, bei der das Ergebnis im selben Bereich erneut angewandt wird, der wiederum diesen Techniken und Mechanismen unterworfen wird etc.« Barandiaran unterscheidet vier Momente in technologischen Systemen, wobei es sich nicht um Stadien handelt, die aufeinander folgen oder aufbauen, sondern um Momente eines retroaktiven Zyklus, einer »Metamaschine«, bei der Outputs als Inputs erneut verwendet werden:

»1. *Ein Code wird generiert.* Dies ist das wissenschaftliche Moment, das sich auf Wissen, Verstehen und Diskurs bezieht. Mit der Generierung eines Codes ist die Digitalisierung (Aufteilung in diskrete Einheiten, viele binär und normativ) verbunden, die Auswahl von Elementen oder Komponenten, Taxonomien (Klassifizierungen) dieser Elemente, die Schaffung miteinander verbundener Steuerungs-, Analyse- und Manipulationsprozeduren (Diagnose, Messungen etc.) und die Abstraktion einer Reihe von Beziehungen und Rechenregeln zwischen den Zeichen, die den Code definieren (mathematische Gleichungen, strukturelle Kausale, generative Regeln, Befehle für Manipulationen etc.). Der Code ordnet und operationalisiert einen (gesellschaftlichen oder materiellen) Realitätsbereich für die Konstruktion von Maschinen in diesem Bereich.

Maschinen werden auf der Grundlage dieses Codes gebaut. Der Code (oder das Wissen) ermöglicht, sobald er geschaffen ist, den Entwurf von Maschinen, die Ordnung, Kontrolle oder Objekte herstellen oder (gesellschaftliche, biologische, physische etc.) Veränderungen bewirken. Codes werden auch benutzt, um diverse Phänomene (Organismen, Material, Denken, Kollektive, Märkte etc.) in Form von Maschinen zu vergegenständlichen oder zu kodifizieren und sie Manipulations-, Kontroll- und Ordnungsprozessen zu unterwerfen. Eine Maschine ist die Abstraktion der Transformationen in Form des Codes, die ein User an einem Operanden vornimmt (Kräfte, die ein Rad in Bewegung setzen, Sanktionen oder Beruhigung als Reaktion auf ein Verhalten, ein Filtersystem für den Informationsfluss im Netz etc.).

Die Maschinen werden realisiert/implementiert: Diese Maschinen werden in Kunstwerken, Institutionen, Geräten, Symbolen, Produkten, Fabriken etc. implementiert. Wenn das System oder Phänomen der Maschine (seiner Erzeugung in kodifizierter Form) vorausgeht, wird die Maschine benutzt, um die Art, wie es funktioniert, vorzubestimmen, es zu steuern oder zu manipulieren. Auf diese Weise werden Phänomene bereits zu Maschinen, wenn wir anfangen, mit ihnen auf der Basis ihrer Kompression in Maschinen zu interagieren.

Die Maschinen werden in einen technologischen Komplex eingefügt: In letzter Zeit konstruierte Maschinen werden in einen komplexen Kontext anderer Maschinen und gesellschaftlicher Prozesse eingeführt, in die Verbindung gesellschaftlicher Institutionen, in den Markt, in den Alltag etc. ... wobei sie diese Umgebung verändern, zugleich aber selbst verändert und für dieses komplexe Ökosystem von Maschinen und Codes, Instrumenten und Praktiken, die das *technologische System* ausmachen, erneut nutzbar gemacht werden. In vielen Fällen verstärkt der abschließende technologische Komplex das Wissen und die Codes, die ihn stützen, da es eine effizientere Manipulation jenes Bereichs ermöglicht (indem es ihn, so oft es kontrollierbar ist, mit diesem Code reduziert). Manche Maschinen haben schon so lange in der Realität funktioniert, dass sie Ordnungen und Strukturen hervorgebracht haben, die wir für normal und normalisiert halten, andere ›explodieren‹ in diesen Kontexten und rufen im Zusammenhang mit den Veränderungen, die sie bewirken, Abwehr und Illusionen hervor.«

Auf der Grundlage dieser Analyse beschreibt Barandiaran Phänomene wie die Biotechnologie als technologische Prozesse, die »(in diesem Fall den genetischen) Code festlegen oder entdecken und eine Reihe von Manipulationen und Kontrollabläufen hervorbringen, um Maschinen zur Produktion gentechnisch veränderter Lebensmittel, zur Kontrolle genetisch bedingter Krankheiten, von Genbanken etc. zu bauen. Maschinen, die sich vermittels der Schnittstellen des Marktes und anderer legaler Maschinerien (beispielsweise der biotechnologischen Patentierung) anpassen und sozial entwickeln, sorgen für die Aufrechterhaltung und Absicherung eines Kräfteverhältnisses in dieser technologischen Domäne.«

Xabier Barandiaran »technologisiert« auf diese Weise die bekannte poststrukturalistische Kritik gesellschaftlicher Machtbeziehungen. Das Prinzip der Domäne (*dominio,* Herrschaftsbereich) wohnt nicht nur dem technologischen Design und der technologischen Implementierung inne, sondern auch der Codifizierung als Tätigkeit, die den gesamten rekursiven Prozess am Laufen hält. Die angenommene Verbindung von Macht und Wissen lässt an Foucault denken, in dessen Studien gesellschaftlicher Prozesse Barandiaran einen Ausdruck der Art und Weise liest, wie »verschiedene Formen von Wissen (Psychiatrie, Lehre, Kriminologie) eine Reihe von Codes hervorbringen, mit denen Menschen und ihr Verhalten klassifiziert und vergegenständlicht werden können (in: verrückt/gesund, erfolgreich/gescheitert, kriminell/nicht kriminell)«. Auf der Grundlage dieser Codes werden »Mittel und ›Disziplinierungsmaschinen‹ der Warnung, Sanktionsnormierung und Überprüfung (sowohl als Überwachung wie als medizinische, pädagogische und juristische Prüfung) sowie auch die Institutionen entwickelt, die diese umsetzen (die psychiatrische Anstalt, die Schule, das Gefängnis)«. Auf diese Weise wird ein technologisches Regime der Disziplinierung errichtet, das Machtbeziehungen hervorbringt. Diese geben vor, was erlaubt und was nicht erlaubt ist, und produzieren Formen von Subjektivität und Individualität.

Ein weiterer Gesichtspunkt der gesellschaftskritischen Betrachtung der Technologie ergibt sich aus der Beobachtung der Wellenbewegungen, in denen sich die durch technologische Entwicklung angeregte globale wirtschaftliche Entwicklung darstellt, wie Nikolai Kondratieff 1922 in *The Long Wave Cycle* zeigte. Pat Mooney deutet die Auswirkungen dieser Wellen:

»Die Geschichte zeigt, dass zumindest anfänglich jede technologische Welle das ohnehin gefährdete Leben der Verwundbarsten weiter destabilisiert hat. … Die mit Reichtum und Macht Ausgestatteten sind gewöhnlich in der Lage, die Welle technologischer Neuerung anrollen zu sehen (und sie zu beeinflussen) und sich so darauf vorzubereiten, dass sie auf ihrem Kamm reiten können. Sie besitzen die wirtschaftliche Flexibilität und den Schutz durch ihre Klassenzugehörigkeit, um zu überleben. Doch eine Zeit der Instabilität (durch die technologische Neuerung) spült Teile der ›alten‹ Ökonomie davon, während sie neue wirtschaftliche Möglichkeiten eröffnet … Jede künstliche technologisch ausgelöste Welle beginnt mit dem Niedergang oder der Erosion der Umwelt und der Marginalisierten, die nach unten gezogen werden. Auf ihrem Höhepunkt spült die Welle eine neue Wirtschaftselite nach oben.«

Genau wie sich Kapital durch die Verarmung der unteren Klassen akkumulierte, ist zu erwarten, dass heutige Wellen der Technologieentwicklung durch massive Verdrängungs- und Rationalisierungsprozesse und zunehmende Arbeitslosigkeit zur Erweiterung staatlicher Kontrolle und unternehmerischen Reichtums führen werden. Man braucht kein Anarchist zu sein, um heute einen eher technologie-pessimistischen Standpunkt einzunehmen. Um dies näher zu erläutern, möchte ich mich kurz der möglicherweise bedeutendsten technologischen Welle der Geschichte zuwenden – einer Welle, in der vielfältige Technologien auf der atomaren Ebene zusammenfließen.

Der Fall Nanotechnologie

Hier geht es nicht um eine spezielle Technologie, sondern um ein technologisches Programm oder Bündel, das die Veränderung von Materie auf der atomaren und der molekularen Ebene gestattet, wobei von der atomaren Ebene aufwärts neue Moleküle kreiert werden. Die Nanotechnologie zieht ein enormes Investitionsaufkommen seitens der Regierungen und großen Unternehmen an sich.

Zwei Kennzeichen der Nano-Ebene faszinieren besonders. Die eine kann man unter der Formel zusammenfassen: »Alles ist gleich.« Moleküle können zusammengesetzt und manipuliert werden, wobei sich lebende und nichtlebende Materie gleich verhalten. Wie die Gentechnik die Grenze zwischen den Spezies durchbrochen hat (indem sie einen Fisch oder ein Kaninchen mit einem Quallengen ausstattet, um sie fluoreszieren zu lassen), so durchbricht die Nanotechnologie die Barriere zwischen belebt und unbelebt. Dadurch eröffnet sich die Möglichkeit revolutionärer technologischer Verbindungen und der Erosion der Abgrenzungen zwischen Materialtechnologie, Biotechnologie, Informationstechnologie und kognitiver Neurowissenschaft (vgl. *ETC Group*, *The Big Down*).

Auf einer trivialeren Ebene und unter lukrativen Gesichtspunkten ist das zweite Kennzeichen dieser Technologie interessant: »Alles ist anders.« Auf der Nano-Ebene ändert die Materie ihre Eigenschaften (Farbe, Stärke, Reaktivität, Leitfähigkeit), da die Gesetze der Quantenmechanik wirken. So entstehen derzeit Nano-Materialien, die die Vorteile der neuartigen Eigenschaften neu geschaffener Moleküle auf sich vereinen und in Form von Farben, Kosmetika, Autoreifen, Kleidung, Glas, Computern und vielem anderen mehr auf den Markt kommen.

Aufgrund ihrer Größe besitzen Nano-Partikel physikalische Eigenschaften, an die biologische Organismen sich nie anpassen konnten, und sind daher möglicherweise giftig und haben noch unerforschte Auswirkungen auf die Umwelt. Die meisten Nano-Partikel sind klein genug, um durch die Blut-Hirn-Schranke und allemal durch die Hautoberfläche zu dringen. Derzeit – im Sommer 2007 – bestehen noch so gut wie keinerlei Regelungen in Bezug auf Nano-Produkte. Gleichzeitig lösen Themen wie die mögliche Giftigkeit Sorgen aus, die die Industrie als »Risiko« aufgreift und codiert, um sie durch Regeln zu besänftigen – auf die sie unter diesen Umständen massiv Einfluss nimmt.

Doch die oben skizzierten kritischen Parameter legen einige eindeutig politische Überlegungen zur Nanotechnologie nahe. Zum einen führt die Verbindung von Technologien potenziell zu weiteren Konzentrationsprozessen in der Wirtschaft. Ähnlich wie die biotechnologische Revolution zu einer Interessensverbindung zwischen der chemischen, der pharmazeutischen, der Saatgut- und der Materialien-Industrie und damit zur Bildung von Life Science-Firmen wie Bayer und BASF geführt hat, so dürfte die Nanotechnologie noch weit umfassendere Monopole eines neuen Misch-Sektors hervorbringen und auf diese Weise Macht vervielfältigen und konzentrieren.

Nicht nur Firmen finanzieren die Nanotech-Forschung, auch das US-Verteidigungsministerium ist einer der ganz großen Förderer dieser Technologie, die im Bereich Militär- und Überwachungstechnologien eine bedeutende Rolle spielt. (Am MIT beispielsweise gibt es ein entsprechendes Forschungszentrum.) So hat die *Defense Advanced Research Projects Agency* (DARPA), eine Agentur der US-Regierung, ein Programm zur Entwicklung einer Technologie auf den Weg gebracht, die geeignet ist, »die sensorische Aufnahme, Auslösung und elektronische Verarbeitung so zu verschmelzen, dass neue Systeme entstehen, die die Wahrnehmung, Kontrolle und Performanz von Waffensystemen und auf dem Schlachtfeld erhöhen«. (DARPA) Eines dieser Systeme ist unter der Bezeichnung »Smart Dust« bekannt. Es handelt sich um winzigste Sensoren, die vielfältige Informationen von Umweltbedingungen wie Bewegung und Licht bis hin zur DNA eines Menschen aufnehmen. Diese Sensoren, die vollkommen unabhängig auf Sonnenenergie-Basis funktionieren, würden sich selber einschalten, andere Sensoren in ihrer Umgebung erkennen und ein drahtloses Netzwerk miteinander bilden können. Das würde die Ausbreitung eines Sensorennetzes auf einem Schlachtfeld oder in einer urbanen Umgebung ermöglichen. Dieses könnte umfassendes Informationsmaterial an eine Zentrale senden, die entsprechend ausgestattet wäre, um das Datenmaterial zu verarbeiten.

Doch nicht nur Überwachung im dargestellten Sinne dürfte durch die neuartige Technologie möglich werden, sondern auch Formen sozialer Kontrolle durch technologische Konvergenz, die durch das Einschreiben oder Eincodieren von Eigentums- und strafrechtlichen Bestimmungen in unsere physische Umgebung geschaffen wird. Bereits heute wird mit gentechnischen Mitteln »Terminator«-Saatgut hergestellt, das die Nachzucht nicht zulässt und nicht nur illegal, sondern auch physisch unmöglich macht. Somit ist das Patent von Monsanto nicht nur eine rechtliche Schimäre, die ohne staatlich garantierten Zwang unwirksam wäre – es ist ein geschlossener rechtlich und physisch zwingender Komplex, der im Saatgut selber codiert ist. Und die Nanotechnologie vermag sogar noch ausgeklügeltere Mechanismen hervorzubringen, so die *bedingte* Vernichtung, bei der Samen eine toxische Schicht enthalten, die in eine »kluge« Membran eingeschlossen ist. Diese entlässt das toxische Potenzial in Reaktion auf ein spezifisches Mikrowellensignal, das an einem anderen Ort ausgesendet wird. So ist es denkbar, dass die Kombination einer alles durchdringenden Überwachung, kombiniert mit Nano-Materialien und niedrigen Formen von Intelligenz, durchaus »smarte« Umgebungen schaffen könnte, in denen es – im wörtlichen Sinne – unmöglich wäre, das Gesetz zu brechen – indem Materialien und Gegenstände so programmiert wären, dass sie auf einen Verstoß in einer ganz bestimmten Weise reagieren.

Und schließlich wird die Nanotechnologie, wie andere technologische Neuerungswellen vor ihr, schwächere Ökonomien bis in die Grundfesten erschüttern, wenn für die Länder des globalen Südens wichtige Einnahmequellen wegfallen, die durch den Export von Gütern wie Eisen und Kupfer, Gummi und Baumwolle gegeben sind, und an ihre Stelle Nanoröhren und Nanofasern treten. So könnte die Einführung von Kohlenstoffnanoröhren Kupfer in der elektronischen Industrie obsolet machen. Am härtesten werden die Auswirkungen solcher Entwicklungen nicht etwa große Unternehmen zu spüren bekommen, die mit Kupfer handeln (und ihr Geschäft diversifizieren können), sondern Dorfgemeinschaften von Peru über Sambia bis nach Indonesien, die vom Kupfer abhängen. Damit möchte ich nicht sagen, dass Kupferminen umweltverträgliche oder angenehme Arbeitsplätze sind, doch ihre Schließung sollte die Folge einer gesellschaftlichen Entscheidung sein.

Welche praktischen Beurteilungen und Strategien ergeben sich nun aus einem solchen Verhältnis zur Technologie? Und wie könnte eine Alternative aussehen?

Die Aktualisierung der Kritik

Literatur aus dem akademischen Bereich, die technologische Veränderungen vorschlägt, ist meistens nicht sehr überzeugend. Langdon Winner hält einen »Prozess technologischer Veränderung« für möglich und wünschenswert, »der durch die politische Weisheit der Demokratie diszipliniert wird ... Bürger oder ihre Vertreter sollten das gesellschaftliche Übereinkommen überprüfen, das mit der Einführung (einer neuen Technologie) verbunden wäre ... (in neuen) Institutionen, in denen sich technische Expertise und die Ansprüche demokratischer Bürgerrechte regelmäßig austauschen sollten« – vermutlich auf Augenhöhe. Dies soll darauf hinauslaufen, »der technologischen Zivilisation moralische Grenzen aufzuerlegen«, »ein neues Regime der Anwendung«, das die sozio-technologischen Beziehungen definieren wird. Winner schlägt als – durchaus vernünftige – allgemeine Maximen in diesem Zusammenhang vor, dass Technologien von einer Größenordnung und Struktur sein sollten, die auch Nicht-Experten unmittelbar verständlich sein müssten; dass sie von vornherein flexibler und wandelbarer angelegt sein sollten; und dass sie danach beurteilt werden sollten, in welchem Maße sie Abhängigkeiten fördern, was dann als negatives Kriterium gelten würde. Ideal wäre demnach, wenn Technologien »unter Beteiligung derjenigen« entwickelt würden, »die bei der Anwendung und durch deren Auswirkungen täglich von ihnen betroffen sind«.

Fraglich ist allerdings, ob ein solches demokratisches Verfahren tatsächlich in der Form, wie Winner es sich vorstellt, unter den gegebenen Bedingungen in Gang kommen kann. Ist es überhaupt denkbar, dass in einem Dialog zwischen Bürgerinnen und Bürgern einerseits, dem Staat und den – heute die sozio-technischen Entwicklungen bestimmenden – Wirtschaftsunternehmen andererseits Kompromisse, wie die von Winner angedeuteten, zustande kommen?

Eine dezentralisierte, lokal verankerte Wirtschaft scheint sehr viel eher geeignet zu sein, Technologien hervorzubringen, die an den Menschen orientiert sind und in basisdemokratischen Entscheidungsprozessen Gestalt annehmen und verwaltet werden. Diese Position hält Winner jedoch für unrealistisch:

»So tief, wie in unserer Gesellschaft bestimmte Muster eingeschliffen sind, würde eine Dezentralisierung bedeutender politischer und technologischer Institutionen bedeuten, dass viele der Regeln, der öffentlichen Rollen und der institutionellen Beziehungen, in denen oder durch die regiert wird, verändert würden. Es würde bedeuten, dass sich die Gesellschaft in Bewegung setzen und die lokale Ebene – Entscheidungsstrukturen und öffentliche Verwaltung – zahlenmäßig und im Hinblick auf Zugänglichkeit, (verhältnismäßiger) Macht, Lebendigkeit und Vielfalt stärken würde. Dies wäre nur gegen einen mit Sicherheit zu erwartenden heftigen Widerstand gegen eine solche Politik durchzusetzen – was quasi einer Revolution gleichkäme.

Auch die bestehende Technologie selber zu dezentralisieren wäre mit einem enormen Aufwand verbunden, da ein Großteil der Hardware umgestaltet und ersetzt werden müsste … es würde darauf hinauslaufen, die gesamte Gesellschaft ›rückanzupassen‹, nachdem zentralisierte Institutionen die Norm geworden sind.«

Doch Winner sieht nicht nur unmittelbare politische Hindernisse und den technologischen Aufwand, die einer solchen tiefgreifenden Veränderung entgegen stehen. In seinen Augen ist es unmöglich, »sich eine gesamte moderne Gesellschaftsordnung vorzustellen, die auf kleinräumige, basisdemokratische, weit verstreute Verwaltungszentren aufbaut«.

Mit diesem Argument hat er durchaus Recht – es ist in der Tat davon auszugehen, dass Dezentralisierung und die moderne Industriegesellschaft, wie wir sie kennen, nicht kompatibel sind. Es ist unmöglich, sich vorzustellen, wie das Niveau an Koordination und Präzision, das für eine – von der Biotechnologie bis zur Raumfahrt – erfolgreich funktionierende Wirtschaft und Gesellschaft erforderlich ist, jemals in einer Gesellschaft ohne zentralisiertes Management erreicht oder gehalten werden könnte. Noch weniger denkbar ist dies, wenn dieser Gesellschaft die Antriebskräfte fehlen, die eine profitorientierte Wirtschaft und das Wettrüsten motivieren. Unterm Strich muss tatsächlich die Wahl zwischen Dezentralisierung und einer Moderne im großindustriellen Stil getroffen werden, und wenn sich Anarchisten aus guten Gründen für Erstgenanntes entscheiden, bedeutet dies auch eine Entscheidung für die Rück-Anpassung der Gesellschaft und ein beträchtliches Zurückfahren des technologischen Niveaus. Dazu bedarf es tatsächlich eines Prozesses, der »quasi einer Revolution gleichkäme«.

In jedem Fall stellt sich uns als Anarchistinnen und Anarchisten die Frage, was all das praktisch und gegenwärtig bedeutet. Ich möchte im Folgenden drei Stränge benennen, die zusammengenommen eine in sich stimmige Basis für eine anarchistischen Technologie-Politik bieten können. In Ansätzen finden sich alle drei bis zu einem gewissen Grad heute bereits in anarchistischen Aktivitäten, doch ich möchte versuchen, diese Ansätze mit der skizzierten Technologiekritik in Verbindung zu bringen und die Potenziale und Einschränkungen eines jeden dieser Stränge auszuleuchten.

Luddismus

Anarchisten, die eine kritische Position gegenüber der Technologie einnehmen, fühlen sich oft in die Defensive und zu Äußerungen wie der folgenden gedrängt, so in der Zeitung *Fifth Estate* 1986: »Die Steinzeit ist nicht das Modell für unsere Utopie, und wir streben auch nicht die Rückkehr zur Jäger- und Sammlerexistenz an, um uns auf diese Weise über Wasser zu halten … Ganz grundsätzlich betrachtet sollte eine Diskussion über die Zukunft ihren Ausgang bei dem nehmen, was wir uns gesellschaftlich wünschen, und von da aus sollten wir entscheiden, welche Technologie dazu passen könnte. Wir alle wissen eine Zentralheizung, Spülklosetts und elektrisches Licht zu schätzen, aber nicht auf Kosten unserer Menschlichkeit. Vielleicht können wir beides haben, vielleicht aber auch nicht.«

Diese Gegenüberstellung von gewissen Annehmlichkeiten der Zivilisation und »Menschlichkeit« verdunkelt die eigentliche Problemstellung eher, als dass sie sie erhellt. Denn es dürfte unbestritten sein, unabhängig von der anarchistischen Version einer befreiten Gesellschaft, der man anhängt, dass es Technologien gibt, die eindeutig nicht mit dem vereinbar sind, »was wir uns gesellschaftlich wünschen«. Dazu gehören, um nur einige auf der Hand liegende Beispiele zu nennen – hoch entwickelte Waffentechnologien, Technologien im Zusammenhang mit Überwachung, Knast, Verhör und Folter oder stark umweltbelastende technologische Systeme wie die Atomkraft oder die industrielle Erdölnutzung. Sie kommen auf der Grundlage der oben entwickelten kritischen Überlegungen dafür infrage, mit einem anarchistischen »Bann« belegt zu werden. Wie weit ein technologisches Roll-Back gehen soll, ist dabei aus anarchistischer Sicht nicht so sehr die Frage. Vielmehr geht es darum, wo es *beginnen* sollte.

Die maschinenstürmerische Kampagne der Ludditen, deren Sabotageakte sich gegen neue Webmaschinen richteten, begann 1811 in Nottinghamshire und breite sich von dort über Lancashire, Yorkshire, Leicestershire und Derbyshire aus, bis sie auf direkte Order von Parlament und Krone brutal erstickt wurde. Für die Ludditen war der Gegenstand ihres Widerstands nicht der technische Fortschritt an sich, sondern der technische Fortschritt, der verantwortlich war für ökonomischen Niedergang und die Zerstörung der Lebensgrundlage vieler Menschen. Ihre Kriegserklärung galt neuartigen Webrahmen und Apparaten, mit deren Hilfe, wie sie es ausdrückten, »schändliche und unverschämte Personen in die Lage versetzt werden, betrügerische und untaugliche Produkte herzustellen, wodurch sie den Ruf unseres Gewerbes in Misskredit bringen und schließlich ruinieren«. Sie brachen nachts in die Fabriken ein und zerstörten Rahmen, die nur »unechte Artikel erzeugen … und überhaupt alle Webmaschinen, die nicht die regulären Preise zahlen, die zuvor von Meistern und Arbeitern vereinbart wurden«. (*Anonymous1*) Wie Kirkpatrick Sale erläutert, »empörten sich die Ludditen nicht gegen alle Maschinen, sehr wohl aber gegen ›alle Maschinen, die dem Gemeinwohl schaden‹ … zu denen ihre Gemeinschaft die Zustimmung verweigerte, über die sie keine Kontrolle hatte und deren Einsatz ihren Interessen widersprach. Sie verstanden ihre Gemeinschaft als eine zusammengehörige Gruppe von Arbeitern, von Familien und Nachbarn oder von Bürgerinnen und Bürgern. Es ging um Maschinen, die zu keinem anderen als zu einem ökonomischen Zweck gebaut worden waren, Maschinen mit einem Nutzen nur für Wenige, während der vielfältigste Nutzen sozialer, kultureller und sonstiger Art für irrelevant gehalten worden war.«

Als Marx wenige Jahrzehnte später über die Ludditen schrieb, tat er dies eher herablassend. Er sah in ihrem Kampf eine wirrköpfige Reaktion auf die Einführung von Maschinen, die dem Staat einen Vorwand für Repressionen gegen die Arbeiterklasse als ganze lieferte. »Es bedarf Zeit und Erfahrung«, führt er in *Das Kapital* aus, »bevor der Arbeiter die *Maschinerie* von ihrer *kapitalistischen Anwendung* unterscheiden und daher seine Angriffe vom *materiellen Produktionsmittel selbst* auf dessen *gesellschaftliche Exploitationsform* übertragen lernt.« Doch es ist in der Tat nicht möglich, zwischen den Maschinen und ihrer Nutzung durch das Kapital zu unterscheiden, denn diese ist ihnen von Anbeginn an eingeschrieben. Marx scheint hier blind dafür zu sein, dass die Maschine den Arbeitern ihren Rhythmus auch dann vorgibt und ihre Autonomie eingrenzt, wenn sie sie zusammen mit ihrem Produkt besitzen. Der Aufstand der Ludditen hingegen ist so gesehen durchaus ein sinnvoller Protest gegen eine destruktive Industrialisierung unter dem Banner technologischer Notwendigkeit.

Die Verbindung zur zeitgenössischen anarchistischen Technologiepolitik wird deutlich, wenn man sich klar macht, dass die Ludditen sich nicht auf irgendwelche Formen technischer Veränderung stürzten, sondern sich einer technologischen Welle entgegenstemmten, die sie, anders als die Wohlhabenden, weder vorhersehen noch ihren Interessen gemäß beeinflussen konnten; auch sich von ihr »tragen zu lassen«, war für sie wohl nicht möglich.

Ebensowenig ist der zeitgenössische Luddismus als reine Maschinenstürmerei zu verstehen. Er versucht vielmehr, auf alle mögliche Arten *neuen* technologischen Wellen einen Widerstand entgegenzusetzen, wenn sie darauf ausgerichtet sind, Machtkonzentration und soziale Kontrolle, Ungleichheit und Umweltzerstörung zu verstärken.

Bereits etablierte Technologien, die durch den Staat kontrolliert werden, sind dem Zugriff von Anarchisten weitgehend entzogen. Andere (das Straßensystem oder die durch Kohle/Öl/Atomkraft gelieferte Energie und alles, was damit zusammenhängt) sind so tief ins alltägliche Leben verwoben, dass ihre Abschaffung oder Umstrukturierung eines viel breiteren Konsenses bedürfte, als derzeit in Sicht ist. Es gibt jedoch eine ganze Reihe neuer und zum Teil in der Entwicklung befindlicher Technologien, die von Anarchisten eindeutig abgelehnt werden und die noch nicht vollständig implementiert und insofern eher angreifbar sind. Der Widerstand kann eine Vielfalt von Taktiken der direkten Aktion umfassen: von der physischen Zerstörung von Produkten wie den gentechnisch modifizierten Pflanzen über die Sabotage von Produktionsstätten und Labors bis hin zur Störung der alltäglichen Wirtschaftstätigkeiten von Firmen, die an der Entwicklung und Einführung neuer Technologien beteiligt sind. All dies kann und sollte von öffentlichen Kampagnen begleitet werden, die zum einen auf die potentiellen Risiken und die aktuellen Schäden durch neue Technologien hinweisen, zum anderen darauf, wie sie staatliche und wirtschaftliche Machtstrukturen zum Nachteil der Lebensgrundlagen auf lokaler Ebene und der Kontrolle über Produktion und Konsumption verfestigen. In ihrer unmittelbaren Zielsetzung sind neo-ludditische Kämpfe daher defensiv und präventiv. Doch sie bieten auch die Gelegenheit, Alliierte zu finden und eine radikale Kritik an Herrschaftsstrukturen in diese Aktionen einzubringen. Viele dieser Vorgehensweisen sind schon in den Kämpfen gegen die Biotechnologie und die Einführung von Gentech-Pflanzen eingeübt worden. Jetzt steht die Nanotechnologie auf der anarchistischen Agenda.

Angemerkt sei an dieser Stelle, dass die hier dargestellte Position nicht mit einer unpolitischen Argumentation wie der von der »promethischen Hybris« zu verwechseln ist, die an der Gentechnik zu kritisieren sei. Neo-ludditischer Widerstand gegenüber neuen Technologien ist ein *politischer* Widerstand gegen die kapitalistischen Strategien der Konsolidierung und weiteren In-Wert-Setzung.

Hacken, Knacken und e-Piraterie

Es fragt sich, warum bei Anarchisten einer der am weitesten entwickelten High-Tech-Bereiche, Computer Software und Internet, so begeisterten Zuspruch findet, während andere neue Technologien, wie geschildert, bekämpft werden. Nicht nur wird das Internet von anarchistischen Netzwerken intensiv genutzt, manche Anarchisten beteiligen sich auch als Programmierer an seiner Entwicklung.

Die Antwort könnte darin liegen, dass möglicherweise »libertäre und kommunitäre Visionen in der Technologie des Internet eine Basis finden, insbesondere in seiner nichthierarchischen Struktur, den niedrigen Kosten der Transaktionen, der globalen Reichweite, der Reaktionsgeschwindigkeit, der Fähigkeit, Eingriffe bzw. Störungen (daher auch Zensur) … abzuwehren« (Roger Hurwitz). Obwohl auch diese Medaille zwei Seiten hat – man denke nur an Elektronik-Konsum oder Überwachung im und durch das Netz – kann man der Logik und Struktur des Internet nicht absprechen, dass es geeignet ist, dezentrale Strukturen und Ermächtigung vor Ort zu fördern. Die Grundlage des Internet – das TCP/IP (*Transmission Control Protocol/Internet Protocol*) – ist von Beginn an vollkommen dezentral, da es lokal im Knotenpunkt jedes einzelnen Nutzers rechnet. Das ermöglicht es einem weit gestreuten Netzwerk von Computern, Informations-Pakete auszutauschen, ohne dass dies über eine zentrale Stelle läuft.

Ironischerweise ist das einer der seltenen Fälle, in denen eine Technologie sich den Intentionen ihrer Schöpfer entzieht. Bekanntlich ist das Internet von ARPA (*Advanced Research*

Projects Agency) geschaffen worden, der Vorgänger-Agentur eben jener DARPA, die heute an nanotechnischen Projekten arbeitet. Das ARPANet, Vorläufer und Rückgrat des heutigen Internet, wurde in den späten 1960er Jahren geschaffen, um die innerakademische Kommunikation zu vereinfachen und zu beschleunigen und darüber hinaus, um das Überleben der inner-militärischen Kommunikation der USA im Falle eines Nuklearkrieges zu garantieren. Um einer »Enthauptung« vorzubeugen, führte man die dezentrale Struktur ein. Die Zuverlässigkeit, die Anpassungsfähigkeit an Systeme unterschiedlicher Art und das Fehlen einer Hierarchie machten TCP/IP zu einem attraktiven Instrument in zivilen Zusammenhängen. Die Etablierung der Dezentralisierung in der Internet-Technologie zog unbeabsichtigte Konsequenzen für die US-Regierung nach sich – denn dies ermöglichte es auch Gruppen, die sie bedrohen, Kommunikationsnetzwerke zu nutzen, deren »Zentrum« man nicht zu fassen bekommt, weil es nicht existiert.

Ein anderer Aspekt des Internets, der besonders für Anarchisten und andere Aktivisten der sozialen Bewegungen interessant ist, besteht in der Möglichkeit des offenen, nichtkommerziellen Austauschs von Informationen – wie in einer Art Geschenkökonomie. In traditionellen Geschenkökonomien geben die Beteiligten Geschenke oder Dienstleistungen, ohne direkt etwas als Gegenleistung zu bekommen. Gesellschaftliche Norm und Sitte sorgen jedoch dafür, dass der Empfänger der Gabe in irgendeiner Form früher oder später ein Gegengeschenk macht. Diese Ökonomien, wie sie in Stammes- und traditionellen Gesellschaften vorkommen, sind von Anthropologen intensiv untersucht worden, aber man kann sie auch in ausgedehnten Familien- und Freundeskreisen beobachten (siehe Marcel Mauss und James Carrier). Während das traditionelle Schenken zwischen speziellen Personen stattfindet, die sich gegenseitig (relativ) gut kennen, ist die Logik des Schenkens, auf das Internet übertragen, eine etwas andere. Im Rahmen von e-Mail-Listen und Newsgroups, bei denen innerhalb einer geschlossenen Personen-Gruppe eine direkte Interaktion stattfindet, kann ich als Erwiderung auf mein »Geschenk« eine »Gegengabe« nicht unbedingt von der Person erwarten, die ich »beschenkt« habe, sondern von einer dritten. Durch eine e-Mail-Liste weitergegebene Informationen werden oft von jemandem empfangen, der dem Gebenden unbekannt ist, und Internet-Geschenke werden häufig auch gemacht, ohne dass man dabei einen bestimmten Empfänger vor Augen hat, so beim Posten auf einer Website. Daher könnte man das Internet auch und vielleicht angemessener als Instrument bezeichnen, das ein System von »Gruppen-Austausch« ermöglicht. In solchen Systemen tun die Gruppenteilnehmerinnen und -teilnehmer ihre Ressourcen zusammen und erhalten die Vorteile, die das Zusammentun mit sich bringt. Auf diese Weise verwandeln sie einen großen Teil des Internet in eine Art »elektronische Allmende«. (Ira Nyman) Der Anreiz, zu solch einem System beizutragen, das quasi öffentliches Gut ist – und sowohl Kampagnen-Betreiber wie Hacker tun das unentwegt – kann ein altruistischer sein, die begründete Erwartung, dass etwas zurückkommt, die politische Absicht, gewisse Informationen zu verbreiten und/oder Freude am Programmieren.

In diesem Kontext möchte ich kurz die Bewegung für freie Software erwähnen, die sich selber weitgehend als apolitisch versteht. Obwohl die freie Software nicht unbedingt für Internet-Anwendungen entwickelt wird, nutzen die Programmierer, die sie gemeinsam erstellen, das Netz, um sich auszutauschen. Freie Software wäre wohl kaum zu einem so ausgedehnten Unternehmen geworden, wenn sie nur durch Floppy-Discs oder CDs verbreitet würde. »Frei« ist sie insofern, als ihr Quell-Code nicht unter das Urheberrecht fällt und sie unter einer *Allgemeinen Öffentlichen Lizenz* oder einem ähnlichen rechtlichen »copyleft«-Code verteilt wird, der jeder und jedem dasselbe Nutzungsrecht einräumt, solange sie oder er die Zugänglichkeit zum Quellcode für andere bestehen lässt und die weitere Verbreitung nicht einschränkt. Seitens derjenigen, die freie Software programmieren und sich dieser Bewegung verbunden fühlen, wird immer wieder betont, sie hätten nichts mit irgendwelchen wohltätigen Projekten zu tun. Häufig heißt es, »freie« Software sei »frei wie in Redefreiheit, nicht wie in Freibier«. (*Free Software Foundation,* FSF) Mit anderen Worten: Man könne mit der Software verfahren, wie einem beliebt, solange dasselbe Recht auch für alle anderen gilt, aber diese Freiheit habe nichts mit einem Preis zu tun, den eine freie Software durchaus haben könne. Häufig werde sie gratis verteilt, sie könne aber auch verkauft werden, oder es könne darum gebeten werden, dass Nutzer für die Entwicklung etwas zahlen. Andererseits könne eine Gratis-Software auch urheberrechtlich geschützt sein.

Diese Aussagen gehören alle ins Reich der Fantasie. Da die Freiheit auch die unentgeltliche Weitergabe beinhaltet, kann der Kunde nach einer einmaligen Zahlung die Software jederzeit weitergeben, ohne dafür etwas zu verlangen. So kann fast alle freie Software unentgeltlich aus dem Internet heruntergeladen werden und steht zur Verfügung – wie Freibier. Da eine Lizenzierung ausfällt, kann lediglich mit einer ersten Zahlung ein Erlös erzielt werden. Nur auf einer nachgeordneten Ebene können die Entwickler Erlöse erzielen, wenn sie beispielsweise Nutzer-Support-Leistungen verkaufen, doch die Software selber ist effektiv umsonst, sobald sie zirkuliert. Denn die Freiheit jedes einzelnen Beteiligten wird in einem Kontext realisiert, der strukturell darauf angelegt ist, Gruppenaustausch zu fördern.

Das ideologische Manöver, das hinter der Freibier-Redefreiheit-Metapher steckt, hat einen Zweck: Vertreter freier Software wollen Wirtschaftsunternehmen davon überzeugen, dass diese auch mit freier Software Geld machen könnten. Der Mainstream der Bewegung für eine freie Software hat als Alternative innerhalb der kapitalistischen Ökonomie keinen ganz leichten Stand und ist bemüht, deutlich zu machen, dass deren Profit nicht infrage gestellt wird. Daher warnt die *Free Software Foundation* vor Ausdrücken wie »Piraterie«, »die Auffassungen zum Ausdruck bringen, die ihr hoffentlich nicht teilt«.

Doch für Anarchisten ist freie Software in erster Linie nicht aufgrund der rechtlichen Bedingungen ihres Produktions- und Verbreitungsprozesses attraktiv, sondern weil sie unentgeltlich ist und Alternativen guter Qualität zur monopolistischen Software-Industrie und deren Vermarktung des geistigen Eigentums bietet. Anarchisten kritisieren die »besondere Form der Kommerzialisierung von Wissen … (gegründet auf die Tatsache, dass) die speziellen Eigenschaften von Wissen (das Fehlen materieller Substanz, die leichte Kopier- und Übertragbarkeit) es mit sich bringen, dass es nur dann einen Tauschwert erzielen kann, wenn seinem Eigentümer durch institutionelle Vorkehrungen ein (weitgehendes) Monopol gesichert wird« (Tessa Morris-Suzuki). Genau darum dreht es sich beim geistigen Eigentum. Mehr noch, es geht nicht nur um »institutionelle Vorkehrungen«, sondern darum, dass diese als Zugangscodes in die Technologie selber eingeschrieben werden können. So gesehen kommt die gemeinsame Entwicklung freier Software wie des *Linux*-Betriebssystems und von Anwendungen wie *Open Office* einem informellen anarchistischen Kommunismus schon sehr nahe. Für Anarchisten ist es genau diese Logik der Expropriation und der elektronischen Piraterie, die eine radikale politische Erweiterung des kulturellen Ideals der freien Handhabe, Zirkulation und Nutzung von Information bedeutet, wie sie auch in der »Hacker-Ethik« zum Ausdruck kommt. Der Raum für Illegalität, der durch das P2P-(»peer-to-peer«) Filesharing (gemeinsamer Dateizugriff) eröffnet wird, ermöglicht nicht nur die offene Zirkulation von Informationen und Software, die frei zur Verfügung gestellt werden, wie es heute im Internet üblich ist, sondern auch die bewusste Verletzung des Urheberrechts.

So macht das Internet nicht nur kommunistische Beziehungen im Bereich Wissen und Information möglich, sondern auch die militante Kontamination und Erosion nichtkommunistischer Wissens-Regimes – es erweist sich als technologische »Waffe«, um gleichen Zugang zur Information zu erkämpfen und intellektuelle Eigentumsrechte dadurch zurückzudrängen, dass ihre Durchsetzung unmöglich gemacht wird.

Wird nun durch diese Feststellungen über das Internet der weiter oben begründete Techno-Skeptizismus stark relativiert? Ist es nicht möglich, die dezentrale, libertäre Logik des Internet auf andere Hochtechnologien zu übertragen, so dass auch für Anarchisten technologischer Fortschritt ein politisches Anliegen würde? Die Antwort lautet nein, und das aus grundsätzlicheren Erwägungen heraus, als denen um die ungleichen Zugangsmöglichkeiten. In diesen Diskussionen wird übersehen, dass das Internet selber zwar dezentral funktioniert und auch Freiheit und Unentgeltlichkeit begünstigen mag, die Infrastruktur jedoch, auf der es beruht, ähnliche Eigenschaften hat wie die üblichen modernen technologischen Systeme. Schließlich sind es Computer, Leitungen auf dem Meeresgrund und Satelliten, die die materielle Basis der Internet-Kommunikation ausmachen – Technologien, die in hohem Maße zentralisierend wirken und bei der Produktion, der Instandhaltung und Weiterentwicklung ein enormes Maß an Präzision und autoritativer Koordination voraussetzen. Darüber hinaus ist die Computer-Industrie eine der Industrien, die am intensivsten Ressourcen, Umwelt und Menschen ausbeuten und schädigen. Bei der Produktion eines einzigen Silizium-Wafers von 15 cm Länge (von denen rund 30 Millionen jährlich produziert werden), werden enorme Mengen an zum Teil schädlichen Gasen verbraucht, außerdem deionisiertes Wasser, verschiedene Chemikalien und annähernd 300 Kilowattstunden Strom. Und es fallen, ebenfalls nur für ein solches Computerbestandteil, große Mengen zum Teil hochgiftiger Abfälle und Abwasser an. Einen Satelliten mit

Hilfe einer durchschnittlichen Rakete wie etwa der Zenit-3SL in den Raum zu schicken, ist mit dem Ausstoß von 181 Tonnen Kohlendioxid verbunden – fünfzehn mal so viel, wie derzeit ein durchschnittlicher Brite jährlich an Emission verursacht. Die unsäglichen Arbeitsbedingungen in Computer-Fertigungsstätten von Mexiko über China bis nach Thailand sind gut dokumentiert.

Es ist durchaus denkbar, dass durch Recycling und innovative Methoden drahtloser Computer-Kommunikation bedeutende Verbesserungen herbeigeführt werden könnten, aber in diesem Bereich wie in allen anderen, deren Weiterentwicklung oder Umstrukturierung im wesentlichen am Kriterium des Profits orientiert ist, sind solche Verbesserungen unter den gegenwärtigen Bedingungen nicht herbeizuführen oder zu erwarten.

Das schließt jedoch die Nutzung des emanzipatorischen Potenzials dieser Technologie innerhalb der Grenzen des Kapitalismus und eine Ausweitung der Hacker-Ethik zu einer »subversiven Mikropolitik techno-sozialer Ermächtigung« nicht aus, wie Xabier Barandiaran vorschlägt:

»Wir halten es für grundlegend wichtig, ausdrücklich an der politischen Dimension der Informations- und Kommunikationstechnologien zu arbeiten. Wir können nicht anders als uns als Teil eines techno-politischen Experiments zu betrachten … Subjekte, die den technologischen Bereich als politischen (bestätigen) und die Hacker-Ethik als einen Weg, (kollektiv) die Grenzen der Codes und Maschinen zu erfahren, die uns umgeben, uns ihren möglichen sozio-politisch relevanten Nutzen anzueignen; sie in autonome gesellschaftliche Prozesse einzufügen, in denen wir unsere techno-politische Praxis ansiedeln (selbstorganisierte besetzte Sozialzentren und Graswurzelbewegungen), die Oberflächen, die Netzwerke und die Instrumentarien zur Datenverarbeitung für eine befreite Kommuniation und Interaktion konstruieren und dekonstruieren … sie in einem offenen und partizipatorischen Prozess erfahren, der gesellschaftlichen Konflikt und technische Schwierigkeiten als Räume aufsucht, in denen wir uns für uns konstruieren.«

Low-Tech-Magie

Technologie steht in besonderem Maße für den Wert, den Menschen der ausgesprochen menschlichen Art und Weise beimessen, die materielle Welt zu beeinflussen, die natürliche Umgebung zu verstehen und sie den menschlichen Wünschen anzupassen. Der Wert dieser Fähigkeit, durch die Menschen einen Sinn für ihr Können entwickeln (im Grunde die Aktualisierung dessen, was im 3. Kapitel als Macht-zu bezeichnet wurde), lässt sich kaum infrage stellen. Das Problem ist jedoch, dass die Faszination angesichts der menschlichen Kreativität zunehmend mit dem kulturellen Ideal der Technologie in eins gesetzt wird, während sich diese nahtlos in ein Aufklärungs-Narrativ vom Fortschritt einfügt. Die Quelle der Faszination ist eigentlich *technique*, wie sie oben definiert wurde. Doch Technologie als kulturelles Ideal verstellt den Blick auf diese Quelle, genau wie sich *technique* in ein *gesellschaftliches Projekt zum durchrationalisierten Aufbau von Überschüssen und Kapazitäten* entwickelt. Eine »positive« anarchistische Technologiepolitik würde nun gerade da ansetzen und versuchen, *technique* aus diesem Prozess ihrer zunehmenden Vereinnahmung herauszulösen und sie als Erfahrung zu werten, weniger als Grundlage für eine nicht gewählte, sich endlos wiederholende gesellschaftliche Anwendung.

Wenn es um *technique*, selbst in ihrer rekursiven Anwendung, in einem lokalen Kontext geht, ist es sicher möglich, auf eine dezentralisierte, umwelt- und sozialverträgliche Weise kreative Fähigkeiten freizusetzen. Es gibt zumindest einige Formen des Eingreifens in die materielle Welt, die Anarchisten zweifellos befürworten. Wie bereits festgestellt, ist technologische Dezentralisierung ein Aspekt jeder Rekonstruktion, die darauf ausgerichtet ist, sich von Kapitalismus und Staat weg zu bewegen. Zusammen mit einer relativen Selbstgenügsamkeit auf örtlicher Ebene bedeutet dies, dass ein ökologisches Szenario, das Anarchisten positiv bewerten würden, nicht ohne eine Verlangsamung der Innovation im High-Tech-Bereich zu haben ist.

Doch eine solche Verlangsamung würde auch die Möglichkeit für vielfältige Low-Tech-Innovationen eröffnen – in Bereichen wie Energie, Bauen, Lebensmittelproduktion. Das ist nicht nur in Bezug auf eine »zukünftige Gesellschaft« bedeutsam, sondern es zeigt auch die Richtung auf, in die sich technikkritische Anarchisten bereits bei der Schaffung materieller Alternativen in der Gegenwart bewegen würden. Die Verbindung lokaler (relativer) Selbstgenügsamkeit mit gesellschaftlicher Transformation würde auf der materiellen Ebene die sinnvolle Zweckentfremdung oder kreative Zerstörung von künstlicher materieller Umwelt bedeuten, die Kapitalismus und Staat hinterlassen haben. Fällt die zentralisierte Planung weg, bringt dies ökologische, an der Permakultur orientierte Herangehensweisen ins Spiel.

Permakultur bedeutet in der engeren Definition den Entwurf und die Pflege kultivierter Ökosysteme, die durch die gleiche Vielfalt, Stabilität und Widerstandskraft gekennzeichnet sind wie natürliche Ökosysteme. Als ganzheitliche Herangehensweise der Landnutzung zielt Permakultur darauf ab, Landschaft, Menschen und »angemessene Technologien« so zu integrieren, dass für Nahrung, Wohnen, Energie und andere Bedürfnisse gesorgt ist. Ein permakultureller Entwurf umfasst vielfältige Spezies und deren Zusammenwirken und verknüpft dabei die Elemente des Mikroklimas, ein- und mehrjährige Pflanzen, Tiere, die Pflege von Wasser und Boden und die Feststellung menschlicher Bedürfnisse bei der Entwicklung einer verträglichen Lebensweise auf der Grundlage der am Ort gegebenen spezifischen ökologischen Bedingungen. Ein solches Verfahren arbeitet eher mit den natürlichen Rhythmen und Mustern als gegen sie und fördert eher eine vorausschauende und nachdenkliche Beobachtung als gedankenloses Agieren, eher die Betrachtung von Systemen in all ihren Funktionen als unter dem Gesichtspunkt eines mit ihnen verbundenen Produkts oder Vorteils, und ein solches Herangehen hält inne und lässt die Umgebung offenbaren, wie sie sich aus sich selber heraus entwickelt.

In ihrer politisierteren Spielart ist die Permakultur auch eine weltweite Bewegung von Planern, Lehrenden und Graswurzel-Aktivisten, die sich damit beschäftigen, geschädigte Ökosysteme und menschliche Gemeinschaften wiederherzustellen. Die Verbindung zum Anarchismus beginnt da, wo die Permakultur Wert darauf legt, Ökosystemen zu erlauben, dass sie ihrer eigenen inneren Entwicklung folgen. Die permakulturelle Ethik des »Sorgens für das Land und die Menschen« bedeutet die Unterstützung der je eigenen Entwicklung der Pflanze oder des Menschen, des Gartens oder der Gemeinschaft, jeweils dem eigenen Kontext gemäß und nicht gegen das organische Streben, sondern mit ihm. Bei der Monokultur (oder der Industrie oder bestehender gesellschaftlicher Beziehungen) ist das Gegenteil entscheidend: maximale Kontrolle und Unterjochung von natürlichen Prozessen und Arbeitskraft. Die Abkehr vom gesellschaftlichen Projekt der Kontrolle der natürlichen Umwelt ist leicht mit der gleichen Ablehnung in Bezug auf die Gesellschaft selber zu verbinden.

Schließlich stellt die Wiederbelebung traditionellen Wissens eine entscheidende Möglichkeit dar, um zu dezentralen, einfachen und vielfältigen Verfahren zurückzukehren. So beantragten mexikanische Bauern-Bewegungen, als sie ihr Projekt zur Dekontaminierung genetisch modifizierter Pflanzen planten, gerade keine aufwändigen und teuren wissenschaftlichen Testreihen durch den Staat. Statt dessen entschieden sie sich dafür, die Samen von Spezies sicher aufzubewahren, von denen man weiß, dass sie nicht kontaminiert sind, und Versuche mit dem Ziel zu initiieren, nichttechnologische Methoden zur Prüfung von Pflanzen zu entwickeln, um festzustellen, ob diese genetische Veränderungen aufweisen – anders gesagt: durch die Beobachtung zu prüfen, ob ihr Verhalten, ihre Zyklen u.ä. verändert sind. Überhaupt bestünde die Möglichkeit, das gesamte traditionelle Wissen über Pflanzen wieder zu beleben und auf die ganze Palette alltäglicher Erfordernisse anzuwenden. Das gleiche gilt für Erfindungen im kleineren Maßstab, von denen es im frühen 20. Jahrhundert eine Vielzahl gab, die aber durch Patente und Monopole verdrängt und vergessen wurden. Wahrscheinlich werden sich Menschen weiterhin, und sei es auch nur auf einem eingeschränkten lokalen Niveau, für »Technologie« als rekursive Anwendung von *technique* und für die dazugehörigen Maschinen entscheiden. Doch parallel dazu werden andere Gemeinschaften, die dies wünschen, in der Lage sein zu beurteilen, ob diese Verfahrensweise ihren Kriterien genügt, als da sind: Nachhaltigkeit und eine überschaubare Größenordnung, die keine übertriebene Spezialisierung erfordert, sondern Kreativität, ein gedeihliches Zusammenleben und Kooperation begünstigt.

Kapitel 6

HeimatLand?

Anarchie und gemeinsamer Kampf in Palästina/Israel

> *»Jahrelang habe ich mich gegen den Zionismus ausgesprochen, den überall auf der Welt geträumten Traum kapitalistischer Juden vom eigen Staat mit allem Drum und Dran … einem jüdischen Staatsapparat zum Schutz der Privilegien der Wenigen gegen die Vielen … (Aber) die Tatsache, dass es in Palästina viele nichtzionistische Kommunen gibt, kann als Beweis dafür gelten, dass die jüdischen Arbeiter, die den verfolgten und gejagten Juden halfen, dies nicht getan haben, weil sie Zionisten sind, sondern um in Palästina in Frieden Wurzeln schlagen und ihr Leben leben zu können.«*
> Emma Goldman, *Letter to Spain and the World (London 1938)*

Wie schon im Altertum konzentriert sich überregionale und Weltpolitik aus vielerlei Gründen auch heute auf das Land zwischen Jordan und Mittelmeer, und globale Trends zeichnen sich in diesem Mikrokosmos besonders scharf ab. Ganz ähnlich wie uns in den 1990er Jahren die Oslo-Verträge als Vorzeigeprojekt einer »freundlichen« Globalisierung verkauft wurden, spiegelt ihr Scheitern und die in der Folge erneut offen zutage tretende Gewalt die Entwicklung der neoliberalen Globalisierung seit dem 11. September 2001 wider – unverhohlen zeigt sich das imperialistische Projekt. Heute ist der Konflikt in dieser Region, die ich mal Palästina/Israel, mal Israel/Palästina nennen werde, ein Dreh- und Angelpunkt für die

Ideologie vom Zusammenprall der Kulturen – und aus eben diesem Grund auch Schauplatz anarchistischer Aktivität.

Anarchismus in Israel/Palästina

Ein Blick auf die Kämpfe in Palästina/Israel offenbart die eher geringe Präsenz anarchistischer Kräfte. Großzügig geschätzt gibt es heute etwa dreihundert Menschen in Israel, die politisch aktiv sind und nichts dagegen hätten, sich als Anarchistinnen und Anarchisten zu bezeichnen. Die meisten sind jüdische junge Frauen und Männer im Alter zwischen 16 und 35. Unterschwellig ist eine anarchistische Strömung seit Jahrzehnten in Israel/Palästina vorhanden. Die frühesten Kibbutz-Gruppen in den 1920er Jahren hatten keine Verbindung zu den Jiddisch sprechenden Anarchisten im Ausland, doch sie organisierten sich nach libertär-kommunistischen Prinzipien, und ihre Mitglieder lasen Kropotkin und Tolstoi. Obwohl diese Kommunarden eher bauten und das Land bearbeiteten, als zu streiken oder Straßenkämpfe zu führen, und obwohl die meisten von ihnen ihre Rolle als Schachfiguren in einem imperialistischen Projekt nicht durchschauten, ist ihre Form der Propaganda durch die Tat auch heute noch relevant. Andere Dissidentinnen und Dissidenten im damaligen Palästina hatten mehr Verbindung zur revolutionären Arbeiterbewegung, und 1936 gingen einige jüdische und arabische Kommunisten und Anarchisten nach Spanien, um im Bürgerkrieg zu kämpfen. Nach dem Holocaust und der Entstehung des Staates Israel kamen viele Jiddisch sprechende Anarchisten ins Land, unter ihnen Aba Gordin und Josef Luden, die die *Freedom Seekers' Association* ins Leben riefen und die jiddisch-anarchistische Zeitschrift *Problemen* herausgaben.

Nach 1968 interessierte man sich wie überall auf der Welt wieder mehr für den Anarchismus. Anarchisten und Anarchistinnen beteiligten sich an der anti-kapitalistischen, anti-zionistischen Gruppe *Matzpen*, und der Anarcho-Pazifist Toma Schick leitete den israelischen Zweig der *War Resisters' International*. Als in den 1980er Jahren während des Libanon-Kriegs und der ersten Intifada die Kriegsdienstverweigerung in Israel zunahm, sorgte auch die israelische Punk-Bewegung für ein Anwachsen der Bewegung. In dieser Zeit entstanden die ersten anarchistischen Studierenden-Zellen und linke Punk-Bands wie Avi Pitchons *A Sign Brigade*. In der zeitgenössischen anarchistischen Bewegung, die sich in Israel in der Folge der Welle globalisierungskritischer Aktivitäten in den späten 1990er Jahren herausbildete, verbanden sich antikapitalistische, feministische, umweltaktivistische und Tierrechtsgruppen. Immer häufiger gab es Proteste und direkte Aktionen, *Reclaim the Streets*-Partys und *Food not Bombs*-Stände. Der *Salon Mazal*-Infoladen und *Indymedia Israel* wurden gegründet. Seit Beginn der zweiten Intifada konzentrieren sich die Aktivitäten auf die Besatzung in Palästina und wenden sich insbesondere gegen den Bau der Apartheidsmauer. Anarchistinnen und Anarchisten haben sich an der Initiative *Ta'ayush* (arabisch-jüdische Partnerschaft) beteiligt, die bald nach Beginn der zweiten Intifada im Oktober 2000 entstand. In ihrer Hochzeit hatte Ta'ayush großen Zulauf, sowohl von palästinensischen wie von jüdischen Israelis. Viele von ihnen waren Studierende, die Solidaritätsaktionen in den besetzten Gebieten organisierten und Lebensmittel in die belagerten Städte und Dörfer der Westbank brachten oder Bauern, die auf ihrem Land arbeiteten, gegen die Angriffe von Siedlern und Soldaten verteidigten. Im Jahr 2003 fanden sich die *Anarchists Against the Wall* zusammen, und seither nehmen sie kontinuierlich am Kampf der palästinensischen Dorfgemeinschaften in der Westbank teil.

Unter den Palästinensern gibt es einige verwandte Seelen und viele Verbündete, aber keine anarchistische Bewegung. Doch es ist in den letzten Jahren eine Allianz zwischen palästinensischen Gemeinden, israelischen und internationalen Aktivisten entstanden. Die beteiligten Palästinenser haben ihre Tradition des Widerstands von unten und des zivilen Ungehorsams wiederbelebt. Die erste Intifada (1987 – 1989) war ein von Bürgerkomitees organisierter Aufstand, der weitgehend unabhängig von der PLO-Führung nicht nur mit Steinschleudern und Molotowcocktails geführt wurde, sondern auch durch vielfältige gewaltfreie Aktionen: Massendemonstrationen, Generalstreiks, Steuerverweigerung, Boykott israelischer Waren, politische Graffiti, die Einrichtung von Untergrundschulen und Projekten zur gegenseitigen Hilfe.

Nicht nur israelische, auch eine große Zahl internationaler Aktivisten ist immer wieder und kontinuierlich vor Ort, vorwiegend durch das *International Solidarity Movement* (ISM) mobilisiert und koordiniert, eine von Palästinensern im Sommer 2001 ins Leben gerufene Initiative. Die überwiegend europäischen und nordamerikanischen Aktivisten, die durch das ISM nach Palästina kommen (und von denen übrigens geschätzte 25–30% Juden sind), begleiten und ermöglichen so den gewaltfreien Protest der Palästinenser und ihre vielfältigen Formen, der Gewalt von Armee und Siedlern zu trotzen, auf ihren Rechten zu bestehen und auf ihrem Land auszuharren. Bereits vor der Invasion der israelischen Armee und der massiven Angriffe auf die palästinensischen Bevölkerungszentren in der Westbank (zu Beginn des Jahres 2002) wurde das ISM aktiv. Es organisiert beispielsweise Menschenketten, um die Armee am Eingreifen zu hindern, wenn Palästinenser Straßensperren wegschaffen, und sorgt durch die Teilnahme von Internationalen dafür, dass diese Aktionen vor Übergriffen der Soldaten (relativ) geschützt sind; die Internationalen begleiten palästinensische Demonstrationen oder die Bauern bei der Ernte und palästinensische Kinder zur Schule, wenn Ausgangssperren oder der Terror von Siedlern oder Soldaten das Leben der Menschen unter der Besatzung zum Erliegen zu bringen drohen.

Palästinensische Organisatorinnen und Organisatoren der Graswurzelbewegungen sind an der Partnerschaft mit dem ISM interessiert, weil sie auf eine Mäßigung seitens der israelischen Soldaten hoffen, aber auch darauf, die internationale öffentliche Meinung zu beeinflussen.

Mit zunehmender Gewalt in den besetzten Gebieten sah sich das ISM mehr und mehr auf die Rolle des Zeugen und Berichterstatters beschränkt und war immer weniger in der Lage zu agieren. Häufig ist nicht mehr möglich, als lediglich präsent zu sein und über die Übergriffe der israelischen Armee zu berichten. Eine Zeit lang wurde das, was Internationale in den Besetzten Gebieten tun konnten, dadurch diktiert, wann, wo und wie die israelische Armee angriff. Während der Invasion vom Frühjahr 2002 harrten ISM-Aktivisten mit palästinensischen Familien in den Häusern aus, die von der Armee niedergerissen wurden, fuhren in Krankenwagen mit, begleiteten Handwerker der städtischen Betriebe bei der Reparatur der zerstörten Infrastruktur und brachten Lebensmittel und Medikamente in Ortschaften oder zu Menschen, die wegen der Ausgangssperre in ihren Häusern gefangen waren. Internationale waren zusammen mit Palästinensern aus der Nachbarschaft, Priestern und bewaffneten Kämpfern in der Bethlehemer Geburtskirche eingesperrt, als diese wochenlang von der Besatzungsarmee belagert wurde. Sobald die Gewalt etwas abebbte, wurde das ISM wieder initiativ und organisierte beispielsweise Demonstrationen, durch die die Ausgangssperre gebrochen wurde, oder im Sommer 2002 einen internationalen Aktionstag.

Zwar sind das ISM und andere vor Ort an der Bewegung gegen die Besatzung beteiligte Gruppen nominell keine Anarchisten, doch zwei Verbindungen zum Anarchismus sind eindeutig zu erkennen. Zum einen sind kontinuierlich relativ viele Anarchisten unter den an den Aktionen in Palästina beteiligten Internationalen. Manch eine und manch einer von ihnen hat sich zuvor in Nordamerika oder Europa die Zähne an dem Versuch ausgebissen, lokale Graswurzelaktivitäten und antikapitalistische Mobilisierungen auf die Beine zu stellen. Zum anderen – und das ist wesentlicher – stehen beim ISM viele Merkmale der anarchistischen politischen Kultur im Vordergrund: keine formelle Mitgliedschaft, kein festgelegtes politisches Programm, keine Führung; ein dezentralisiertes Organisationsmodell aus autonomen Bezugsgruppen, Sprecherräten und Entscheidungen auf der Grundlage des Konsens; eine Strategie kurzfristig angelegter Kampagnen und kreativer Taktiken mit der Betonung von direkten Aktionen und der Initiative der Basis.

Eine Erklärung, die das ISM Kanada 2002 zur Unterscheidung von Solidarität und Wohltätigkeit herausgegeben hat, illustriert die Nähe zur anarchistischen Sprache und zu den von Anarchisten bevorzugten Aktionsformen:

»Solidarität ist mehr als ein Akt der ›Barmherzigkeit‹, der dazu dient, unser Gewissen zu beruhigen. Sie muss auch mehr leisten als nur das bloße Bezeugen und Dokumentieren von Gräueln – obwohl dies entscheidende Aspekte unserer Arbeit sind. Das ISM begreift Solidarität als Unumgänglichkeit, aktiv den Widerstand gegen die Besatzung zu unterstützen, Partei zu ergreifen, unseren Körper einzusetzen und das relative Privileg unseres Passes und manchmal auch unserer Hautfarbe zu nutzen. Dabei orientieren wir uns in erster Linie an den Vorgaben der palästinensischen Partner und berücksichtigen auch, dass unser Vorgehen der Vertrauensbildung und der Erweiterung von Netzwerken gegenseitiger Unterstützung förderlich ist.«

Ähnlich sagen westliche Anarchisten, die sich in Palästina (und in anderen Regionen wie West Papua oder Kolumbien) an direkten Aktionen beteiligen, sie täten dies bewusst eher als Anhänger und Unterstützer, denn als Gleiche oder gar als Führer. Das ISM und andere vergleichbare Solidaritätsgruppen unterstreichen ihre Auffassung, dass die Entscheidungsprozesse und die Kontrolle bei Aktionen in erster Linie bei Mitgliedern betroffener palästinensischer Gemeinden oder deren Repräsentanten liegen sollen, weil sie diejenigen sind, die mit den möglichen Folgen oder Ergebnissen einer Aktion leben werden. Eine kanadische Gruppe von ISM-Aktivisten hat sich – im Sinne dieser »Bescheidenheit« – um die Klarstellung bemüht, dass »Internationale nicht mit der Einstellung kommen können, es sei an ihnen, den Palästinensern beizubringen, was ›Frieden‹ ist, ›Gewaltfreiheit‹, ›Moral‹ oder ›Demokratie‹ oder sonst etwas, was viele im Westen gerne (arrogant und fälschlich) für ihre Domäne halten.« In diesem Sinne äußert sich auch der israelische Anarchist Yossi Bartal, dass »wir nicht in Palästina sind, um zu belehren … wir würden nie Flyer verteilen, in denen wir auf Arabisch erklären, was Anarchismus ist und warum man sich uns anschließen soll. Das ist absolut nicht unsere Art … denn solange sie von unserem Staat besetzt sind, ist es nicht an uns, dorthin zu fahren und zu predigen«.

Im Frühjahr 2003 begann eine neue Phase der direkten Aktionen in Palästina/Israel, als sich der Schwerpunkt von den palästinensischen Städten in die Dörfer verlagerte. Israelis und Internationale schlossen sich dem Basiswiderstand palästinensischer Dorfgemeinschaften gegen die Trennungs-Barriere an (die von vielen auch Apartheidmauer genannt wird). Zeitgleich stürzten tragische Ereignisse das ISM in eine Krise: Am 16. März wurde die US-amerikanische ISM-Aktivistin Rachel Corrie von einem israelischen Bulldozer überrollt und starb an ihren Verletzungen. Sie hatte versucht, die Zerstörung eines Wohnhauses in Gaza zu verhindern, indem sie mit dem Fahrer sprach und sich dem Fahrzeug in den Weg stellte. Ebenfalls in Gaza wurde am 11. April der britische ISMer Tom Hurndall von einem israelischen Scharfschützen in den Kopf geschossen und fiel ins Koma. Er starb neun Monate später. Diese Ereignisse hatten einen internationalen Aufschrei zur Folge, erhöhten die Bekanntheit des ISM und machten weithin sichtbar, wie brutal die Besatzung ist. Doch sie verunsicherten ISM-Aktivisten auch sehr; denn es wurde klar, wie riskant es ist, an Solidaritätsaktivitäten in Palästina teilzunehmen oder ihnen auch nur beizuwohnen. (Inzwischen wurden weitere israelische, internationale und – sowieso – palästinensische gewaltfrei agierende Aktivistinnen und Aktivisten zum Teil schwer verletzt oder getötet. d. Ü.)

Es schloss sich eine konzertierte Kampagne des israelischen Staates an, das ISM mit Terrorismus in Verbindung zu bringen, wodurch drakonische Maßnahmen gegen die Organisation gerechtfertigt werden sollten. In der Nacht vom 27. März, in einer Zeit, als Ausgangssperren und Verhaftungen durch das israelische Militär an der Tagesordnung waren, kam ein 23 Jahre alter Palästinenser namens Shadi Sukiya völlig durchnässt und zitternd ins ISM-Büro in Dschenin. Ihm wurden trockene Kleidung, eine Decke und ein heißes Getränk zum Aufwärmen angeboten. Kurze Zeit später trafen israelische Soldaten ein und verhafteten Sukiya, den sie beschuldigten, ein führendes Mitglied des Islamischen Djihad zu sein. Außerdem behauptete die Armee, im Büro eine Pistole gefunden zu haben, was sie später wieder zurücknahm. Am 25. April nahmen zwei junge britische Muslime, Asif Muhammad Hanif und Omar Khan Sharif, an einer vom ISM organisierten öffentlichen Gedenkfeier für Rachel Corrie teil. Fünf Tage später führten die beiden einen Selbstmordanschlag auf ein Restaurant in Tel Aviv aus, bei dem drei Menschen ums Leben kamen. Obwohl in beiden Fällen nur ein minimaler Kontakt bestanden hatte und die Freiwilligen vom ISM nicht das Geringste über ihre Gäste wussten, nutzte die israelische Regierung die Ereignisse, um die Organisation öffentlich zu bezichtigen, sie biete Terroristen Unterschlupf, und verschärfte weiter die Repressionen gegenüber dem ISM. Am 9. Mai überfiel die Armee das ISM-Medien-Büro in Beit Sahour, beschlagnahmte Computer, Videokassetten, CDs und Akten. Möglicherweise befand sich unter dem beschlagnahmten Material auch eine Liste von ISM-Aktivisten samt Adressen und Passnummern. Jedenfalls stieg in den kommenden Monaten die Zahl der Abschiebungen und Einreiseverbote für nicht willkommene Internationale deutlich an. (Alle Grenzen, auch die der besetzten palästinensischen Gebiete mit Jordanien oder Ägypten, stehen unter israelischer Kontrolle. d.Ü.) Trotzdem arbeitet das ISM kontinuierlich weiter, und internationalen Aktivisten gelingt auch immer wieder die Einreise.

Noch in jenem Frühjahr 2003 wuchs unter Israelis, die mit ISM-Bezugsgruppen und anderen Internationalen zusammenarbeiteten, das Gefühl, dass eine größere Sichtbarkeit ihres Widerstands als Israelis sinnvoll sei. Sie fanden sich als autonome Gruppe zusammen, die die Kooperation mit Palästinensern und Internationalen auf eine neue Basis stellte. Nach ein paar Aktionen und Demonstrationen gegen die Mauer bildete sich eine kleine Gruppe, die sich darum bemühte, unter Palästinensern Vertrauen für Israelis zu gewinnen, die mit direkten Aktionen zusammen mit Palästinensern vor Ort kämpfen wollten. Ein Kristallisationspunkt des gemeinsamen Widerstands wurde das Protestcamp von Mas'ha. Im März 2003 lud das Westbank-Dorf Israelis und Internationale zur Teilnahme an dem Protest auf dem Land ein, dessen Beschlagnahme für den Bau der Apartheidmauer unmittelbar bevorstand. Tatsächlich wurden 96 % des Landes der Bewohner von Mas'ha entschädigungslos enteignet. Das Protest-Lager wurde zum Zentrum des Informationsaustauschs und des Kampfes gegen den geplanten Mauerbau in dieser Gegend und in der gesamten Westbank. Im Verlauf der vier Monate, in denen das Camp bestand, kamen über tausend Israelis und Internationale, um mehr über die Situation zu erfahren und sich dem Widerstand anzuschließen. Die Gruppe, die sich vor allem der direkten Aktion verschrieben hatte, nannte sich abwechselnd »Anarchists Against Fences« und »Jews against Ghettos«, und angeblich durch den Bericht eines Journalisten hießen sie fortan *Anarchists Against the Wall*. Auch nach der Räumung des Mas'ha Camps im Sommer 2003, bei der neunzig Teilnehmende festgenommen wurden, nahmen Anarchisten an einer Vielzahl gemeinsamer Aktionen überall in der Westbank teil. Mit ihren zu jenem Zeitpunkt rund fünfzig »Mitgliedern« war es der Gruppe möglich, in Dörfern wie Salem, Anin, Biddu, Budrus und vielen anderen Orten der besetzten Westbank fast täglich an Aktionen teilzunehmen. Gelegentlich gelang es Palästinensern und Israelis, Teile des Zauns niederzureißen, Löcher hineinzuschneiden oder Tore zu durchbrechen. Seit 2005 ist die Gruppe schwerpunktmäßig in Bil'in aktiv, dem Dorf, das zum Symbol des gemeinsamen Widerstands wurde. (Im Dezember 2008 wurde dem *Bürgerkomitee von Bil'in* und den *Anarchists Against the Wall* in Berlin gemeinsam die Carl-von-Ossietzky-Medaille verliehen; d. Ü.) Der konsequente gemeinsame Kampf in Bil'in, der von den Beteiligten vielfältig und fantasievoll, somit öffentlichkeitswirksam gestaltet wird, hat wesentlich dazu beigetragen, dass im September 2007 der Oberste Gerichtshof Israels entschied, der gegenwärtige Verlauf des Zauns sei »unverhältnismäßig schädlich« für die Bewohner des Dorfes, und der Staat müsse einen anderen vorschlagen, durch den konfisziertes Land an das Dorf zurückfallen würde. Umgesetzt wurde dies allerdings bisher nicht.

Unterdessen blockierten die Anarchisten die Straße 443, eine der bedeutendsten Verkehrsachsen in der Westbank, auf der nur Israelis fahren dürfen.

Auch innerhalb Israels finden ständig Aktionen statt. Dabei geht es um die vielfältigen anarchistischen Themen und Anliegen und ihre Zusammenführung in der Aktion. Indem sie Netzwerke aufbauen, durch die die verschiedenen Bewegungen und Zusammenhänge, in denen sie aktiv sind, integriert werden, können Anarchisten gegenseitige Wahrnehmung, Anerkennung und Unterstützung zwischen den Protagonisten verschiedener Kämpfe fördern. Dabei geht es in Israel/Palästina um Themen wie die Besatzung, die zunehmende Polarisierung zwischen Arm und Reich, die Ausbeutung von Arbeitsimmigranten und heimischen Arbeitern, den Status der Frauen, Rassismus und ethnische Diskriminierung, Homophobie und Umweltverschmutzung.

Ein Beispiel für die Verbindung des Kampfes gegen die Besatzung mit anderen der genannten sind die Aktivitäten von *Kvisa Shkhora (Black Laundry)* – eine Gruppe von Lesben, Schwulen, Bisexuellen, Transgenders (LGBT) und anderen, die sich mit direkten Aktionen gegen die Besatzung und alle möglichen Diskriminierungen wenden und sich für soziale Gerechtigkeit einsetzen. Die Gruppe gründete sich 2001 in Tel Aviv, wenige Monate nachdem die zweite Intifada ausgebrochen war, anlässlich der *Pride Day Parade*, um diese zu stören. Rund 250 radikale Queers in schwarzer Kleidung mischten unter dem Banner »No Pride in the Occupation« (»Kein Stolz auf die Besatzung«) den inzwischen längst entpolitisierten und von Kommerz überlagerten Umzug auf. Seither hat die Gruppe in zahlreichen direkten Aktionen mit stark antiautoritärer Orientierung immer wieder die Verbindungen zwischen verschiedenen Formen und Schauplätzen der Unterdrückung beleuchtet und scharf kritisiert.

Die radikale Queer-Bewegung in Israel spielt eine doppelte Rolle: Zum einen propagiert sie die Solidarität mit den Palästinenserinnen und Palästinensern sowie eine anti-kapitalistische und grundsätzlich die bestehenden Verhältnisse angreifende Politik, zum anderen unterstreicht sie auch den Aspekt der Befreiung der Queers innerhalb der Bewegung gegen die Besatzung. Einem Mitglied zufolge verstanden zunächst nicht alle Aktivisten die Bedeutung des Beitrags der Queers zu den Demos gegen die Besatzung, doch »nach einigen Diskussionen und Aktionen ist unser Auftreten inzwischen akzeptiert und willkommen. Von unseren palästinensischen Partnern kann ich das nicht wirklich behaupten, und so gehen wir in den besetzten Gebieten normalerweise wieder aufs Klo, um uns umzuziehen« (Uri Ayalon). Mit der Zeit knüpften Queer-Anarchistinnen und -Anarchisten mit palästinensischen LGBTs Kontakte und solidarisierten sich mit ihnen, die in ihrer Gesellschaft noch weniger akzeptiert sind als israelische Queers in der israelischen.

Als im Sommer 2006 die 9. *Queeruption* – ein freies, radikales nichtkommerzielles Treffen in Tel Aviv, parallel zu den geplanten *World-Pride*-Veranstaltungen in Jerusalem – stattfinden sollte, entstanden durch die Organisation neue Verbindungen zu anarchistischen Queers in der ganzen Welt. Die in Jerusalem vorgesehenen Veranstaltungen fielen jedoch dem zweiten Libanonkrieg zum Opfer und wurden abgesagt. Dem waren Wochen homophober Hetze von Seiten ultra-orthodoxer jüdischer, christlicher und muslimischer Führungspersönlichkeiten sowie der radikalen Rechten vorausgegeangen, die sich zu einer unheiligen Allianz zusammengefunden hatten, um die *World Pride Parade* in Jerusalem zu verhindern. Die Organisatoren der Parade riefen zu einer Mahnwache gegen Homophobie auf, die zu großen Teilen von der *Queeruption* getragen wurde. Als Fahnen verschiedener Staaten geschwenkt wurden, zog jemand eine libanesische Fahne hervor, und die gesamte Veranstaltung wurde zu einem spontanen Anti-Kriegs-Protest. Die Polizei erklärte daraufhin die Mahnwache für illegal, und Polizisten fingen an, die Demonstranten herumzustoßen und auf sie einzuschlagen. Die Mainstream-Gays ergriffen die Flucht und verurteilten später die spontanen Aktionen »einer kleinen Gruppe von Anarchisten, die die Veranstaltung instrumentalisiert haben«.

Eine andere wichtige Beziehung, die bereits erwähnt wurde, ist die zwischen Tierbefreiung und Anarchismus. Beide Bewegungen teilen gewisse Eigenschaften, so ihre konfrontative Haltung, die direkte Aktion, ein Höchstmaß an Dezentralisierung und Wurzeln in der Punk-Subkultur. In letzter Zeit nehmen Tierbefreiungsgruppen wie *Stop Huntingdon Animal Cruelty* (SHAC) die ökonomischen Hintergründe von Tierversuchen ins Visier. Dabei handelt es sich um eine taktische Entscheidung, doch sind mit diesem Schwerpunkt tiefere Analysen der Beziehungen zwischen der Ausbeutung von Tieren und anderen Formen von Herrschaft verbunden, ein Thema, das in den letzten Jahren immer intensiver auch in Schriften unterschiedlicher Autoren behandelt wird. Neuere Trends staatlicher Repression, darunter die Einschränkung der Demonstrationsfreiheit und verschärfte Gesetze gegen Wirtschaftssabotage, führen allmählich zu Solidarisierungen und einer inhaltlichen Kooperation zwischen den beiden Bewegungen. In Israel kommt hinzu, dass die radikale Szene insgesamt sehr überschaubar ist, was ebenfalls Überlappungen zwischen diesen Bewegungen begünstigt. Das bekannteste Beispiel ist vielleicht *Ma'avak Ehad (One Struggle)*, eine Bezugsgruppe, die sich ausdrücklich als anarchistisch und zugleich der Bewegung für die Tierbefreiung zugehörig definiert und sehr aktiv ist in den Kämpfen gegen die Besatzung. Diese Kombination wird ausdrücklich mit dem Ziel verknüpft, »die Verbindung aller Formen von Unterdrückung und somit auch der verschiedenen Kämpfe gegen sie herauszustellen«. Die Beschäftigung der Gruppe mit der Tierbefreiung schafft einen wichtigen Brückenschlag: Sie macht innerhalb der Friedensbewegung und der Bewegungen für soziale Gerechtigkeit auf die Tierrechte aufmerksam und fördert den Widerstand gegen die Besatzung innerhalb der Vegetarier- und Veganer-Szene. Indem israelische Anarchisten und Tierbefreier gemeinsam *Food not Bombs*-Stände betreiben, stellen sie die inhaltliche Verbindung zwischen Armut, Militarismus und Tierausbeutung her – im israelischen Kontext hochbrisante Themen.

Eine weitere überzeugende Kombination von Themenfeldern, die nicht unerwähnt bleiben soll, ist in den Aktivitäten von *New Profile* sichtbar, einer feministischen Organisation, die sich gegen die alles durchdringende Militarisierung der israelischen Gesellschaft wendet. Diese Organisation betreibt Aufklärungsarbeit über die Verbindung von Militarismus und Patriarchat, gesellschaftliche Ungleichheiten und Gewalt und setzt sich mit ihrer Arbeit dafür ein, »gegen den bedingungslosen Gehorsam und die Glorifizierung des Militärdienstes in der Erziehung in Israel feministisch-demokratische Prinzipien zu verbreiten und umzusetzen«. Zu den Aktivitäten in diesem Bereich gehören Debatten an Schulen, bei denen es um kritisches, nicht hierarchisch geprägtes Denken geht, sowie Workshops über die Entscheidungsfindung im Konsensverfahren, über Konfliktlösung und demokratische Gruppenprozesse. Darüber hinaus ist *New Profile* die radikalste von vier israelischen Kriegsdienstverweigerergruppen und organisiert viele Anarchistinnen und Anarchisten, die den Dienst in der Armee verweigern (obwohl die Gruppe selber nicht anarchistisch ist). *New Profile* macht Kampagnen für das Recht auf Kriegsdienstverweigerung, betreibt ein Netzwerk zur Unterstützung von Verweigerern vor, während und nach der Haft, hält Seminare für Jugendliche ab, die unschlüssig sind, ob und wie sie den Militärdienst verweigern oder umgehen, und setzte sich für die Unterstützung und die Anerkennung des Kampfes von weiblichen Verweigerern ein. Die radikal feministische und antimilitaristische Haltung der Gruppe hat nicht nur eine wichtige Botschaft für die Gesellschaft, sie schlägt auch eine Brücke zwischen der feministischen und der Verweigererbewegung – vor allem stellt sie den Kern der Auffassungen infrage, denen auch die meisten Verweigerer – überwiegend männliche linke Mainstream-Zionisten – weiterhin anhängen.

Direkte Aktionen in Palästina/Israel werfen zwei besondere Fragen bezüglich politischer Gewalt auf. Die eine ist mit den Debatten um dieses Thema verknüpft, die im vierten Kapitel behandelt wurden. Nun ist es ja so, dass israelische und internationale Aktivisten in Palästina nur an gewaltfreien Aktionen teilnehmen. Die Gewaltfreiheit spielt in Palästina eine vollkommen andere Rolle als beispielsweise in G8-Ländern. Denn man entscheidet sich für sie vor dem Hintergrund eines extrem *gewaltsamen* Konflikts, in dem der bewaffnete Kampf eher die Norm als die Ausnahme ist. Gleichzeitig erkennen das ISM und andere – wie übrigens auch das internationale Recht – die Legitimität des palästinensischen bewaffneten Widerstands an, soweit er nicht Zivilisten ins Visier nimmt. Interessanterweise ist es gerade die Befürwortung einer »Vielfalt von Vorgehensweisen«, die Anarchisten eine bessere Position innerhalb des Kampfes in Palästina/Israel verschafft, als dies für strikte Pazifisten der Fall wäre. Indem israelische Anarchisten an gewaltfreien Aktionsformen beteiligt sind, ohne sich deshalb vom bewaffneten Kampf zu distanzieren, haben sie sich auf ihre Weise eine Position der Vielfalt möglicher Vorgehensweisen zu eigen gemacht. In Palästina positionieren sich die Anarchisten ganz eindeutig auf der gewaltfreien Seite des Spektrums verschiedener möglicher Taktiken und demonstrieren damit, dass die Formel von der Vielfalt keineswegs ein Euphemismus für Gewalt ist, wie ihnen gelegentlich vorgeworfen wird. Gewaltlosigkeit wird in Palästina außerdem deshalb praktiziert, um den gewaltfreien Aspekten des palästinensischen Kampfes Sichtbarkeit zu verleihen; denn mit diesen kann sich eine westliche Öffentlichkeit besser identifizieren.

Der zweite Aspekt, der in diesem Zusammenhang erläutert werden muss, betrifft den außergewöhnlichen Grad staatlicher Gewalt, mit der israelische und internationale Aktivisten in Palästina konfrontiert sind, und die damit verbundenen weit verbreiteten Phänomene wie posttraumatische Stress- und Burn-Out-Symptome unter denen, die regelmäßig an Aktionen in den besetzten Gebieten teilnehmen. Selbstverständlich ist die staatliche Repression, die sich gegen israelische und internationale Aktivisten richtet, weit weniger traumatisierend als die mörderische Brutalität, mit der gegen die palästinensische Bevölkerung vorgegangen wird, doch verglichen mit dem, was europäische oder nordamerikanische Anarchisten in dieser Hinsicht erfahren, ist das, was ihre israelischen Mitstreiter erleben, um einiges schwererwiegend. Für sie ist es zu einer allwöchentlichen Erfahrung geworden, Knüppelhieben und Tränengasgeschossen (neuartige Formen sind Munitionen, die zugleich verletzen oder töten können; d. Ü.) ausgesetzt zu sein, außerdem nicht selten auch Schockgranaten, gummiummantelten Metallkugeln und sogar scharfer Munition. In einem Fall traf einen israelischen Demonstranten eine Kugel in den Schenkel, und er wäre wegen des Blutverlusts fast gestorben; ein anderer wurde mit einem gummiummantelten Geschoss am Kopf getroffen und schwer verletzt. Unzählige kleinere Verletzungen wurden israelischen Teilnehmerinnen und Teilnehmern bei den Protesten gegen die Mauer durch die Grenzpolizei zugefügt. Immer wieder nutzt die israelische Armee die Proteste in der Westbank auch, um neuartige, »weniger tödliche« Waffen oder Aufstandsbekämpfungsmittel zu testen, so die »Pfefferbälle« (kleine rote Plastikkugeln, die mit einem die Schleimhäute extrem reizenden Pulver gefüllt sind) oder *Tze'aka* (hebr. »Schrei«) – ein minutenlanger unerträglicher Lärm, der Übelkeit und Gleichgewichtsstörungen auslöst (siehe Steven Rose).

Die mit solchen Erlebnissen brutaler Gewalt – auch wenn sie anderen widerfahren und nur mitangesehen werden – einhergehenden posttraumatischen Stresssyndrome bei Aktivisten werden inzwischen ernst genommen. Die Bewegung selber entwickelt Methoden zur Bewältigung und Bearbeitung von psychischen Auswirkungen wie bedrückenden Gedanken und Schuldgefühlen, die sich nicht abschütteln lassen, Flashbacks, Bildern, die immer wieder kommen, Albträumen, Angstattacken, überhöhter Wachsamkeit etc. Und es sind nicht nur psychische Symptome, mit denen sich viele auseinandersetzen müssen, sondern auch Übermüdung, erhöhter Blutdruck, Atem- und Sehbeschwerden, menstruelle Unregelmäßigkeiten und Muskelverspannungen. Solange diese Problematik geleugnet wurde, kam es regelmäßig zu Burn-out-Erscheinungen und dem

Ausstieg von Aktivisten, was wiederum die Kontinuität der Gruppe und ihrer Aktivitäten infrage stellte. Diese Dynamik ist leider allzu oft durch ein Ethos der persönlichen Aufopferung, der unbegrenzten Belastbarkeit und der unbarmherzigen Härte sich selber gegenüber verstärkt worden. Die psychischen Auswirkungen der erlebten Repression blieben lange verborgen, weil die Angst umging, als »schwächlich« angesehen zu werden, wenn man sie eingestehen würde. Inzwischen wird diese Problematik immer offener und konstruktiver angegangen.

Anarchismus, Nationalismus und neue Staaten

Es ist verwunderlich, dass die – reichlich dürftigen und polemischen – anarchistischen Beiträge zum Konflikt in Palästina/Israel trotz der nicht unerheblichen Beteiligung von Anarchisten an Palästina-Solidaritäts-Kampagnen und der öffentlichen Aufmerksamkeit, die das Thema erfährt, so wenig Berührung haben mit den konkreten Erfahrungen und Schwierigkeiten der Bewegungen in der Region. Im schlechtesten Fall entfernen sie sich ganz vom Anarchismus, so Wayne Price, wenn er in kruden Begriffen verkündet:

»In den Rauchschwaden und den Strömen von Blut in Israel/Palästina sollte eins klar sein, nämlich dass Israel der Unterdrücker ist und die palästinensischen Araber die Unterdrückten. Deshalb sollten Anarchisten und alle anständigen Leute auf der Seite der Palästinenser stehen. Die Kritik an ihrer Führung oder an ihren Formen des Kampfes sind allesamt zweitrangig; auch die Anerkennung, dass israelische Juden auch Menschen sind und auch gewisse kollektive Rechte haben, ist zweitrangig. Der erste Schritt ist immer, auf der Seite der Unterdrückten zu sein und für ihre Freiheit zu kämpfen.«

Alle anständigen Leute dazu aufzufordern, irgendjemandes Zugehörigkeit zur Menschheit und seine kollektiven Rechte für zweitrangig zu erklären, hat nichts mit Anarchismus zu tun. Wenn Price sich in dieser Form auf eine Seite schlägt – wo bleibt dann die Unterscheidung zwischen der israelischen Regierung und israelischen Bürgern oder die Solidarität mit den Israelis, die gegen die Besatzung und soziale Ungerechtigkeit kämpfen? Diese Israelis werden ganz sicher nicht aktiv, weil sie für die Palästinenser Partei ergreifen, sondern vielmehr aus ihrem Verantwortungsgefühl heraus und aus Solidarität. Für die Anarchisten unter ihnen ist es auch ganz eindeutig ein Kampf für die eigene Befreiung von einer militaristischen, rassistischen, sexistischen und in vieler Hinsicht auf Ungleichheit beruhenden Gesellschaft. Prices vollkommene Gleichgültigkeit gegenüber denen, die bewusst gegen die Besatzung und in vielen Konflikten innerhalb der israelischen Gesellschaft aktiv intervenieren, beruht auf seiner eigenen Schwarz-Weiß-Vorstellung eines Außenstehenden von dem Konflikt, die ihn dazu verleitet, die Seite, die als die »schwarze« abgestempelt wird, nur noch mit einer entmenschlichenden Sprache zu beschreiben. Leider ist diese Art Diskurs in der europäischen und der US-amerikanischen Solidaritätsbewegung mit Palästina und in der Linken im allgemeinen inzwischen weit verbreitet. Darin drückt sich eine typisch linke Form von Judeophobie oder Antisemitismus aus.

Unterdessen ist sich Price so sicher zu wissen, wie die gerechte und passende Lösung auszusehen hat, dass er sich erlaubt, bis ins Detail ausgefeilte Programme und Forderungskataloge aufzustellen: einseitiger israelischer Abzug hinter die 1967er Grenzlinien, ein palästinensischer Staat und das Rückkehrrecht, wobei das Ganze »auf eine Art ›säkular-demokratische‹ oder ›binationale‹ kommunale Föderation« mit »einer Art selbstbestimmter nichtkapitalistischer Wirtschaftsform« hinauslaufen soll. In der Zwischenzeit »müssen wir den Widerstand des palästinensischen Volkes unterstützen. Es hat das Recht auf Selbstbestimmung, das heißt darauf, seine Führer, sein Programm und seine Kampfmethoden zu wählen, unabhängig davon, was wir denken.«

Er stellt also einen Blankoscheck für Selbstmordattentate und jede gegenwärtige oder zukünftige palästinensische Elite aus. Der imperative Ton der Erklärung provoziert im übrigen die Frage: An wen richten »wir« diesen ganzen Forderungskatalog? Vielleicht an den israelischen Staat? Oder an die internationale Gemeinschaft oder vielleicht an den US-amerikanischen Staat? In jedem dieser Fälle handelt es sich um eine »Forderungs-Politik«, die durch dieses Fordern der staatlichen Macht Anerkennung und Legitimität zuerkennt – ein Vorgehen, das kaum etwas mit Anarchismus zu tun hat.

Kurzsichtigkeit verstellt auch Ryan Chiang McCarthy den Blick auf die Entwicklungen vor Ort. Obwohl er Prices Versäumnis feststellt, zwischen Bevölkerungen und den sie Regierenden zu unterscheiden, bezieht sich McCarthy mit seinem Ruf nach Solidarität mit den libertären Kräften vor Ort nur auf die Kämpfe, die sein durch syndikalistische Vorurteile getrübter Blick wahrnehmen kann: »autonome Bewegungen palästinensischer und israelischer Arbeiter … eine Arbeiterbewegung, die die begrenzenden Kampflinien umgeht … und für die nicht (durch Funktionäre, Gewerkschaften) vermittelten Forderungen der Arbeiter eintritt.« Abgesehen davon, dass diese Vorstellungen nicht das Geringste mit der Realität zu tun haben – die Aussichten für autonome Arbeiterbewegungen sind in Israel/Palästina genauso wenig vorhanden wie irgendwo sonst in der entwickelten Welt –, ist solch ein Arbeiter-Fetischismus auch direkt schädlich. Er verbannt einmal mehr die vielen wichtigen Kämpfe in Palästina/Israel, die sich nicht um die Arbeit drehen, und an denen nun einmal die meisten Anarchisten beteiligt sind, in die Unsichtbarkeit. Im übrigen zieht eine Reduktion auf den Klassenbegriff kaum weniger einschränkende Demarkationslinien als die, die er kritisiert, und tut den Beteiligten Gewalt an, indem er ihre Aktivitäten in einen Rahmen zwängt, der nichts mit ihnen zu tun hat. In diesem Rahmen sind Palästinenser und Israelis vor allem »Arbeiter ..., von ihren Herrschern manipuliert, so dass sie sich gegenseitig massakrieren«; die Verweigerung des Kriegsdienstes ist ein »glänzender Akt der Klassensolidarität, der über nationale Grenzen hinweg umgesetzt wird« (die meisten Verweigerer gehören der Mittelschicht an und bezeichnen sich als Zionisten); während »das nationalistische Gift ... palästinensische proletarische Jugendliche dazu bringt, sich und israelische Arbeiter in Selbstmordanschlägen zu vernichten«. Das mag man immer noch als Anarchismus bezeichnen, doch er ist von jener verkrusteten Art, die einer gänzlich anders ausgerichteten Wirklichkeit überholte Klassenkampfkategorien überstülpt.

Solche und ähnliche »aus der Ferne« geschriebenen Analysen werden der Komplexität des israelisch-palästinensischen Konflikts nicht gerecht, die von einem traditionell anarchistischen Standpunkt aus nicht leicht zu erfassen ist. Die Spannung zwischen den anti-imperialistischen Haltungen von Anarchisten auf der einen Seite und ihrer traditionell pauschalen Ablehnung von Staat und Nationalismus auf der anderen stellt sie vor ein unauflöslich erscheinendes Dilemma, wenn es um die nationalen Befreiungskämpfe von Völkern unter Besatzung geht, für die das Abschütteln der Besatzung und eine eigene Staatlichkeit unmittelbar zusammenhängen. Um weiterzukommen und nicht in formelhaften Vorstellungen von der Realität verhaftet zu bleiben, tut ein unverstelltes Denken not. Voraussetzung dafür ist zunächst eine Betrachtung der anarchistischen Kritik des Nationalismus.

Durch die anarchistische Literatur zum Thema zieht sich eine Unterscheidung zwischen dem »artifiziellen« Nationalismus, der durch den Staat konstruiert wird, einerseits, und dem »natürlichen« Gefühl der Zugehörigkeit zu einer Gruppe, mit der man ethnische, sprachliche, und/oder kulturelle Merkmale teilt, andererseits. Michail Bakunin behauptete, das Vaterland

(»patria«) »repräsentiere eine Art zu leben und zu fühlen«, eine ortsgebundene Kultur, die »immer das unleugbare Ergebnis einer langen historischen Entwicklung« ist. Als solches ist die tiefe Liebe zum Vaterland unter den »gewöhnlichen Menschen ... eine natürliche, wirkliche Liebe«. Die Korruption dieser Liebe durch staatliche Institutionen ist jedoch etwas, was Anarchisten gewöhnlich als Nationalismus – die primäre Loyalität gegenüber dem Nationalstaat – ablehnen. So verstanden ist Nationalismus ein reaktionäres ideologisches Mittel, um eine falsche Identitäts- und Interessensgemeinschaft zwischen antagonistischen Klassen innerhalb eines Landes herzustellen, wodurch die unterdrückten Arbeiterklassen verschiedener Länder gegeneinander in Stellung gebracht und vom Kampf gegen ihre wahren Unterdrücker abgelenkt werden. Daher ist für Bakunin der »politische Patriotismus oder die Liebe zum Staat nicht der echte Ausdruck« der Liebe des einfachen Volkes zum Vaterland, sondern vielmehr »durch falsche Abstraktion verzerrt, immer zum Vorteil einer ausbeuterischen Minorität.«

Gustav Landauer ist vermutlich derjenige, der das Thema am gründlichsten behandelt hat. Er sprach vom »Volk« und meinte damit die organische lokale und kulturelle Identität, die staatlich geförderter Nationalismus unterdrückt, und die in einer freien Gesellschaft wieder zu neuer Blüte kommen würde. Er sah in der Volks-Identität einen Geist, der aus gemeinsamen Grundgefühlen, Idealen, Werten, Überzeugungen und einer gemeinsamen Sprache besteht und Individuen in einer Gemeinschaft verbindet. Er hielt es auch für möglich, dass man mehrere Identitäten hat, und sah sich selber als Menschen, als Juden, als Deutschen und als Süddeutschen:

»Ich freue mich über alles Unwägbare und Undefinierbare, das besondere Bande, Gemeinsamkeiten und auch Unterschiedlichkeiten innerhalb der Menschheit schafft. Wenn ich den Patriotimus verändern will, dann wende ich mich nicht im geringsten gegen die schöne Tatsache der Nation ... sondern gegen die Verwechslung von Staat und Nation, von Differenziertheit und Gegensatz.«

Rudolf Rocker übernahm in *Nationalismus und Kultur* Landauers Unterscheidung und definierte »Volk« als »das natürliche Ergebnis gesellschaftlicher Bindungen, ein Sichzusammenfinden von Menschen, welche durch eine gewisse Gleichartigkeit der äußeren Lebensverhältnisse, durch die Gemeinschaft der Sprache und durch besondere Veranlagung aufgrund klimatischer und geografischer Lebensbedingungen zustande kommen.« Rocker macht jedoch deutlich, dass vom Volk als Einheit nur unter spezifischen Bedingungen gesprochen werden kann, die für eine bestimmte Zeit und einen bestimmten Ort gelten. Denn im Verlauf der Zeit gehen stets »kulturelles Neugestalten und gesellschaftliche Befruchtung vor sich, wenn verschiedene Völker und Rassen in nähere Verbindung treten. Jede neue Kultur wird durch ein solches Zusammenfließen verschiedener Völkerelemente eingeleitet und erhält von ihm ihre besondere Gestaltung«.

Was Rocker andererseits als »Nation« bezeichnet, ist die künstliche Idee einer durch den Staat geschaffenen vereinheitlichten Gemeinschaft – der Interessen, des Geistes, der Rasse. Es ist also bei Rocker wie bei Landauer und Bakunin die vorrangige Loyalität gegenüber dem Nationalstaat, die als »Nationalismus« gebrandmarkt wird. Auf der anderen Seite erwarteten alle drei, dass mit der Abschaffung des Staates der Weg für die Selbstbestimmung und wechselseitige Befruchtung lokaler »Volks-Kulturen« frei würde.

Diese Einstellung zum Nationalismus bezieht sich in erster Linie auf europäische Nationalismen, die man mit bestehenden Staaten assoziierte. Das Thema des Nationalismus in den nationalen Befreiungskämpfen hat Anarchisten viel weniger beschäftigt. Kropotkin jedenfalls beurteilte nationale Befreiungsbewegungen positiv. Er war der Auffassung, dass die Überwindung von Fremdherrschaft Voraussetzung für breitere gesellschaftliche Kämpfe sei. Andererseits haben Anarchisten auch darauf hingewiesen, dass das Anliegen der nationalen Befreiung den gesellschaftlichen Kampf nur behindern und am Ende neue lokale Eliten schaffen würde, die für das Fortbestehen derselben Muster von Hierarchie und Unterdrückung sorgen.

Diese Widersprüche zeigen sich sehr deutlich im Fall Israel/Palästina. Die ganz große Mehrheit der Palästinenser wünscht sich einen eigenen Staat neben dem israelischen. Wie sollen also Anarchisten ihre grundsätzlich anti-staatliche Einstellung mit der Unterstützung des palästinensischen Befreiungskampfes vereinbaren? Wie können sie sich im Namen der »nationalen Befreiung« für die Schaffung eines weiteren Staates einsetzen? Wenn McCarthy auf klassenkämpferische Kategorien abhebt, tut er dies, genau wie der britische Syndikalist von der *Solidarity Federation*, weil er sich scheut, die Entstehung eines palästinensischen Staates zu befürworten:

»Wir unterstützen den Kampf des palästinensischen Volkes ... (und) stehen an der Seite jener Israelis, die gegen ihre rassistische Regierung protestieren ... Was wir aber nicht unterstützen können, ist die Schaffung eines weiteren Staates im Namen der ›nationalen Befreiung‹.«

Diese Einstellung ist in mehr als einer Hinsicht problematisch. Zum einen kann sie leicht als paternalistisch empfunden werden; denn sie scheint davon auszugehen, dass Anarchisten die wahren Interessen der Palästinenser besser einschätzen können als diese selber; zum anderen – und das ist entscheidender – begeben sich Anarchisten mit einer solchen Einstellung in die vollkommen irrelevante Position, lediglich leere Erklärungen abzugeben wie: »Wir stehen an der Seite all derer, die von denen, die die Macht dazu haben, unterdrückt werden, und unterstützen sie.« (*Solidarity Federation*)

Selbstverständlich würde die Errichtung eines kapitalistischen palästinensischen Staates, der durch Verhandlungen zwischen einer Regierung und einer Pseudo-Regierung zustande kommt, nichts anderes bedeuten als »die Unterwerfung der Intifada unter eine korrupte palästinensische Führung, die Israel dienen wird« und neo-liberale Ausbeutung mittels Initiativen wie der einer mediterranen Freihandelszone (*Anarchist Communist Initiative*). Auf der anderen Seite haben Anarchisten, die sich von der palästinensischen Forderung nach einem Staat distanzieren, nichts anderes zu bieten als »eine ganz andere Art des Lebens und der Gleichheit für alle Bewohner der Region … eine klassenlose anarchistisch-kommunistische Gesellschaft« (ebd.). Schön und gut – aber was passiert in der Zwischenzeit?

Anarchisten können sehr viel konkreter mit den Palästinensern solidarisch sein als nur zu sagen: »Wir brauchen eine Revolution.« Aber jede konkrete Aktion läuft heute Gefahr, irgendwie in das Schema der Unterstützung von Staatlichkeit eingeordnet zu werden. Die Tatsache, dass Anarchisten international und vor Ort solidarisch mit palästinensischen Gemeinden verbunden sind, bedeutet, dass wir diesen Stier an den Hörnern packen und uns sehr klar sein müssen, was wir tun und warum wir es tun.

Zunächst einmal, denke ich, sollten wir dazu stehen, dass hier tatsächlich ein Widerspruch besteht, dass aber in der Situation, wie sie ist, Solidarität – auch zum Preis der Inkonsequenz – unumgänglich ist. Niemandem ist geholfen, wenn wir zu den Palästinensern sagen: »Tut uns leid, wir können nichts daran ändern, dass ihr Nicht-Bürger eines brutalen Besatzungsregimes bleibt, solange wir den Kapitalismus nicht abgeschafft haben.« Hier sei auch daran erinnert, dass Staaten immer schon staatenlosen Völkern, Flüchtlingen oder Nomaden übel mitgespielt haben. Juden und Palästinenser gehören zu den zahlreichen Beispielen unterdrückter Staatenloser in der Neuzeit. Zwar waren zu Beginn des 20. Jahrhunderts viele Juden Bürger (wenn auch oft zweiter Klasse) europäischer Staaten geworden, doch erwies sich die Aberkennung dieser Bürgerschaft als eine der Bedingungen für den Holocaust. Insofern können Anarchisten einen palästinensischen Staat mit den entsprechenden staatsbürgerlichen Rechten für seine Bürgerinnen und Bürger durchaus als Mittel anerkennen, deren Unterdrückung vorläufig zu mildern. Damit nimmt man eine Abwägung vor und gibt anti-imperialistischen oder auch grundlegenden humanitären Gesichtspunkten gegenüber der reinen Lehre einer anti-staatlichen Einstellung den Vorrang.

Ein anderer Einspruch gegen die Ablehnung einer palästinensischen Staatlichkeit besagt, dass eine anarchistische Unterstützung unproblematisch sei, denn schließlich lebten die Palästinenser bereits unter staatlicher Herrschaft, nämlich der Israels, ein palästinensischer Staat wäre demnach keine neue Qualität. Anarchisten sind gegen das staatliche Prinzip, nicht unbedingt gegen diesen oder jenen Staat. So wäre es für Anarchisten kein Fortschritt, wenn wir alle unter einem weltstaatlichen Regime leben würden, es also nur noch einen Staat gäbe und alle anderen »abgeschafft« wären. Ein palästinensischer Staat, egal wie kapitalistisch, korrupt oder pseudo-demokratisch, wäre jedenfalls weniger brutal als ein israelischer Besatzerstaat.

Anknüpfend an die oben erwähnte Argumentation Kropotkins können Anarchisten einen palästinensischen Staat als strategische Wahl unterstützen, als wünschenswerten Schritt in einem längerfristigen Kampf. Niemand kann ernsthaft erwarten, dass die Situation in Israel/Palästina vom gegenwärtigen Zustand plötzlich in Anarchie übergehen wird. Daher könnte sich ein auf der Grundlage eines mit Israel ausgehandelten Friedensvertrags errichteter palästinensischer Staat, so wenig er auch eine Lösung gesellschaftlicher Probleme mit sich bringen würde, doch als nützlich auf dem Weg zu radikaleren Veränderungen erweisen. Eine Verringerung der Gewalt könnte politischen Raum für ökonomische, feministische und Umweltanliegen und die Kämpfe in diesen Bereichen schaffen.

Schließlich kann man die Debatte auch abkürzen, indem man ihre Grundannahmen infrage stellt: Möglicherweise ist die Debatte über die Frage, ob Anarchisten einen palästinensischen Staat unterstützen, nicht viel mehr als eine akademische Übung. Wie eigentlich können Anarchisten ihre »Unterstützung« umsetzen? Können oder sollen sie aktiv werden, um einen palästinensischen Staat zu »unterstützen«? Welche Möglichkeiten gibt es da außer den üblichen Erklärungen, Petitionen, Demonstrationen und sonstigen Mitteln einer »Politik der Forderungen«, die Anarchisten eigentlich hinter sich gelassen haben? Man kann wohl kaum durch anarchistische direkte Aktionen zur Errichtung eines Staates beitragen. Im übrigen fragen die Politiker, bei denen die Entscheidung über die Schaffung eines palästinensischen Staates liegt, wohl kaum ausgerechnet Anarchisten nach ihrer Meinung. Die Debatte führt ab von dem, was vor Ort tatsächlich möglich ist und geschieht, ohne dass dabei auf die Frage der Staatlichkeit überhaupt Bezug genommen wird. So gesehen demonstriert die Realität in Palästina, dass Anarchisten solidarisch mit Palästinensern aktiv werden können – wie übrigens auch mit Tibetern, Sahrauis und anderen um staatliche Unabhängigkeit kämpfenden Bevölkerungen. Der alltägliche Widerstand, an dem sich Anarchisten in Palästina beteiligen und den sie verteidigen – durch das Wegräumen von Straßenblockaden oder den Schutz von Bauern vor den Siedler-Attacken bei der Olivenernte und vieles mehr – trägt dazu bei, das Überleben und die Würde von Menschen zu bewahren und nicht, sie einem eigenen Staat näher zu bringen. Im Rahmen einer längerfristigen Perspektive haben diese anarchistischen Aktivitäten ganz andere, wertvolle Implikationen.

Denn wenn Israelis gemeinsam mit Palästinensern aktiv werden, ist das an sich schon eine starke Aussage und eine Botschaft, die öffentlich wahrgenommen wird. Sicher sehen die meisten Israelis in den israelischen Anarchisten bestenfalls verwirrte, naive Jugendliche und schlimmstenfalls Verräter. Letzteres, weil der gemeinsame palästinensisch-israelische Kampf das grundlegende Tabu des zionistischen Militarismus bricht. Medienbilder dieses Kampfes konfrontieren israelische Zuschauer mit ihren dunklen kollektiven Ängsten und Projektionen. Israelis, die Hand in Hand mit Palästinensern demonstrieren, sind für sie bedrohlich, weil sie weder vor Arabern Angst haben, noch den »zweiten Holocaust« befürchten, den diese, wie es israelische Propaganda behauptet, verüben wollen. Alle möglichen Topoi werden so an die Oberfläche gespült: die Angst vor der Vernichtung, der Feind als berechnender und berechenbarer Mörder und die Schuldgefühle der Opfer, die durch die Axiome von Selbstverteidigung und gerechtem Krieg überdeckt werden. All das ist auf einer fundamentalen Ebene bedrohlicher als jedes Loch im Zaun – nicht von ungefähr stehen Anarchisten im Ruf, Ärger zu machen.

Alternativen

Abschließend möchte ich grundsätzlicher die Rolle der an den Ort gebundenen Identität und Zugehörigkeit in der anarchistischen Theorie diskutieren und prüfen, ob sich dieses Konzept in Israel/Palästina anwenden lässt. Traditionell lehnen Anarchisten bekanntlich die Idee des Nationalismus ab, doch auch der Begriff des Volkes, wie ihn etwa Landauer oder Rocker entwickelt haben, wird den Fragen, die sich heute stellen, nicht gerecht. Denn die Vorstellung vom Volk geht von einem gewissen Grad an Homogenität aus, auch wenn sie, wie bei Rocker, auf Bevölkerungs-Identitäten ausgedehnt wird, die sich im Laufe der Zeit durch die Verbindung verschiedener Bevölkerungen und Kulturen verändern. In vielen Regionen der Welt ist jedoch die Idee einer kollektiven, an den Ort gebundenen Identität, die auf der Gemeinsamkeit von Kultur, Sprache und Geist basiert, fragwürdig geworden, wenn Jahrhunderte des Kolonialismus und der Immigration multikulturelle Bevölkerungen hervorgebracht haben, die in dieser Hinsicht wenig gemeinsam haben. Können Anarchisten eine andere Art von Zugehörigkeit oder Zusammengehörigkeit definieren, die auch mit ihren allgemeinen politischen Vorstellung übereinstimmt?

Die Idee des Bioregionalismus scheint hier einen alternativen Ansatz zu bieten. Bioregionalismus ist eine Form, lokale Identität zu denken, die in der radikalen Umweltbewegung Verbreitung gefunden hat und die sich weder an ethnischen noch an politischen Kategorien orientiert, sondern an den natürlichen und kulturellen Besonderheiten eines Ortes. Eine Bioregion wird im allgemeinen als ein zusammenhängendes geographisches Gebiet definiert, das sich durch spezifische natürliche Gegebenheiten der Formationen, des Bodens, der Gewässer, der Pflanzen- und der Tierwelt auszeichnet, sowie auch der menschlichen Siedlungsformen und kulturellen Eigentümlichkeiten, die sich in der Auseinandersetzung mit der lokalen Natur entwickelt haben. Daher ist eine Bioregion auch ein Terrain des Bewusstseins, wie in den Erzählungen indigener Völker über ihre Verbindung zum Land und im Wissen und den Sitten sichtbar wird, die mit einem bestimmten Ort verbunden sind. Daraus folgt, dass ein bioregionaler Ansatz besonderen Wert legt auf die innige Beziehung zwischen den Menschen und ihrer natürlichen Umgebung, auf Nachhaltigkeit und lokale Selbstgenügsamkeit, während er den entfremdeten und monokulturellen Lebensstilen moderner Industriegesellschaften kritisch gegenübersteht. Kirkpatrick Sale drückt es so aus:

»Um ›Bewohner des Landes‹ zu werden … um vollständig und tatsächlich die Erde zu kennen, kommt es im wesentlichen und vielleicht einzig und allein und umfassend darauf an, den Ort zu begreifen, den unmittelbaren ganz besonderen Platz, an dem wir leben … Auf irgendeine Weise müssen wir ihm so nah sein, wie es geht, in Kontakt mit seinen Böden, seinen Gewässern, seinen Winden. Wir müssen seine Art, seine Möglichkeiten, seine Einschränkungen erfassen. Wir müssen seine Rhythmen zu unseren Verhaltensmustern machen, seine Gesetze zur Orientierung für uns, seine Früchte zu unserer Belohnung.«

Seit Beginn der 1970er Jahre ist Bioregionalismus ein zentrales Anliegen für viele Organisationen, Gemeinden, Bauern, Künstler und Autoren geworden. Die *Planet Drum Foundation* in San Francisco gehörte zu den Pionieren eines bioregionalen Ansatzes. Die Stiftung gab Bücher über ortsgebundene Formen umweltfreundlicher Verfahren und über die entsprechenden kulturellen Äußerungen und politischen Aktivitäten heraus. Andere frühe Organisationen zu dieser Thematik waren die *Frisco Bay Mussel Group* in Nordkalifornien und der *Ozark Area Community Congress* im Grenzgebiet zwischen Kansas und Missouri. Inzwischen gibt es Hunderte ähnlicher Gruppen in Nord- und Südamerika, in Europa, Japan und Australien. Seit 1984 haben zehn nordamerikanische Kongresse zur Bioregionalität in den USA und Kanada stattgefunden, und es existiert sogar ein beliebtes »BioRegionalQuiz« (Charles et al.) mit Aufgaben wie:

Verfolge das Wasser, das du trinkst, von der Quelle bis zum Hahn.

Nenne fünf essbare Pflanzen in deiner Region und, wann ihre jeweilige Saison ist.

Nenne fünf Zugvögel und fünf Standvögel in deiner Region.

Wie lange dauert in deiner Gegend die Vegetationszeit?

Welche Spezies sind in deiner Region ausgestorben?

Die bioregionale Herangehensweise fördert also das ökologische Bewusstsein, die Wiederherstellung natürlicher Umgebungen, die Möglichkeiten lokaler Selbstversorgung und ähnliches, doch – potenziell zumindest – bietet sie auch eine überzeugende Alternative sowohl zu nationalistischen als auch zu »volkstümlichen« Identitätsansätzen. Eine Identität, die auf der Verbindung zur Region beruht, hat keinerlei essenzialistische Züge – stellt keine Forderungen an die persönlichen und kollektiven Identitäten, die sich in und neben ihr entfalten können. Die einzige Voraussetzung ist, dass solche Identitäten wirklich lokal verankert und mit nachhaltigen Beziehungen zwischen Mensch und Natur vereinbar sind. Einzelne oder Gruppen können sich also bioregional zugehörig fühlen, dabei aber vielfältige persönliche oder kollektive Identitätsmerkmale aufweisen, so hinsichtlich des Berufs, der Sprache, der Ethnie, des Lebensstils, der sexuellen Orientierung etc. Der Bioregionalismus ist also sehr gut mit der anarchistischen Forderung nach Selbstverwirklichung und der positiven Bewertung vielfältiger und beweglicher Identitäten vereinbar.

Auch die ausgesprochen dezentralistischen und rückentwickelnden Tendenzen des Bioregionalismus kommen Anarchisten entgegen. Bioregionen erkennen die willkürlichen politischen Grenzziehungen nicht an und lassen sich nicht von oben kontrollieren. Die Organisierung des gesellschaftlichen und wirtschaftlichen Lebens gemäß bioregionalen Prinzipien macht eine starke lokale Autonomie erforderlich, wie die Öko-Feministin Helen Forsey betont:

»Menschen, die in lokalen Gemeinschaften leben, haben, sowohl als Gruppe wie als Einzelne, ein starkes Bedürfnis, eigene Entscheidungen zu treffen, ihr Schicksal selber zu bestimmen … wenn Entscheidungen oder die Kontrolle über Ressourcen von außen aufgezwungen werden, kommt es wahrscheinlich zu einer Störung oder gar Zerstörung der Balance und der Abläufe des Gemeinschaftslebens. Ein gewisser Grad an Autonomie – womit durchaus nicht Isolierung gemeint ist – scheint unumgänglich, um das Wachsen und Gedeihen einer Gemeinschaft gemäß ihren eigenen ökofeministischen Werten zu ermöglichen.«

Bioregionale Herangehensweisen sind jedoch nicht mit provinzieller Enge oder separatistischen Bestrebungen zu verwechseln. Da Bioregionen keine klaren Abgrenzungen kennen, sondern ineinander übergehen, wird ein bioregionales Modell eher dazu tendieren, Kooperation und gegenseitige Unterstützung im Dienste regionaler Umgebungen auf der Grundlage von Gemeinsamkeit und Vielfalt zu fördern.

Ist es denkbar, dass dieses Modell in irgendeiner Form auf die Situation in Israel/Palästina Anwendung findet? Die Schaffung einer bioregionalen Gesellschaft ist so schon schwierig genug, denn sie macht eine tiefgreifende Umwälzung der gesellschaftlichen Organisation erforderlich. Schließlich ist Bioregionalismus nicht nur mit Krieg und Besatzung unvereinbar, sondern auch mit dem Kapitalismus, mit rassistischer und religiöser Verlogenheit, mit der Konsumgesellschaft, dem Patriarchat und verschiedenen anderen wesentlichen Kennzeichen der hierarchisch strukturierten Gesellschaft. Wie der Anarchismus auch, wäre eine umfassend bioregional gestaltete Gesellschaft nur durch eine Form von Revolution herbeizuführen. Doch in einem Kontext wie dem israelisch-palästinensischen sind die Aussichten besonders trübe, nachdem Jahrzehnte der Besatzung und bewaffneten Auseinandersetzungen eine schwer lastende Hypothek der Angst und des Misstrauens hinterlassen haben, die erst abgetragen werden müsste, ehe die sanften und friedfertigen Ideen des Bioregionalismus Fuß fassen könnten.

Mitten in all dem täglichen Schrecken von Tod und Demütigung, gegenseitiger Unkenntnis, Angst und Hass würde man gerne etwas Positives über die Aussichten für einen »echten Frieden« in der Region sagen können. Vielleicht lässt sich ja das Modell der »konstruktiven direkten Aktion«, die Alternativen zum Kapitalismus vorwegnimmt und jetzt schon aufbaut, erweitern zu etwas wie »Friedensstiftung von unten« – Projekte, die einen Austausch zwischen Israelis und Palästinensern auf der Gemeinde-Ebene aufbauen. Es würde der Vorstellung von Frieden, wie sie selbst bei den »Tauben« unter den Israelis fest verankert ist, etwas Weiterführendes entgegensetzen. Während sie Frieden inzwischen quasi mit Separation gleichsetzen – »wir hier und sie dort« – und an der Separationsbarriere nur auszusetzen haben, dass sie innerhalb der Westbank und nicht auf der Grünen Linie verläuft, würde dieses Modell auf direkten Austausch und gemeinsame Projekte bauen. Es könnten ökologische Projekte sein, und zumindest würden sie der Trennung zuwiderlaufen und die Politiker umgehen, um einen Frieden von unten aufzubauen.

Es gibt bereits eine große Zahl zum Teil solide finanzierter Initiativen, die sich beispielsweise für den Dialog zwischen palästinensischen und israelischen Kindern, für gemeinsame Ausstellungen von palästinensischen und israelischen Künstlern und für das »Friedensteam« israelischer und palästinensischer Fußballer einsetzen, das durch seine jämmerlich verlorenen Spiele gegen europäische Top-Mannschaften berühmt wurde. Auch innerhalb Israels fördert ein Netzwerk von über hundert Organisationen die jüdisch-arabische »Koexistenz«.

Unglücklicherweise sind selbst die wohlmeinendsten Projekte dieser Art von spezifischen Problemen überschattet. Dabei geht es nicht nur darum, dass sie immer Gefahr laufen, die Rolle zivilgesellschaftlicher Initiativen zu spielen, die versagende oder fragwürdige gesellschaftliche Strukturen nicht angreifen, sondern ihre Funktionen übernehmen. Das tiefere Problem, das sowohl palästinensische Menschenrechtsgruppen als auch israelische Dissidenten mit diesen Koexistenzprojekten haben, ist ihre faktische Funktion, die realen Verhältnisse in der Region zu verschleiern und Gleichheit vorzutäuschen, wo es keine gibt. Im vergeblichen Versuch, sich neutral zu verhalten, bedienen sich Koexistenz- und Dialogprojekte einer Sprache, die die Situation so darstellt, als handle es sich um einen Konflikt um dasselbe Land, den zwei Völker austragen, und als sei Frieden das Ergebnis eines territorialen Kompromisses und der sicheren und friedlichen Begegnung zwischen Israelis und Palästinensern und insbesondere Jugendlichen. Diese von israelischen NROs initiierten und von internationalen Stiftungen finanzierten Koexistenzinitiativen scheinen so lange harmlos zu sein, wie nicht auffällt, dass die »zum Frieden ausgestreckte Hand« die von Bürgern der Besatzungsmacht ist. So wohlmeinend sie auch sein mögen, Projekte, die die Überwindung von wechselseitiger Unkenntnis und Misstrauen zum Ziel haben und zur Heilung kollektiver Traumata beitragen wollen, zäumen das Pferd von hinten auf. Sie fordern eine Normalisierung der Beziehungen zwischen Palästinensern und Israelis, als ob die Besatzung schon Geschichte wäre. Das ist nicht nur herablassend und paternalistisch, sondern auch praktisch zum Scheitern verurteilt.

Die Praxis des gemeinsamen Kampfes stellt eine wirkliche Alternative zu den hilflosen Koexistenzprojekten dar. Der amerikanisch-israelische Anarchist Bill Templer versucht hier einen Weg aufzuzeigen, bedient sich dabei allerdings einer Sprache, die von anti-kapitalistischer Rhetorik nur so strotzt: »Die Politik in Israel und Palästina neu zu erfinden, bedeutet, jetzt die Grundlagen für eine Art jüdisch-palästinensischen Zapatismus zu legen, eine Graswurzelbewegung, die ›das Gemeinsame beansprucht‹ (»reclaim the commons«, angelehnt an »reclaim the streets«; d.Ü.). Das würde beinhalten, sich in Richtung direkter Demokratie, einer partizipativen Ökonomie und echter Autonomie für die Menschen zu bewegen; in Richtung der Vision von Martin Buber von ›einem organischen Commonwealth … der eine Gemeinschaft der Gemeinschaften ist‹. Wir können es auch als ›Kein-Staat-Lösung‹ bezeichnen.«

Templers Optimismus, dass ein solches Projekt realistisch sein könnte, beruht auf einer weithin wahrgenommenen Vertrauenskrise bezüglich »neo-liberaler Regierungskunst«. In diesem Zusammenhang erscheint vielen gerade Israel/Palästina als »Mikrokosmos der abgrundtiefen Hohlheit unserer überkommenen politischen Vorstellungswelten und der herrschenden Eliten, die über ihnen schweben … (zugleich aber) bietet es ein einzigartiges Mikrolabor, um mit einer ganz anderen Art von Politik zu experimentieren«. Während Templer die auf kürzere Sicht unvermeidliche Zwei-Staaten-Lösung anerkennt, macht er zugleich Elemente aus, die bereits jetzt Palästina/Israel mittelfristig in einen »Inkubator für ›duale Macht‹ verwandeln und kapitalistische Strukturen und von oben wirkende Bürokratien ›aushöhlen‹«.

Wenn Templers Spekulationen auch stark durch Wunschdenken geprägt sein mögen, baut auch er auf den gemeinsamen Kampf (und die dabei entstehenden alternativen Dynamiken) und nicht auf Normalisierung durch Koexistenz und Dialog. Der gemeinsame Kampf von Palästinensern und Israelis entzieht sich sowohl der Logik des israelischen Staates als auch derjenigen palästinensischer Parteien und bewaffneter Gruppen, die jeden Kontakt mit Israelis verurteilen. Die Entstehung und der Erhalt von Zusammenhängen, die gegenseitige Unterstützung von Palästinensern und Israelis ermöglichen, ist in der Tat anzustreben, doch können dies nur Zusammenhänge von Rebellion und Kampf sein, die nichts mit unlauteren Vorstellungen von Normalisierung und »Koexistenz« zu tun haben.

Durch den gemeinsamen Kampf in den Westbank-Dörfern ist es nicht nur gelungen, im unangefochtenen Konsens, der bezüglich der Trenn-Barriere in der israelischen Öffentlichkeit herrschte, Risse entstehen zu lassen. Noch viel entscheidendere Risse tun sich möglicherweise im festgefügten Bild vom Konflikt in den Augen vieler Israelis auf. Israelisch-palästinensische Kooperation in militanter, aber gewaltfreier Form wirkt überzeugend und beunruhigend zugleich, denn dabei wird ein Perspektivenwechsel um 90 Grad vorgeführt: Die »horizontale« Vorstellung vom Konflikt zwischen Israelis und Palästinensern wird durch die »vertikale« einer Auseinandersetzung zwischen Menschen und Regierung ersetzt. Das Mas'ha Camp war ein Beispiel für eine solche grundlegende Veränderung. Das Zusammenkommen von Israelis und Palästinensern, die in dem Dorf gemeinsam gegen die Trennungs-Barriere kämpften, wurde zu einer verlängerten Begegnung, bei der sich Mitglieder beider Gesellschaften als Individuen treffen und eine echte, wenn auch vorübergehende Gemeinschaft aufbauen konnten, ohne dabei der Illusion zu verfallen, dass durch Graswurzelaktivitäten allein die Besatzung beendet werden könnte. Für beide Seiten können gemeinsame Kämpfe intensive Erlebnisse der Zusammengehörigkeit sein, die fortgeschrieben Modellcharakter für die Zukunft haben – wie es diese Zitate eines Palästinensers und eines Israelis belegen (Nazeehn Sha'labi und Oren Medicks)

»Nazeeh: Wir wollten zeigen, dass Israelis nicht unsere Feinde sind. Wir wollten ihnen eine Gelegenheit bieten, mit uns als gute Nachbarn zusammenzuarbeiten und unseren Kampf zu unterstützen … Unser Camp hat gezeigt, dass Frieden nicht durch Mauern und Trennung erreicht wird, sondern durch Kooperation und Kommunikation zwischen den beiden Völkern, die in diesem Land leben. Im Mas'ha Camp haben wir vier Monate lang zusammen gelebt, zusammen gegessen und miteinander geredet, 24 Stunden täglich. Angst hatten wir dabei nie voreinander, sondern nur vor den israelischen Soldaten und den Siedlern.

Oren: Die jüngere Generation in Israel begreift, dass sich die Welt verändert hat. Sie hat erlebt, dass die Berliner Mauer fiel. Sie weiß, dass Sicherheit hinter Mauern eine Illusion ist. Die Zeit, die wir miteinander im Camp verbracht haben, hat uns allen bewiesen, dass wirkliche Sicherheit darin liegt, sich gegenseitig als Gleiche anzuerkennen, das Recht des anderen auf ein volles, freies Leben zu respektieren … (Wir kämpfen dafür), dass Mauern und Barrieren zwischen Völkern und Nationen fallen, für eine Welt, die *eine* Sprache spricht – die Sprache gleicher Rechte und der Freiheit.«

Im Gegensatz zur Logik der Trennung und zu harmlosen Dialoginitiativen bleibt der gemeinsame Widerstand in Palästina/Israel ein offenes Feld, das geeignet ist, die einschränkenden Bedingungen israelisch-palästinensischer Kooperation weiter und weiter zu dehnen und zu verschieben. Dieser Kampf kann trotz seiner keineswegs perfekten Bedingungen immer wieder Augenblicke der Hoffnung aufscheinen lassen, dass Juden, Palästinenser und andere eines Tages in diesem Land ohne Klassen, Staaten oder Grenzen zusammenleben werden.

Bibliografie

Abramsky, Kolya (Hg., 2001) *Restructuring and Resistance: Diverse voices of struggle from Western Europe* (Edinburgh: AK Distribution)

ACME collective (2000) *N30 Black Bloc Communique*; http://www.zmag.org/acme.htm

Adamiak, Richard (1970) »The Withering Away of the State: A reconsideration«, *Journal of Politics* 32.1; http://question-everything.mahost.org/Archive/ WitheringAway.pdf

Adams, Jason (2002a) »Post-Anarchism in a Bombshell«, *Aporia 3*; http://aporiajournal.tripod.com/postanarchism.htm

– (2002b) *Non-Western Anarchisms: Rethinking the global context* (pamphlet); http://www.infoshop.org/texts/nonwestern.pdf

Aguilar, Ernesto (2005) »Breaking the Ice: Anarchist men and sexism in the movement«; http://www.infoshop.org/inews/article.php?story=20050201065922986

Anarchist Communist Initiative, Israel (2004) »Two States for Two Peoples – Two States Too Many« (leaflet), in FdCA, *We are all Anarchists against the Wall*

Anarcho (undatiert) »Anarchist Organisation and the Organisation of Anarchists«, http://anarchism.ws/writers/anarcho/anarchism/organisationGAG.html

Anarkismo.net Editorial Collective (2005) »Who we are and why we do it«; http://www.anarkismo.net/docs.php?id=1

Andruss, Van, Christopher Plant, Judith Plant and Eleanor Wright (1990), *Home! A Bioregional Reader* (Gabriola Island, BC: New Society Publishers)

Anonymous1 (1959/1812), »The Declaration of the Framework Knitters«, in Arthur Aspinall und E. Anthony Smith, Hg., *English Historical Documents, XI, 1783–1832* (Oxford: Oxford University Press)

Anonymous2 (undatiert) »What it is to be a girl in an anarchist boys club«; http://www.spunk.org/texts/anarcfem/sp000168.html

Anonymous3 (2000) »May Day«, *Do or Die 9*; http://www.eco-action.org/dod/no9/may_day.htm

Anonymous4/5 (2003) »Lausanne Solidarity Declaration« und »With Love from the Black Bloc«; http://indymedia.ie/newswire.php?story_id=64828

Anonymous6 (2003) »Communiqué«: face aux mensonges médiatiques, des blacks et pinks blocs témoignent et revendiquent«; http://www.ainfos.ca/03/jun/ainfos00088.html

Anonymous7 (2001) »Some notes on Insurrectionary Anarchism«, *Killing King Abacus* 2; http://www.geocities.com/kk_abacus/kka/NTINSUR.html

Anonymous8 (1999) *Beasts of Burden: Capitalism – Animals – Communism* (London: Antagonism Press); www.insurgentdesire.org.uk/beast.htm

ARA – Anti Racist Action (undated) *Points of Unity*; http://www.antiracistaction.us/pn

Armstrong, Elizabeth A. (2002) *Forging Gay Identities: Organizing Sexuality in San Francisco, 1950–1994* (Chicago: University of Chicago Press)

Arquilla, John und David Ronfeldt, Hg., *Networks and Netwars: The future of terror, crime and militancy* (Santa Monica, CA: RAND Corporation); http://www.rand.org/pubs/monograph_reports/MR1382/index.html

Ashen Ruins (2002) *Beyond the Corpse Machine: Defining a post-leftist critique of violence* (pamphlet); http://www.infoshop.org/rants/corpse_last. html

ASI – Anti-Slavery International (2005) *Annual Review*; http://www.antislavery.org/homepage/resources/PDF/annualreview2005.pdf

Austrian, Guy Izhak und Ella Goldman (2003) »How to strengthen the Palestine Solidarity Movement by making friends with Jews«; *Clamor* magazine *Communique #20*; http://www.clamormagazine.org/communique/ communique20.pdf

Aviram, Adina (2003) »Militarization of knowledge«; http://www.newprofile.org/showdata.asp?pid=347

Ayalon, Uri (2004) »Resisting the Apartheid Wall«, in FdCA, *We are all Anarchists against the Wall*

Bachrach, Peter und Morton Barratz (1970) *Power and Poverty* (New York: Oxford University Press), S. 43

Bachram, Heidi (2004) »Climate Fraud and Carbon Colonialism: The new trade in Greenhouse Gasses«, *Capitalism Nature Socialism* 15:4; www.carbontradewatch.org/pubs/cns.pdf

Bailey, Mark (2005) »›Border Thinking‹, the Global Justice Movement and Mythologies of Resistance«; Papier von der *Second Wales and Southwest England postgraduate conference*, Cardiff University

Bakunin, Michael (2001/1866) »The Revolutionary Catechism«, in *The Anarchy Archives*; http://dwardmac.pitzer.edu/anarchist_archives/bakunin/catechism.html, dt. »Prinzipien und Organisation einer Internationalen Revolutionär-Sozialistischen Geheimgesellschaft«, in: *Staatlichkeit und Anarchie*, Berlin 1972

– (1953/1871) »A circular letter to my friends in Italy«, in G. P. Maximoff, Hg., *The Political Philosophy of Bakunin* (London: Free Press)

Barandiaran, Xabier (2003) *Hacklabs: Ttecnologías y redes de ensamblado colectivo de autonomía digital,* v.0.9; http://www.sindominio.net/~xabier /textos/hl/hl.html

Barclay, Harold (1990) *People Without Government: An anthropology of anarchism* (London: Kahn & Averill)

Bauman, Zygmunt (1991) *Modernity and Ambivalence* (Cambridge: Polity Press), S. 143–146

Bell, Graham (1992) *The Permaculture Way: Practical steps to create a selfsustaining world* (Northampton: Thorsons)

Berg, Peter (Hg., 1978) *Reinhabiting A Separate Country: A Bioregional Anthology of Northern California* (San Francisco: Planet Drum Foundation)

– (2002) *Bioregionalism* (webpage); http://www.planetdrum.org/bioregionalism_defi ned.htm

Bevington, Louisa S. (1896) *Anarchism and Violence* (London: Liberty Press); http://www.mantex.co.uk/ou/aa810/vww-08.htm

Birnbaum, Norman (1971) *Towards a Critical Sociology* (Oxford: Oxford University Press)

Black, Bob (1994) »The Sphincter of Anarchism«, in *Beneath the Underground* (Portland, OR: Feral House); http://www.spunk.org/library/writers/black/sp001644.html (as ›My Anarchism Problem‹), S. 31

– (1998) *Anarchy After Leftism* (San Francisco: CAL Press)

Black Laundry (2001) »Nails and Feathers«; http://www.blacklaundry.org/pdfs/Wigstock_sept01.pdf

Black, Mary (2001) »Letter from Inside the Black Bloc«, *AlterNet.*, July 25; http://www.alternet.org/story/11230

Bonanno, Alfredo (1996) *The Anarchist Tension* (London: Elephant editions)

– (1998) *The Insurrectional Project* (London: Elephant editions)

Bookchin, Murray (1972) »On Spontaneity and Organization«, *Liberation (*March); dt.: *Spontaneität und Organisation*, Berlin 1975/1980

– (1974) *Post-scarcity Anarchism* (Montreal: Black Rose)

– (1980) »Anarchism Past and Present«, *Comment* 1.6; in *The Anarchy Archives* http://dwardmac.pitzer.edu/Anarchist_Archives/bookchin/pastandpresent.html

– (1995) *Social Anarchism or Lifestyle Anarchism: An Unbridgeable Chasm?* (Edinburgh: AK Press), S. 9f; http://www.spunk.org/library/writers/bookchin/sp001512,

– (2003) »The Communalist Project«, *Harbinger, A Journal of Social Ecology* 3.1; http://www.social-ecology.org/harbinger/vol3no1/communalist. html

Bray, Jim (2000) *(Working) Start of Critique of Black Bloc Technique* (webpage); http://www.as220.org/jb/politics/black_bloc.html

Brown, L. Susan (1993) *The Politics of Individualism: Liberalism, Liberal Feminism and Anarchism* (Montreal: Black Rose)

Buechler, Steven M. (2000) *Social Movements in Advanced Capitalism* (Oxford: Oxford University Press), S. 207

Butler, C. T. and Amy Rothstein (1998) *Conflict and Consensus* (Takoma Bay, MD: Food Not Bombs Publishing); http://www.consensus.net

CAFOD – Catholic Agency for Overseas Development (2004) *Clean Up Your Computer*; www.computertakeback.com/document.cfm?documentID=21

Call, Lewis (2002) *Postmodern Anarchism* (Lanham: Lexington Books)

Carrier, James (1991) »Gifts, Commodities, and Social Relations: a Maussian view of exchange«, *Sociological Forum* 6.1, pp.119–36

Carter, Alan (2000) »Analytical Anarchism: Some conceptual foundations«, *Political Theory* 28.2

Carter, April (1978) »Anarchism and Violence«, in: J. Roland Pennock und John W. Chapman, Hg., *Nomos XIX – Anarchism* (New York: NYU Press), S. 327ff, 33ff

Carter, John und Dave Morland (2004) »Anti-Capitalism: Are we all anarchists now?«, in: Carter und Morland, Hg., *Anti-capitalist Britain* (Gretton: New Clarion Press)

Castoriadis, Cornelius (1964) »The Role of Bolshevik Ideology in the Birth of the Bureaucracy«, *Socialism ou Barbarie* 35; http://www.geocities.com/cordobakaf/castbolsh.html

Charles, Leonard, Jim Dodge, Lynn Milliman und Victoria Stockley (1981) »Where You At? A bioregional quiz«, *Coevolution Quarterly* 32 (Winter); http://www.asle.umn.edu/archive/readings/quiz.html

Chesters, Graeme und Ian Welsh (2005) *Complexity and Social Movements: Multitudes on the edge of chaos* (London: Routledge)

Choi, Sang et.al (2002) »Microwave-driven Multifunctional Capability of Membrane Structures«, *Smart Materials and Structures* 13, 38–48

Chomsky, Noam (1986) »The Soviet Union versus Socialism«, *Our Generation* 17.2; http://www.zmag.org/chomsky/articles/86-soviet-socialism.html

Churchill, Ward und Mike Ryan (1998) *Pacifism as Pathology: Reflections on the role of armed struggle in North America* (Winnipeg: Arbeiter Ring)

Class War Federation (1992) *Unfinished Business: the politics of class war* (Edinburgh: AK Press)

Cleaver, Harry (1998) »The Zapatistas and the Electronic Fabric of Struggle«, in: Holloway und Peláez, *Zapatista!: Reiventing Revolution in Mexico* (London: Pluto)

Cohen, Jean and Andrew Arato (1992) *Civil Society and Political Theory* (Cambridge, MA: MIT Press), S. 5

Cohen, Joshua (1998) »Deliberation and Democratic Legitimacy«, in: Alan Hamlin und Phillip Pettit, Hg., *The Good Polity* (New York: Blackwell)

Cohn-Bendit, Daniel und Gabriel (1968) *Obsolete Communism – The Left Wing Alternative* (Edinburgh: AK Press); dt.: *Linksradikalismus – Gewaltkur gegen die Alterskrankheit des Kommunismus*, Reinbek 1968

Colectivo Situaciones (2002), *19 y 20: Apuntes para el nuevo protagonismo social* (Buenos Aires: Colectivo Situaciones); dt.: *Que se vayan todos! Krise und Widerstand in Argentinien*, Hamburg/Berlin 2003

Collins, Patricia Hill (2000) *Black Feminist Thought: Knowledge, Consciousness, and the Politics of Empowerment* (London: Routledge)

Colombo, Eduardo (2000) »Prolégomènes à une réflexion sur la violence«, *Réfractions* 5; http://www.plusloin.org/refractions/refractions5/prolegomenes-columbo.htm

Coover, Virginia, Ellen Deacon, Charles Esser und Christopher Moore (1977) *Resource Manual for a Living Revolution* (Philadelphia: New Society Publishers)

Crass, Chris (2002) »›But We Don't Have Leaders‹: Leadership development and antiauthoritarian organizing«; http://www.infoshop.org/rants/crass_leaders.html

– (2004) »Going to places that scare me: personal reflections on challenging male supremacy«; http://www.colours.mahost.org/articles/crass15.html

CrimethInc (2001) »Alive in the Land of the Dead«, in: *Days of War, Nights of Love: CrimethInc for Beginners* (Olympia, WA: CrimethInc Ex-Workers Collective); http://www.crimethinc.com/library/english/alive.html

CWS organisers (Hg., undatiert) Resources for *Challenging White Supremacy workshops*; http://www.cwsworkshop.org/resources.html

Dahl, Robert (1957) »The Concept of Power«, *Behavioral Science* 2, S. 201–15

– mit Bruce Stinebrickner (2003) *Modern political analysis*, 6th ed. (Upper Saddle River, NJ: Prentice Hall)

DARPA – Defense Advanced Research Projects Agency (2005) *Micro-Electro-Mechanical Systems (MEMS) Project website*; http://www.darpa.mil/mto/mems/index.html

Deleuze, Gilles und Felix Guattari (1987) *A Thousand Plateaus: Capitalism and Schizophrenia* (Minneapolis, MI: University of Minnesota Press); dt.: *Tausend Plateaus. Kapitalismus und Schizophrenie*, Berlin 1997

De-Shalit, Avner (2000) *The Environment Between Theory and Practice* (Oxford: Oxford University Press), S. 29ff

Diani, Mario (1992) »The Concept of Social Movement«, *Sociological Review* 40.1

– (2003) »›Leaders‹ or Brokers? Positions and influence in social movement networks«, in: Mario Diani und Doug McAdam, Hg., *Social Movements and Networks: Relational approaches to collective action* (Oxford: Oxford University Press), S. 106

DKDF organisers (Hg., 2004) Readings for the *Different Kind of Dude-fest*, Washington, DC; http://differentkindofdudefest.dead-city.org/reading.html

Dominick, Brian (1995) *Animal Liberation and Social Revolution* (Pamphlet)

Edelman, Lee (1993) »The Mirror and the Tank: ›AIDS‹, subjectivity, and the rhetoric of activism«, in: Timothy F. Murphy und Suzanne Poirier, Hg., *Writing AIDS: Gay Literature, Language, and Analysis* (New York: Columbia University Press)

Edwards, Paul N. (2003) »Infrastructure and Modernity«, in: Misa et al., *Modernity and Technology*, S. 188, 190f

Eisler, Riane (1988) *The Chalice and the Blade: Our History, Our Future* (San Francisco, CA: HarperCollins)

Ekeh, Peter (1974) *Social Exchange Theory: The two traditions* (Cambridge, MA: Harvard University Press)

Ellul, Jacques (1964) *The Technological Society* (New York: Vintage Books)

El Viejo (2002) notes to PGA 2002, *PGA Hallmarks;* http:// www.nadir.org/nadir/initiativ/agp/free/pga/hallm.htm

Epstein, Barbara (1991) *Political Protest and Cultural Revolution: Non-violent direct action in the 1970s and 1980s* (Berkeley, CA: University of California Press), S. 6, 95

ETC Group – action group on Erosion, Technology and Concentration (2003) *The Big Down – Technologies converging on the nano scale*; http://www.etcgroup.org/upload/publication/171/01/thebigdown.pdf

FAA – United States Federal Aviation Administration (1999) *Final Environmental Assessment for the Sea Launch Project*; http://www.fas.org/spp/guide/ukraine/launch/2_99Bslea.pdf

FdCA – Federazione dei Comunisti Anarchici (eds, 2004) *We are all Anarchists against the Wall* (Fano: I Quaderni di Alternativa Libertaria); http://www.fdca.it/wall/media/anarwall_EN.pdf

Feral Faun (Wolfi Landstreicher) (2001) »The Anarchist Subculture«, in *Feral Revolution* (London: Elephant editions), S. 80ff

Ferrara, Jennifer (1998) »Revolving Doors: Monsanto and the regulators«, *The Ecologist* (autumn); http://www.psrast.org/ecologmons.htm

Feyerabend, Paul (1970) *Against Method* (Minneapolis, MN: University of Minnesota Press); dt.: *Wider den Methodenzwang*, Frankfurt 1975

Fifth Estate (1986) »Renew the Earthly Paradise«, *Fifth Estate* 322 (Winter/Frühjahr); http://website.lineone.net/~grandlaf/Rtep.htm

Flugennock, Mike (2000) »A16, a sort of Epilogue: Black Bloc Salute«; *MikeyZine*; http://www.sinkers.org/a16/blackbloc/

Forsey, Helen (1990) »Community: Meeting our deepest needs«, in: Andruss et al., *Home! A Bioregional Reader*, S. 84ff

Foti, Alex und Zoe Romano (Hg., 2004) *Precarity*, Thematic issue, *Greenpepper magazine*

Foucault, Michel (1980) »Two Lectures«, in *Power/Knowledge: Selected Interviews and Other Writings 1972–1977* (New York: Pantheon)

– (1988) »Technologies of the Self«, in: L. H. Martin et al., *Technologies of the Self: A Seminar with Michel Foucault* (London: Tavistock); dt.: *Technologien des Selbst,* Frankfurt 1993

Franks, Benjamin (2006) *Rebel Alliances: The means and ends of contemporary British anarchisms* (Edinburgh: AK Press)

FSF – Free Software Foundation (1996) *Definition*; http://www.gnu.org/philosophy/free-sw.html

Freeden, Michael (1996) *Ideologies and Political Theory: A conceptual approach* (Oxford: Clarendon)

Freeman, Jo (1970) »The Tyranny of Structurelessness«, *Black Rose* 1; http://flag.blackened.net/revolt/hist_texts/structurelessness.html

– (1976) »Trashing: The Dark Side of Sisterhood«, *Ms. Magazine* (April), S. 49ff, 92ff; http://www.jofreeman.com/joreen/trashing.htm

Freire, Paulo (1970) *Pedagogy of the Oppressed* (New York: Seabury Press); dt.: *Pädagogik der Unterdrückten*, Reinbek 1973

Friends of Al-Halladj (2002) *Fawda*; http://digilander.libero.it/guerrasociale.org/fawda_ing.htm

Friends of Phil and Toby (2003) *Summit Up: Reflections on the anti-G8 actions in Lausanne*; www.nadir.org/nadir/initiativ/agp/free/evian/post_evian/0422summit_up.htm

Galeano, Eduardo (1993) *Las Palabras Andantes* (Madrid: Siglo Veintiuno); dt.: *Die Zeit, die spricht*, Wuppertal 2005

Gandhi, Mohandas K. (1915) »In Another's Land«, in: *Collected Works* (New Delhi: Publications Division, Ministry of Information and Broadcasting, Govt. of India) Bd. 26, S. 68

Gee, Theoman (2003) *Militancy Beyond Black Blocs* (pamphlet) (Innsbruck: Alpine Anarchist Productions)

Geertz Clifford (1975) »Thick Description: towards an interpretative theory of culture«, in *The Interpretation of Culture* (London: Hutchinson)

Gerlach, Luther (2001) »The Structure of Social Movements: Environmental activism and its opponents«, in: Arquilla und Ronfeldt, *Networks and Netwars*, Kap. 9

Gimli (2004) »The Feral Fury Unleashed«, *Green Anarchy* 16; http://www.greenanarchy.org/index.php?action=viewwritingdetail&writingId=246

Goettlich, Paul (2000) »The Revolving Door«, in: *The Green Revolution: A Critical Look (website)* http://www.mindfully.org/Farm/Green-Revolution-Revolving.htm

Goldman, Emma (1917) »The Psychology of Political Violence«, in: *Anarchism and Other Essays* (Edinburgh: AK Press); http://dwardmac.pitzer.edu/Anarchist_Archives/goldman/aando/psychofpolvio.html

– (1925) »Afterword« zu *My Disillusionment in Russia* (London: C. W. Daniel); http://dwardmac.pitzer.edu/anarchist_archives/goldman/further/mfdr_12.html; dt.: *Niedergang der russischen Revolution*, Berlin 1987

– (1989/1938) »Emma Goldman's Views«, *Letter to Spain and the World* (August). Reprint in Vernon Richards, Hg., *British Imperialism and the Palestine Crisis: Selections from the anarchist journal* Freedom, *1938–1948* (London: Freedom Press), S. 24ff

Gould, Carol (1988) *Rethinking Democracy: Freedom and social cooperation in politics, economics and society* (Cambridge: Cambridge University Press)

Graeber, David (2002) »The New Anarchists«, *New Left Review* 13; http://newleftreview.org/A2368

– (2004) *Fragments of an Anarchist Anthropology* (Chicago: Prickly Paradigm Press)

Grauer, Mina (1994) »Anarcho-Nationalism: Anarchist attitudes towards Jewish nationalism and Zionism«, *Modern Judaism* 14.1

Gullestad, Marianne (1999) »The Politics of Knowledge«, in *Advancing Cultural Studies International Workshop*, Stockholm; http://culturemachine.tees.ac.uk/Cmach/Backissues/j001/ADVCS/acs_gull.htm

Hakim Bey (1985a) »Pirate Utopias«, in: *The Temporary Autonomous Zone* (New York: Autonomedia); http://www.sacred-texts.com/eso/taz.htm

– (1985b) »Psychic Paleolithism and High Technology: A Position Paper«; in:

The Temporary Autonomous Zone; dt.: *T.A.Z. Die Temporäre Autonome Zone, Berlin 1994*
– (1991) »The Willimantic/Rensselaer Questions«, in: Mike Gunderloy und Michael Ziesing, *Anarchy and the End of History* (San Francisco: Factsheet Five Books)
Heidegger, Martin (1977/1962) »The Question Concerning Technology«, in: *Basic Writings* (San Francisco: HarperCollins); dt.: *Die Frage nach der Technik*, 1953
Heinberg, Richard (2004) *Powerdown: Options and actions for a post-carbon world* (Gabriola Island, BC: New Society Publishers)
Herndon, Sheri (2001) »Myths about Consensus Decision-making« (IMC e-list message); http://lists.indymedia.org/mailman/public/imc-process/2001-February/000463.html
Hever, Shir (2006) *The Economy of the Occupation* (bulletin series) (Jerusalem: Alternative Information Centre); http://www.alternativenews.org/theeconomy-of-the-occupation/index.php
Himanen, Pekka (2001) *The Hacker Ethic and the Spirit of the Information Age* (New York: Random House)
Hobson, Christopher Z., Wayne Price und Matthew Quest (2001) »New Intifada« (debate), *The Utopian* 2; http://www.ainfos.ca/01/apr/ainfos00225.html
Hodgson, Torrance (2003) »Towards Anarchy«; http://www.infoshop.org/inews/article.php?story=03/01/21/7159959
Holloway, John (2002) *Change the World Without Taking Power* (London: Pluto Press), S. 36f; dt.: *Die Welt verändern, ohne die Macht zu übernehmen*, Münster 2002
– (2003) »Is the Zapatista Struggle an Anti-Capitalist Struggle?«, *The Commoner* 6; http://www.commoner.org.uk/holloway06.doc
homefries (Hg., 2004) *A Liberation Reader: Writings and other media connecting animal liberation and social justice*; http://www.liberationreader.blogspot.com/
Honderich, Ted (1989) *Violence for Equality* (London: Routledge)
Horrox, James (2007) *A Living Revolution: Anarchism in the Kibbutz Movement* (San Francisco: AK Press), S. 8, 151, 195
Hurwitz, Roger (1999) »Who Needs Politics? Who Needs People? The Ironies of Democracy in Cyberspace«, *Contemporary Sociology* 28.6, S. 655ff
Iadicola, Peter und Anson Shupe (1998) *Violence, Inequality, and Human Freedom* (Lanham: Rowman & Littlefield), S. 15
ILS – International Libertarian Solidarity (2001) »Declaration of the International Libertarian Meeting«; http://www.ils-sil.org/en/declaration.htm
Imarisha, Walidah und Not4Prophet (2004) »The War of Art: A conversation«, in: Ashanti Alston., Hg., *Our Culture, Our Resistance: People of color speak out on anarchism, race, class and gender* http://www.illegalvoices.org/bookshelf/our_culture,_our_resistance/the_war_of_art.html

IMC – Independent Media Centre network (2001) *Principles of Unity*, http://docs.indymedia.org/view/Global/PrinciplesOfUnity

ISM – International Solidarity Movement – Canada (2002) »History, Structure & Philosophy«, http://www.ismcanada.org/en/history.shtml

Jensen, Derrick (2000) *A Language Older than Words* (New York: Context Books)

Jeppesen, Sandra (2004) »Where Does Anarchist Theory Come From?«, Insistute of Anarchist Studies *Theory & Politics* column; http://www.anarchist-studies.org/article/articleview/51/1/7/

Jordan, John (1998) »The Art of Necessity: The subversive imagination of antiroad protests and Reclaim the Streets«, in: McKay, *DiY Culture*, S. 141

Jordan, John und Jennifer Whitney (2003) *Que Se Vayan Todos: Argentina's Popular Rebellion* (pamphlet); http://www.nadir.org/nadir/initiativ/agp/free/imf/argentina/txt/2002/0918que_se_vayan.htm

Juris, Jeff (2004) *Digital Age Activism: Anti-corporate globalization and the cultural politics of transnational networking*; PhD thesis, University of California at Berkeley

Kaplan, Temma (1997) *Crazy for Democracy: Women in Grassroots Movements* (London: Routledge)

Katsiaficas, George (1997) *The Subversion of Politics: European autonomous social movements and the decolonization of everyday life* (Atlantic Highlands, N.J.: Humanities Press)

Kaufman, Mara (2005) »A Hacker's Perspective on the Social Forums«, http://info.interactivist.net/article.pl?sid=05/02/23/1529229

Kellner, Douglas (2001), »Introduction« zu Andrew Feenberg und Jim Freedman, *When Poetry Ruled the Streets: The French May Events of 1968* (Albany: SUNY Press)

Klein, Naomi (2000) *No Logo: Taking aim at the brand bullies* (London: HarperCollins) S. 281; dt.: *No logo!*, München 2001

– (2002) *Fences and Windows: Dispatches from the front lines of the globalisation debate* (London: Flamingo)

Kollock, Peter (1999) »The Economies of Online Cooperation: Gifts and public goods in Cyberspace', in Smith, Marc und Peter Kollock, Hg., *Communities in Cyberspace* (London: Routledge)

Kondratieff, Nikolai (1984/1922) *The Long Wave Cycle* (New York: Richardson & Snyder)

Kropotkin, Petr (1910) »Anarchism«, *Encyclopaedia Britannica;* in: *The Anarchy Archives*; http://dwardmac.pitzer.edu/Anarchist_Archives/kropotkin/britanniaanarchy.html; dt.: *Der Anarchismus*, Grafenau 1994

– (1916) *The Conquest of Bread* (London: G. P. Putnam's Sons); dt.: *Die Eroberung des Brotes*, Bern 1989

Kunstler, James (2006) *The Long Emergency: Surviving the end of oil, climate change, and other converging catastrophes of the twenty-first century* (Berkeley, CA: Grove/Atlantic), Kap. 10

Lakey, George (2002) »Diversity of Tactics and Democracy«, *Clamor Magazine* (März/April)

Lakoff, Aaron und Yossi Bar Tal (2005) »Israeli Anarchism: Being Young, Queer and Radical in the Holy Land«, *Anarchist Studies* 13.2

Landauer, Gustav (1907) »Volk und Land: Dreißig sozialistische Thesen«, in: *Die Zukunft* (Jan. 12)

– (2. Jahrgang 1910), »Schwache Staatsmänner, Schwächeres Volk!«, *Der Sozialist* (Juni 1910), übers. in: Eugene Lunn, *Prophet of Community: the Romantic Socialism of Gustav Landauer* (Berkeley: University of California Press), 1978, S. 226; dt. zitiert nach Siegbert Wolf, *Gustav Landauer zur Einführung*, Junius, Hamburg 1988, S. 60

– (1911) *For Socialism* (St. Louis: Telos Press), 1978

Landstreicher, Wolfi (2001) »Introductory Notes«, in *Willful Disobedience: Analysis and Theory* 2.1 (pamphlet); http://www.omnipresence.mahost.org/wd-v2-n1–6.htm

– (2002) »From Politics to Life: Ridding Anarchy of the Leftist Millstone«, *Anarchy: a Journal of Desire Armed 54*; http://www.geocities.com/kk_abacus/ioaa/life.html

Le Guin, Ursula (2002/1974) *The Dispossessed* (London: Gollancz), S. 361; dt.: *Planet der Habenichtse*, 1996

Lenin, Vladimir Ilyich (1952/1918) *State and Revolution*, in: the *Marxists Internet Archive;* http://www.marxists.org/archive/lenin/works/1917/staterev/ch05.htm; dt.: *Staat und Revolution*, 1917

Levine, Cathy (undatiert) »The Tyranny of Tyranny«; http://www.angrynerds.com/tot.html

Lewis, Linda und Sally Baideme (1972) »The Women's Liberation Movement«, in: Lyman T. Sargent, Hg., *New Left Thought: An introduction* (Homewood, Ill: Dorsey Press)

Lukes, Stephen (2005) *Power: A Radical View* (Basingstoke: Palgrave Macmillan), S. 32f

Lyon, David (2003) »Surveillance Technology and Surveillance Society«, in: Misa et al., *Modernity and Technology*

Makhno, Nestor, Piotr Arshinov et al. (1926) *Organisational Platform of the Libertarian Communists*; http://www.nestormakhno.info/english/platform/org_plat.htm

Malatesta, Errico (1921) »Self Defence«, *Umanità Nova*, 25 August; http://325collective.com/anok&violence_em.pdf

– (1927) »A Project of Anarchist Organisation«, *Il Risveglio* (Geneva), Oktober

Marcos, Subcomandante Insurgente (1998) »Above and Below: Masks and Silences«; http://www.ezln.org/documentos/1998/19980717.en.htm

Marcuse, Herbert (1964) *One Dimensional Man* (Boston: Beacon); dt.: *Der eindimensionale Mensch*, Frankfurt 1967

Marshall, Peter (1992) *Demanding the Impossible: A history of anarchism* (London: Fontana)

Martel, Frédéric (1999) *The Pink and the Black: Homosexuals in France since 1968* (Stanford, CA: Stanford University Press)
Martinez, Elizabeth (2000) »Where was the Color in Seattle?«, in: Kevin Danaher und Roger Burbach, Hg., *Globalize This!* (Monroe: MN: Common Courage Press)
Marx, Karl (1867) »The Strife between Workman and Machine«, in *Capital* vol.1, Ch. XV, §5; dt. *Das Kapital*, Bd. 1, Dietz Verlag, Berlin 1960, S. 451; auch in: the *Marxists Internet Archive*: http://marxists.org/archive/marx/works/1867–1/ch15.htm
Mauss, Marcel (1935/1969) *The Gift* (London: Routledge & Kegan Paul)
May, Todd (1994) *The Political Theory of Post-structuralist Anarchism* (Philadelphia: University of Pennsylvania press)
Mbah, Sam und I.E. Igariwey (2001) *African Anarchism: The history of a movement* (Tucson, AZ: See Sharp Press); http://www.zabalaza.net/theory/african_anarchism/contents.htm
McBay, Aric (2006) *Peak Oil Survival: preparation for life after gridcrash* (Guilford, CT: Lyons)
McCarthy, Ryan Chiang (2002) »Anarchists and Palestine: class struggle or popular front?«, *NEFAC* website; http://makhno.nefac.net/html/drupal/?q=node/view/158
McKay, George (1996) *Senseless Acts of Beauty: Cultures of resistance since the sixties* (London: Verso)
– (Hg., 1998) *DiY Culture: Party and protest in nineties Britain* (London: Verso)
McQuinn, Jason (2002) »The Tyranny of Structurelessness: An organizationalist repudiation of anarchism«, *Anarchy: A Journal of Desire Armed* 54
– (2003) »Evasion of Rational Discussion in the Radical Milieu«, *Anarchy: A Journal of Desire Armed* 56
– (2004) »Post-left Anarchy: Leaving the Left Behind«, *Anarchy: A Journal of Desire Armed* 57; http://www.anarchist-studies.org/article/articleview/43/1/1
Meyers, William (2000) *Nonviolence and Its Violent Consequences* (pamphlet); http://www.sinkers.org/nonviolence/
Michaels, Lucy (2004) »Fear and Loathing«, *New Internationalist* 372 (Oktober); http://www.jfjfp.org/BackgroundJ/michaels.htm
Michels, Roberto (1999/1911) *Political Parties* (London: Transaction)
Midnight Notes (1985) *Strange Victories: The Anti-nuclear movement in the US and Europe* (London: Elephant Editions)
Millet, Steve (2004) »*Fifth Estate*'s Critique of the Megamachine«, in: Jonathan Purkis und David Morland, Hg., *Changing Anarchism: Anarchist theory and practice in a global age* (Manchester: Manchester University Press)
Misa, Thomas, Philip Brey und Andrew Feenberg (Hg., 2003) *Modernity and Technology* (Cambridge, MA.: MIT Press)
Mitropoulos, Angela, Marina Vishmidt, John Barker, Laura Sullivan et al. (2005) *Exploring Precariousness*. Special section, *Mute* 29

Mollison, Bill (1988) *Permaculture: A designers' manual* (Tyalgum: Tagari)
Mooney, Pat (2006) *Breaking Waves: Technology Tsunamis, Globalisation and Dismemberment* (Uppsala: Dag Hammarskjöld Foundation), S. 14
Moore, John (1997) »A Primitivist Primer«, *Green Anarchist* 47-8, S. 18f; http://lemming.mahost.org/johnmoore/
– (1998) »Maximalist Anarchism/Anarchist Maximalism«, *Social Anarchism* 25; http://www.spunk.org/texts/misc/sp001887.html
Moore, Richard (2003) »Will A Death in the Family Breathe Life into the Movement?«, in: Notes from Nowhere, Hg., *We Are Everywhere*; dt.: *Wir sind überall*, Hamburg 2007
Morris-Suzuki, Tessa (1984) »Robots and Capitalism«, *New Left Review* I/147
Mueller, Tadzio (2004) »›Will the destruction be constructive?‹: Anticapitalist riots in search of the radical«. Papier auf der Konferenz *Global Civil Society and Local Activism: Poststructuralism and Praxis*, SOAS, University of London
Mumford, Lewis (1934) *Technics and Civilization* (London: Routledge), S. 399
Munson, Chuck (Hg., 2005) *What you should know about the WWP, IAC and ANSWER* (Web page); http://www.infoshop.org/texts/wwp.html
Newman, Saul (2001) *From Bakunin to Lacan: Anti-authoritarianism and the dislocation of power* (Lanham: Lexington Books), S. 158
Nitzan, Jonathan und Shimshon Bichler (2002) *The Global Political Economy of Israel* (London: Pluto)
Noble, David F. (1993) *Progress Without People: In Defense of Luddism* (Chicago: Charles H. Kerr), S. 63
Notes from Nowhere (Hg., 2003) *We Are Everywhere: The irresistible rise of global anticapitalism* (London: Verso); dt. *Wir sind überall. weltweit. unwiderstehlich. antikapitalistisch.*, Edition Nautilus, Hamburg 2007.
Novak, Zachary (2006) »Communities, Refuges, and Refuge-Communities«, *Transition Culture* blog; http://transitionculture.org/?p=472
Nyman, Ira (2001) »The Gift of Generalized Exchange«, *Spark* 17
O'Connor, Alan (2003) »Anarcho-Punk: Local scenes and international networks«, *Anarchist Studies* 11:2
O'Connor, Paul (2001) »Good evening, here is the real news«, *Guardian*, 20. August
One Off Press (2001) *On Fire: The battle of Genoa and the anti-capitalist movement* (UK: One-off Press)
One Struggle (2002) »About Us«; http://www.onestruggle.org/english_frameset2.htm
Osterweil, Michal (2007) »›Becoming-Woman?‹ In theory or in practice?«, *Turbulence: Ideas for Movement* 1 – What Would it Mean to Win? (Juni 2007); http://turbulence.org.uk
P.M. *bolo'bolo* (New York: Autonomedia), 1985; dt. Verlag Paranoia City, Zürich 1986, S. 81
PENGON – Palestinian Environmental NGOs Network (2003) *The Wall in Pa-*

lestine: Facts, Testimonies, Analysis and Call to Action; http://www.pengon.org/wall/publication.html

Perez, Carlota (2002) *Technological Revolutions and Financial Capital: The dynamics of Bubbles and Golden Ages* (Cheltenham: Edward Elgar)

Perlman, Fredy (1969) »The Reproduction of Everyday Life«; http://www.spunk.org/library/writers/perlman/sp001702/repro.html

– (1983) *Against His-story, Against Leviathan!* (Detroit: Black and Red); extract: http://www.primitivism.com/leviathan.htm

PGA – Peoples' Global Action network (1999), *Documents of the Second International PGA conference, Bangalore*; http://www.nadir.org/nadir/initiativ/agp/en/pgainfos/bangalore/briefreport.html

– (2002) *Hallmarks*; http://www.nadir.org/nadir/initiativ/agp/free/pga/ hallm.html

Plows, Alex (2002) *Practics and Praxis: The what, how and why of the UK environmental direct action movement in the 1990s*. PhD thesis, University of Wales, Bangor, S. 138; http://www.iol.ie/~mazzoldi/toolsforchange/afpp/ plowsphd.rtf

Price, Wayne (2001) »Anarchism and the Israeli-Palestinian War«, *Barricada* 17.

Prole Cat (2004) »Towards More Effective Political Organizations: The role of leadership in anarchist society«, *The Dawn* 4; http://www.the-dawn.org/2004/10/leadership.html

Proudhon, Pierre Joseph, *The Philosophy of Poverty,* 1847, Kap. 4 (Boston: Benjamin Tucker); dt.: *Die Philosophie des Elends*, (1846)

Purkis, Jonathan (2001) »Leaderless Cultures: The problem of authority in a radical environmental group«, in: Colin Barker, Alan Johnson und Michael Lavalette, Hg., *Leadership and Social Movements* (Manchester: Manchester University Press), S. 12

Ramsey Tosh, Nancy (2001) »Mirror Images: Wicca from the Inside Out and Outside In'«, in: David G. Bromley und Lewis F. Carter, Hg., *Toward Reflexive Ethnography: Participating, Observing, Narrating* (Oxford: JAI Press)

Rappert, Brian (1999) »Assessing Technologies of Political Control«, *Journal of Peace Research* 36.6

Reason, Peter und Hilary Bradbury (2001) *Handbook* of *Action Research* (London: SAGE)

resist.nl (2005) »Morning 06.07.05 Black Block tactics in Stirling (video)«; http://www.indymedia.org.uk/en/2005/07/317377.html

Reyes, Oscar, Hilary Wainwright, Mayo Fuster i Morrell und Marco Berlinguer (2005) *European Social Forum: Debating the challenges for its future*;

Project newsletter, »Guide for social transformation in Europe: ESF and surroundings«; http://www.euromovements.info/newsletter/

Ribeiro, Silvia (2003) »The Day the Sun Dies: Contamination and resistance in Mexico' *Seedling* (Sommer); http://www.grain.org/seedling/?id=292

Ritter, Alan (1980) *Anarchism: A theoretical analysis* (Cambridge: Cambridge University Press)

Robins, Kevin und Frank Webster (1983) »Luddism: New technology and the critique of political economy«, in: Les Levidow und Bob Young, Hg., *Science, Technology and the Labour Process: Marxist studies* (London: Free Association Books) vol. 2, S. 9-48.

Rocker, Rudolf, *Nationalism and Culture* (New York: Covici, Friede, 1937); dt. *Nationalismus und Kultur*, Bibliothek Thélème, Münster 1999, S. 193ff, 341

– (1989/1938) *Anarcho-Syndicalism* (London: Pluto)

Rosaldo, Renato (1989) *Culture and Truth: The remaking of social analysis* (Boston: Beacon Press)

Rose, Steven (2006) »Israel's Other Weaponry«, *Palestine News* (Sommer)

Roth, Benita (2004) *Separate Roads to Feminism: Black, chicana, and white feminist movements in America's Second Wave* (New York: Cambridge University Press)

Russell, Bertrand (1938) *Power: A new social analysis* (London: Allen & Unwin)

Sahlins, Marshall (1972) *Stone Age Economics* (New York: Walter De Gruyter)

Sale, Kirkpatrick (1983) »Mother of All: An introduction to bioreginalism«, Third Annual E. F. Schumacher Lecture, S. 261ff; http://www.schumacher-society.org/publications/sale_83.html

– (1996) *Rebels Against the Future: The Luddites and their war on the industrial revolution* (London: Quartet Books)

Sandercock, Josie et al. (Hg., 2004) *Peace Under Fire: Israel/Palestine and the International Solidarity Movement* (London: Verso)

SchNEWS (2001) *Monopolise Resistance* (pamphlet); http://www.schnews.org.uk/mr.htm

– (2004) »Short Sharp Crop: How GM crop farming was killed in Britain«, in: *SchNEWS At Ten* (Brighton: SchNEWS) S. 171f

Sha'alabi, Nazeeh und Oren Medicks (2003) »The camp in the eyes of a Palestinian activist« und »The camp in the eyes of an Israeli activist«; http://stopthewall.org.il/mashacamp/

Shepard, Benjamin und Ronald Hayduk (Hg., 2002) *From ACT UP to the WTO: Urban Protest and Community Building in the Era of Globalization* (London: Verso)

Shot by both sides (2005) »Anti semitism and the Left«, Melbourne Indymedia; http://www.melbourne.indymedia.org/news/2005/02/87951.php

SVTC – Silicon Valley Toxics Coalition. Webpage: http://www.svtc.org/

Silverstein, Marc (2002) »Breaking Free of the Protest Mentality«; http://site.www.umb.edu/faculty/salzman_g/ Strate/Discus/2002–04–25 Silverstein.html

Situationist International (1959) »Détournement as Negation and Prelude«; http://library.nothingness.org/articles/SI/en/display/315; dt.: »Die Zweckentfremdung als Negation und als Vorspiel« in *Der Beginn einer Epoche*, Hamburg 1995

Solidarity Federation (2002) »Human Rights: Yes – State of Palestine: No«,

Direct Action 23; http://www.directa.force9.co.uk/back issues/DA 23/regulars2.htm
Spar, Debora (2001) *Ruling the Waves: Cycles of discovery, chaos, and wealth, from the compass to the Internet* (New York: Harcourt)
Squirrellife (2004) »London, UK – Death Spasms of an Insurrectionary Movement«; in: *Confessions of A Riot Tourist;* http://squirrellife.diaryland.com/040113_41.html
Starhawk (1987) *Truth or Dare: Encounters with power, authority and mystery* (San Francisco: HarperCollins)
– (2002) *Webs of Power: Notes from the global uprising* (Gabriola Island, BC: New Society Publishers), S. 58, 96, 123
– (2004) »RNC Update Number Two: Power and Anarchy«; http://www.starhawk.org/activism/activism-writings/RNC_update2.html
Sullivan, Sian (2004) »›We are heartbroken and furious‹ (:2): Violence and the (anti-)globalisation movement(s)«, *CSGR Working Paper* 133/04, S. 29ff
Summer, Kay und Harry Halpin (2007), »Complexity, critical instability and the end of capitalism«, *Turbulence: Ideas for Movement* 1 – What Would it Mean to Win? (June 2007)*;* http://turbulence.org.uk
Taylor, Bron (2002) »Diggers, Wolfs, Ents, Elves and Expanding Universes«, in: Jeffrey Kaplan und Heléne Lööw, Hg., *The Cultic Milieu: Oppositional Subcultures in an Age of Globalization* (Walnut Creek, CA: Alta Mira Press)
Taylor, Michael (1976) *Anarchy and Cooperation* (London: Wiley)
– (1982) *Community, Anarchy and Liberty* (Cambridge: Cambridge University Press)
Taylor, Verta und Nancy E. Whittier (1992) »Collective Identity in Social Movement Communities: Lesbian feminist mobilization«, in Aldon Morris und Carol McClurg Mueller (Hg., 1992) *Frontiers in Social Movement Theory* (New Haven, CT: Yale University Press)
Templer, Bill (2003) »From Mutual Struggle to Mutual Aid: Moving beyond the statist impasse in Israel/Palestine«, *Borderlands* 2.3; http://www.borderlandsejournal.adelaide.edu.au/vol2no3_2003/templer_impasse.htm
Thayer Robert L. (2003) *LifePlace: Bioregional Thought and Practice* (Berkeley: University of California Press)
Thoreau, Henry David (1937/1849) »Civil Disobedience«, in *Walden and other writings* (New York: Modern Library), S. 646; dt.: *Walden. Ein Leben mit der Natur,* München 1999
Tokar, Brian (2003) Review of Joel Kovel (2002) *The Enemy of Nature* (London: Zed) *Tikkun* 18.1
Tolkien, J. R. R. (1964) »On Fairy Stories«, in *Tree and Leaf* (London: Allen & Unwin)
Tolstoy, Lev (1990) *Government is Violence: Essays on anarchism and pacifism* (London: Phoenix)
Touraine, Alain et al. (1983a) *Solidarity: The analysis of a social movement* (Cambridge: Cambridge University Press)

– (1983b) *Anti-nuclear Protest: The opposition to nuclear energy in France* (Cambridge: Cambridge University Press)

Unbound, Chicago anarchist bookstore (undatiert) *Anti-mission Statement*

UNDP – United Nations Development Program (2003) »Human Development Indicators 19: Energy and the environment«, http://www.undp.org/hdr2003/indicator/indic_182_1_1.html

Vague, Tom (1997) *Anarchy in the UK: The Angry Brigade* (Edinburgh: AK Press)

Van Deusen, David und Xavier Massot (2007) *The Black Bloc Papers* (Shawnee Mission, KS: Breaking Glass Press – www.infoshop.org)

Vaneigem, Raoul (2001/1967) *The Revolution of Everyday Life* (London: Rebel Press), S. 18; dt. *Handbuch der Lebenskunst*, Hamburg 2008, S. 16; http://situationist.cjb.net

Veak, Tyler (2000) »Whose Technology? Whose Modernity?«, *Science, Technology and Human Values* 25.2, S. 227

Vera Herrera, Ramón (2004) »En defensa del maíz (y el futuro) – una autogestión invisible«, *Acción Ciudadana en las Américas* 13; http://americas.irc-online.org/reports/2004/sp_0408maiz.html

Victor, Raoul (2003) »Free Software and Market Relations«; *Project Oekonux* paper; http://www.oekonux.org/texts/marketrelations.html

Wall, Derek (1999) *Earth First! and the Anti-Roads Movement: Radical environmentalism and comparative social movements* (London: Routledge)

Ward, Colin (1973) *Anarchy in Action* (London: George Allan & Unwin)

Warneke, Brett (2005) *Smart Dust* (illustrated webpage) University of California at Berkeley; http://www.bsac.eecs.berkeley.edu/archive/users/warneke-brett/SmartDust/index.html

Watson, David (1998) *Against the Megamachine* (New York: Autonomedia)

Weber, Max (1947) *The Theory of Social and Economic Organisation*. Trans. A. M. Henderson und Talcott Parsons (New York: The Free Press), dt. *Wirtschaft und Gesellschaft, Grundriss der verstehenden Soziologie*, 1956, S. 28

– (1958) »The Three Types of Legitimate Rule«, *Berkeley Publications in Society and Institutions* 4.1, S. 1ff

Welsh, Ian (2001) »Anti-nuclear movements: failed projects or heralds of a direct action milieu?« *Working Paper Series* 11 (Cardiff University: School of Social Sciences)

Williams, Raymond (1978) »Utopia and Science Fiction«, *Science Fiction Studies* 5.3; http://www.depauw.edu/sfs/backissues/16/williams16art.htm

Winner, Langdon (1985) *The Whale and the Reactor: A search for limits in an age of high technology* (Chicago: Chicago University Press), S. 11ff, 21, 27, 35, 96, 606

– (2002) »Luddism as Epistemology«, in: Robert Scharff und Val Dusek, Hg.,*Philosophy of Technology: The technological condition* (Oxford: Blackwell)

Winstanley, Asa (2004) »The Limits of Free Software«, *Tangentium* 1.3, *An-*

archism, Activism and IT; http://www.personal.leedsac.uk/~polaw/tangentium/may04/index.html

Wittgenstein, Ludwig (1953/2002) *Philosophical Investigations* (Oxford: Blackwell), § 67; dt.: *Philosophische Untersuchungen*, 1953

Woehrle, Lynne M. (1992) *Social Constructions of Power and Empowerment: Thoughts from feminist approaches to peace research and peace-making* (Syracuse: Syracuse University Press)

Wolff, Robert Paul (1969) »On Violence«, *The Journal of Philosophy* 66.19, S. 601ff

– (1971) *In Defense of Anarchism* (New York: Harper and Row), S. 196ff

Woodcock, George (1985/1962) *Anarchism* (Harmondsworth: Penguin), S. 15

Wu Ming (2001) »The Magical Mystery Tour of the Fake Black Bloc in Genoa«, *Giap Digest* (22 July), S. 410ff; http://www.wumingfoundation.com/english/giap/mysterytour.html

Yamagishi, Toshio and Karen Cook (1993) »Generalized Exchange and Social Dilemmas«, *Social Psychology Quarterly* 56.4, S. 235ff

Young, Iris Marion (2000) *Inclusion and Democracy* (Oxford: Oxford University Press)

Zerzan, John (1994) *Future Primitive and Other Essays* (New York: Autonomedia)

Danksagung

Am Anfang dieses Buches und seines nicht vorherzusehenden Werdegangs stand eine Doktorarbeit. Daher gebührt mein Dank in erster Linie meinem Doktorvater Michael Freeden, der mir auf seine geduldige und kluge Art einen breiten Horizont eröffnet und mich mit seinen kritischen Nachfragen unterstützt hat.

Freunde, Genossen und Kollegen haben Entwürfe gelesen und wertvolle Vorschläge gemacht. Viele haben zu den Gedanken, die in diesem Buch entwickelt werden, beigetragen, ohne dass sie sich mit meinen schriftlichen Äußerungen auseinandergesetzt hätten. Falls du, Leserin oder Leser, jemals mit mir in einem Gedankenaustausch gestanden hast, dann gehört dir ein Teil dessen, was du im Folgenden lesen wirst, sowie mein herzlicher Dank und meine Solidarität.

Bei meiner Forschungsarbeit haben mich verschiedene autonome Zentren freundlich aufgenommen, deren lebendiges Beispiel gelebter »Anarchie in Aktion« unvergessen bleibt: Can Masdeu (Barcelona), Centre Autonome (Lausanne), Cecco Rivolta (Florenz), CIA (Amsterdam), Dragonfly (Oxford), Equinox (Manchester), Eurodusnie (Leiden), Forte Prenestino (Rom), Les Naus (Barcelona), Les Tanneries (Dijon), La Tour (Genf), Ragman's Lane (Wye Valley), Salon Mazal (Tel Aviv) und Talamh (Lanarkshire).

Während meiner Arbeit an diesem Buch wurde ich durch ein Post-Graduierten-Stipendium der Porter School of Environmental Studies bei der Tel Aviv University gefördert.

Und schließlich waren meine Eltern Ze'ev und Shifra, meine Schwestern Noa und If'at und meine Lebensgefährtin Lucy Michaels mit ihrer Liebe und Unterstützung immer für mich da. Ihnen vor allem möchte ich danken.

Inhalt

Vorwort 5

1. Was bewegt die Bewegung? 21

2. Anarchism Reloaded
Netzwerk-Konvergenz und politischer Inhalt 49

3. Macht und Anarchie
Un/Gleichheit & Un/Sichtbarkeit in autonomer Politik 75

4. Peace, Love und Mollies
Noch einmal: Anarchismus und Gewalt 121

5. Maschinenstürmer, Hacker und Gärtner
Anarchismus und Technologie 161

6. HeimatLand?
Anarchie und gemeinsamer Kampf in Palästina/Israel 201

Bibliografie 237

Danksagung 254